国家社科基金青年项目（19CTY008）最终成果

现代体育丛书

体育教师教育体系的国际比较研究

International Comparative Study of PE Teacher Education Program

董国永　著

WUHAN UNIVERSITY PRESS
武汉大学出版社

图书在版编目(CIP)数据

体育教师教育体系的国际比较研究/董国永著.—武汉：武汉大学出版社,2025.6
现代体育丛书
ISBN 978-7-307-24296-8

Ⅰ.体…　Ⅱ.董…　Ⅲ.体育教师—教师教育—教育研究—中国
Ⅳ.G807

中国国家版本馆 CIP 数据核字(2024)第 045535 号

责任编辑:詹　蜜　　责任校对:汪欣怡　　整体设计:韩闻锦

出版发行：**武汉大学出版社**　(430072　武昌　珞珈山)
(电子邮箱:cbs22@ whu.edu.cn　网址：www.wdp. com.cn)
印刷:武汉邮科印务有限公司
开本:720×1000　1/16　印张:16　字数:257 千字　插页:2
版次:2025 年 6 月第 1 版　2025 年 6 月第 1 次印刷
ISBN 978-7-307-24296-8　定价:68.00 元

作者简介

董国永，华中师范大学体育学院教授，博士生导师，湖北省教育学会体育专业委员会理事，湖北省体育理论学会理事。长期从事体育教师教育研究，主持国家社科基金项目3项，教育部人文项目1项，省级教研项目1项，参与完成国家社科基金重大项目1项、重点项目3项、一般项目6项、省部级项目10余项；出版学术专著6部，在CSSCI期刊上发表论文30余篇，多篇被《人大复印资料》和《教育文摘》全文转载；作为核心成员参与完成的研究成果分别获湖北省高校教学成果奖二等奖（2023）、一等奖（2018）、二等奖（2013）。

前　言

党的十八大以来，以习近平同志为核心的党中央、政府高度重视教师工作，先后制定和颁布了一系列教师教育相关政策文件，习近平总书记更是多次在公开讲话中表达了对教师工作的关切，充分体现了教师队伍建设对于我国新时代教育事业发展的重要意义。2018 年 1 月，中共中央、国务院颁布了《关于全面深化新时代教师队伍建设改革的意见》（以下简称《意见》）。作为中华人民共和国成立以来党中央出台的第一个专门面向教师队伍建设的里程碑式政策文件，《意见》凸显了习近平新时代中国特色社会主义思想的深刻内涵，系统阐释了教师队伍建设的新思想、新理念、新战略，为加快我国教育现代化、建设教育强国、实现中华民族的伟大复兴开辟了重要契机。《意见》明确指出："要全面提高中小学教师质量，建设一支高素质、专业化的教师队伍。"同年 3 月，教育部、国家发展改革委等五部门联合印发的《教师教育振兴行动计划（2018—2022 年）》明确指出："以提升教师教育质量为核心，以加强教师教育体系建设为支撑，以教师教育供给侧结构性改革为动力……从源头上加强教师队伍建设，着力培养造就党和人民满意的师德高尚、业务精湛、结构合理、充满活力的教师队伍。"教师教育体系作为培养教师的重要平台和载体，是提高教师质量的关键环节；加强教师教育体系建设，是推进我国教师队伍专业化发展的根本途径。

体育教师是教师队伍中不可或缺的一部分，加强体育教师教育体系建设不仅是培养和造就高质量体育教师的题中之义，同时也是深化新时代教师队伍建设、全面提高教师队伍质量的必由之路。因此，为建立具有国际水准、中国特色的体育教师教育体系，研究选取美国、澳大利亚、法国、新加坡和我国的体育教师教育体系为研究对象，采用文献资料法、访谈法和数理统计法等研究方法，梳理各国体育教师教育改革与发展的脉络，在深入剖析各国体育教师教育体系的基础上，比较各国体育教师教育的共性和特点，并结合我国体育教师教育改革与发展中存在的问题，汲取国外优秀经验，提出优化和完善我国体育教师教育体系的策略和未来走向，以期为加强我国体育教师教育体系建设提供参考和借鉴。本研究除绪论共设七章，主要内容如下：

第二章，美国体育教师教育体系研究。美国最早的体育师范教育可追溯到1861年在马萨诸塞州波士顿成立的第一所体育师范学院，并先后经历了快速起步、专业化发展、标准化改革三个阶段。本章选取了加州州立大学北岭分校（CSUN）、奥本大学（AU）、佐治亚大学（UGA）的体育教师教育项目，分别从培养理念、入学标准、课程设置及毕业要求四个方面客观呈现了美国体育教师教育概况。研究认为，CSUN体育教师教育表现出：重视培养目标与毕业要求的规范性、可操作性以及二者相关性等特点。AU体育教师教育表现出：立足于以公众健康为本位，多维目标共同发展等特点。UGA体育教师教育表现出：培养理念与时代发展相结合，形成以教学为引领、倾向健康与安全的多样化新格局等特点。

第三章，澳大利亚体育教师教育体系研究。澳大利亚是少有的率先将体育与健康教育融合的国家之一，自1901年澳大利亚联邦政府成立以来，澳大利亚体育教师教育先后经历了萌芽期、初创期、演化期、成型期和改革发展期五个阶段。本章选取了澳大利亚具有代表性的六所高校的体育教师教育项目，分别从准入标准、课程设置和毕业要求三个方面客观呈现了澳大利亚体育教师教育的概况，并据此提炼了澳大利亚体育教师教育的特点。具体而言，澳大利亚体育教师教育准入门槛高，学术成绩与非学术能力并重；强调多学科教学领域专业人才的培养，育人目标多元；以一般教育教学能力为核心，促进体育与健康教育的有效融合；丰富职业技能，注重对毕业生成长与专业发展的引导。

第四章，法国体育教师教育体系研究。法国作为世界上最早建立师范教育的国家，历经了三百余年的师范教育历史，在历届政府的不懈改革与调整下，实现了由传统“双轨制”向现今“一轨制”的转变。本章选取了法国两所代表性高等师范学院的体育教师教育项目，分别从入学要求、培养目标、课程体系以及毕业要求四个方面入手，透析了法国体育教师教育体系，总结、挖掘法国体育教师教育过程中所蕴含的特点。具体而言，法国在体育教师教育中体现出：入学审核关注“人文素养”“个人品德”；培养目标强调“阶段重点”“跨学科素养”；理论课程注重扩充知识体系、培养跨学科素养思维；实习课程设置“由易至难”“理实结合”；教学开展奉行“强强联合”、优势互补。

第五章，新加坡体育教师教育体系研究。新加坡体育教师教育始于1906年新加坡第一个师范班莱佛士书院的建立，并先后经历了艰难起步、专业化发展与质量提升三个阶段。本章选取了新加坡唯一一所官方教师教育机构中的体育教师教育项目，分别从准入标准、培养目标、课程体系、课程评价与毕业要求几个方面客观呈现了新加坡体育教师教育概况。新加坡体育教师教育表现出：严谨规范的入学制度严守高质量体育教师教育培养首要关卡；双人才培养方案助力体育教师于不同学段中精准施教；培养目标强调体育教师多学科教学能力的养成；课程设置注重体育教师多维能力的养成；完善、健全的实践教学体系保障体育教师教学能力稳步提升等特点。

第六章，我国体育教师教育体系研究。自从清朝末年体育师资培养的制度初建到今时今日体育教师教育制度的不断完备，我国体育教育专业从无到有，经历了学习探索阶段（1877—1949 年）、曲折前行阶段（1949—1978 年）、规模化发展（1978—2001 年）及改革创新阶段（2001 年至今）的演进历程。本章选取了我国教育部直属的 6 所师范院校的体育教育专业人才培养方案，分别从培养目标、课程体系、资格考试等方面客观呈现了我国体育教师教育概况。在培养目标方面，指标涉及广度大，但时代顺应较弱且分层操作不易；指向集中明确，但特色不显；创新实践强调不足，缺乏科研学习能力和终身发展能力等方面的问题。在课程体系方面：课程内容丰富多样各具特点，但部分课程开设亟待完善与落实；课程框架层次分明较为合理，但部分课程学分开设不足；课程知识体系较完善，但前沿性知识不足；教师教育融合有限，师德教育特色不显；实践课程有贯穿课程体系的趋势，但实践特征取向仍然较弱。在资格考试方面：体育教师资格认证机制与体育教师培养模式存在错位；专业认证的“周期性”与教师资格认证的“即时性”抵牾；教师资格认证主体对“合格体育教师专业素养”共识不足；体育教师资格认证缺乏权威、有效的外部监督机制。

第七章，体育教师教育体系的国际启示与本土实践。基于对美国、澳大利亚、新加坡、法国四国体育教师教育体系发展历程的回顾及各国体育教师教育体系运行现状的全面梳理，以四国各自的优势特色为鉴，提出对我国体育教师教育未来发展的启示。“橘生淮南则为橘，生于淮北则为枳”，为了精准定位，减少因各国国情不同而带来的干扰，本章还尝试在中国、美国、澳大利亚、新加坡、法国五个国家的体育教师教育体系的研究中，凝练五者共有的特性，以此作为我国未来体育教师教育事业发展的基本指导。最后，结合国外的有益经验及中外的共有属性，为我国未来体育教师教育体系的构建和完善谋划出路，提出建议。

第八章，结论。本章在回顾全书的基础上梳理了本书的研究结论，进一步总结归纳了研究可能存在的不足及局限之处，并对后续研究进行了展望。

目　　录

第一章　绪　　论

一、本书的研究依据与意义

2018年1月，中共中央、国务院印发了《关于全面深化新时代教师队伍建设改革的意见》（以下简称《意见》）。作为中华人民共和国成立以来党中央出台的第一个专门面向教师队伍建设的里程碑式政策文件，《意见》凸显了习近平新时代中国特色社会主义思想的深刻内涵，系统阐释了教师队伍建设的新思想、新理念、新战略，为加快我国教育现代化、建设教育强国、实现中华民族的伟大复兴开辟了重要契机。《意见》明确指出：要全面提高中小学教师质量，建设一支高素质、专业化的教师队伍。此前，《国家教育事业发展"十三五"规划》提出，加强教师教育体系建设，办好一批师范院校和师范专业，改进教师培养机制、模式、课程，探索建立教师教育质量监测评估制度。当今深化卓越教师培养的全面改革已成为国际教师教育改革的重要发展趋势。教育部已全面启动包括幼儿园、小学、中学的卓越教师培养计划，旨在推动高等师范院校创新教师教育培养机制、完善课程内容、转变教学方式、提高教学质量等方面的综合改革，培养具有终身发展能力、创新能力的卓越教师，提高我国基础教育的国际竞争力。

在此背景下，围绕习近平总书记2018年5月2日在北京大学师生座谈会上提出的"建设高水平人才培养体系，必须紧紧抓住培养什么人、怎样培养人这一根本问题"重要讲话精神，时任教育部部长陈宝生在2019年全国教育工作大会上提出的"以专业认证重塑师范体系"理念，结合国外体育教师教育体系的典型案例和先进经验，探寻我国体育教师教育体系的优化策略，旨在为培养卓越体育教师，建设高素质、专业化的体育教师队伍。

（一）研究依据

1. 国际体育教师教育改革与发展的关键议题

20世纪以来，为进一步提升国家的综合实力和国际影响力，各国纷纷开启了教育改革浪潮，教师教育逐步成为各国教育改革的焦点。现如今，教师教育改革已从关注“数量”转向“质量”先行，世界各国均将培养高质量教师作为教育改革的中坚力量，以不断适应复杂且不断变化的国际社会环境。特别是在体育教育领域，面对因现代生活习惯而带来的久坐或亚健康生活方式，青少年身体健康问题成为国际社会关注的焦点，体育教育作为与身体活动最为紧密相关的教育活动，自然而然地成为解决儿童青少年身体活动问题的重要途径。为此，21世纪以来，各国体育教育领域开展了一系列体育课程和体育教师教育改革，以此提升体育教育质量，进而提高青少年儿童的体质健康水平。各国的实践经验充分表明，高质量体育教师对于提高体育教学质量具有重要的积极意义，因此，如何培养高质量体育教师成为各国体育教育改革的关键议题。在国际体育教师教育领域中，美国、澳大利亚、法国、新加坡等国家的一系列体育教师教育改革具有一定的特点和代表性，且这些国家的体育教师质量和声誉也走在了世界前列，在一定程度上反映了国际体育教师教育的基本概况。他山之石可以攻玉，全面了解国际体育教师的培养状况，探讨各国体育教师教育的特点和优势，主要有以下两个方面的益处：一方面可观照我国体育教师的培养，针对我国体育教师教育的现存问题，提出有针对性的意见和建议，以完善我国体育教师教育体系；另一方面可对接国际标准，更好地开展专业建设和课程体系建设，以培养具有国际水准和国际视野的毕业生，提高我国体育教师教育的国际认可度①。

2. 国家高质量教师队伍建设的迫切需求

党的十八大以来，以习近平同志为核心的党中央高度重视教师工作，习近平总书记更是多次在公开讲话中表达了对教师工作的关切和关心，充分体现了教师队伍建设对于我国教育事业发展的重要意义。2018年1月，中共中央、国务院印发了《关于全面深化新时代教师队伍建设改革的意见》（以下简称《意见》）。作为新中国成立以来党中央出台的第一个专门面向教师队伍建设的里程碑式政策

① 凌晨．专业认证——我国体育教育专业人才培养质量保障的新举措［J］．武汉体育学院学报，2017，51（1）：77-81.

文件，《意见》凸显了习近平新时代中国特色社会主义思想的深刻内涵，系统阐释了教师队伍建设的新思想、新理念、新战略，为加快我国教育现代化、建设教育强国、实现中华民族的伟大复兴开辟了重要契机。《意见》明确指出："要全面提高中小学教师质量，建设一支高素质、专业化的教师队伍。"① 体育教师是教师队伍中不可或缺的一部分，培养和造就高质量体育教师不仅是新时代体育教育专业改革与发展的深刻内涵，同时也是深化新时代教师队伍建设、全面提高教师队伍质量的必由之路。为此，教育部、国家发展改革委等五部门联合印发的《教师教育振兴行动计划（2018—2022 年）》明确指出："以提升教师教育质量为核心，以加强教师教育体系建设为支撑，以教师教育供给侧结构性改革为动力……从源头上加强教师队伍建设，着力培养造就党和人民满意的师德高尚、业务精湛、结构合理、充满活力的教师队伍。"② 优化和完善体育教师教育体系是提升体育教师质量、深化体育教师队伍建设的核心议题，在不断借鉴与探索过程中构建科学合理且符合中国实际的体育教师教育体系，为推进我国新时代教师队伍建设步伐助益。

3. 体育教育专业内涵式发展的时代契机

21 世纪以来，教育全球化的趋势增强，面对改革开放和现代化建设的形势，《关于进一步加强高校实践育人工作的若干意见》《关于全面提高高等教育质量的若干意见》《国家教育事业发展第十二个五年规划》《小学教师专业标准（试行）》《中学教师专业标准（试行）》《普通高等学校本科专业目录（2012 年）》等文件的发布，加速了教师教育人才培养教学改革问题向纵深发展，我国教师教育呈现出快速发展的势头。特别是，2017 年教育部印发了《普通高等学校师范类专业认证实施办法（暂行）》的通知，标志着我国师范类专业认证制度正式得以确立。时任教育部部长的陈宝生在全国教育工作会议中提出"以专业认证重塑师范体系"的理念，借力专业认证落实师范人才培养体系的改革，构建以"产出为导向"的教师职前教育新体系，对教师教育专业办学质量提出了时代

① 中华人民共和国教育部．中共中央 国务院关于全面深化新时代教师队伍建设改革的意见［EB/OL］．（2021-01-20）．http：//www. moe. gov. cn/jyb_xxgk/moe_1777/moe_1778/202010/t20201013_494381. html.

② 中华人民共和国教育部．教育部等五部门关于印发《教师教育振兴行动计划（2018—2022 年）》的通知［EB/OL］．（2021-01-21）．http：//www. moe. gov. cn/jyb_xxgk/moe_1777/moe_1778/202010/t20201013_494381. html.

要求和期望。此外，2018 年教育部颁布了《普通高等学校本科专业类教学质量国家标准》，其中《高等学校体育学类本科专业教学质量国家标准》（以下简称《国标》）对体育教师教育专业提出了相应的要求，其研制出台是一项事关体育学类本科专业建设和人才培养的基础性、战略性任务，对规范专业准入、建设和评估，全面深化体育学类本科专业教育教学改革，进一步提高人才培养质量具有重要的意义，标志着我国体育教师教育转向以质量为核心的“内涵式”发展方向。《师范类专业认证》和《国标》从不同角度对师范类体育教育专业人才培养体系建设提出了多方面要求，旨在为促进体育教育专业人才培养体系的改革指明方向。因此，在时代与社会快速发展的当下，体育教育专业发展应顺应时代发展潮流，根据现实需求改革我国中小学体育教师培养体系，以全面贯彻落实党和国家的相关精神，提高体育教育专业人才培养质量，为体育教师教育体系改革提供中国方案。

4. 促进体育教师自身专业发展的必由之路

教师教育一体化的观点已经为世界各国所接受，针对处于不同阶段的体育教师，其专业化发展是保持教师职业竞争力和教育教学质量的必备保障。因此，新时代体育教师教育，并不能狭隘地将教师教育理解为职前教师所接受的系统化、专业化的课程学习，而是应该把促进教师的专业发展贯穿于教师生涯的所有阶段，包括职前、入职和职后。毋庸置疑的是，职前教育是教师职业发展的起点，是教师接受的最为正规和最为系统的知识与技能学习，是教师教育教学理念形成与发展的最关键的时期。可以说，教师的职前教育是教师职后发展的基础，高质量职前教育对于教师未来自身的专业发展具有重要的积极意义。中小学体育教师的职前培养是其专业化发展的起点，是体育师资培养质量的重要保障阶段之一，关乎着基础教育的持续性改革和发展。随着基础教育课程的改革，初任教师能否胜任中小学体育教育工作成为当前社会值得反思的问题之一，而作为中小学体育教师的培养母机，高等教育下的体育教育专业的培养体系更应做好改革准备，以适应体育教师专业化发展的诸多诉求。总的来说，随着终身学习与专业发展一体化等理念逐渐为社会所接受，体育教师教育不应秉持“毕业即结业”的思想，也不应单纯地将学生应了解和掌握的知识进行机械地灌输，而是应该将职前教育过程作为教师专业发展的基础和动力源泉，帮助学生在未来更好地胜任教学岗位并自主进行专业发展，以获得持续的、积极的支持与帮助，为更好地提高教师和教育教学质量奠定基础。体育教育专业作为体育教师教育的重要载体和平台，应顺应时代潮流和发展，破除旧有传统的束缚、藩篱，大胆进行专业人才培养改革与创新，从而为培养新时代体育教师助益。

（二）研究意义

本研究通过对美国、澳大利亚、法国、新加坡等国家的体育教师教育体系进行比较研究，其学术价值和应用价值主要体现在以下几个方面：

第一，在学术价值方面，主要表现在以下两个方面：

（1）通过对体育教师教育体系的国际比较，拓宽我国在该领域的研究视野。当前，国际体育教师教育实践已取得一定成效，借鉴和参考国外体育教师教育研究实为必要。通过对体育教师教育体系进行全面的梳理、解读及比较分析，不仅可以瞄准我国体育教师教育推进的方向，还可全面透析国际体育教师教育体系及其运行机理的共性和个性，进而实施本土化改造，促进我国体育教师教育思路的开阔与创新，同时推进我国体育教师教育研究与国际接轨的步伐。

（2）通过对体育教师教育体系的研究，完善和发展我国体育教师教育理论体系。一直以来，我国体育教师教育都囿于狭隘的研究视域，体育教师教育尚未形成完整的体系，现实中也存在职前培养与职后就业的不匹配。本书在新时代教师队伍建设改革不断深化的背景下，从梳理体育教师教育的改革与发展历程出发，把握各国体育教师教育的现况，全面剖析各国体育教师教育体系的共性与特征，并在综合分析我国现实境遇的基础上，提出我国体育教师教育改革与发展的应然路向或发展策略，为我国体育教师教育理论体系构建和完善提供智力支持。

第二，在应用价值方面，主要表现在以下两个方面：

（1）以国际经验为参照，推进我国体育教师教育改革实践。总结国际体育教师教育实践经验，比较其内在机理，可为透析和破除我国现有体育教师教育实践的不足提供参考，进而以国外有益经验为镜，以国内现实不足为鉴，推动我国体育教师教育改革向更深层次迈进。

（2）以质量为生命线，促进实现我国教育新发展新跨越。高质量的教育必须要有高质量的教师。教师教育是教育事业的工作母机，是提升教育质量的动力源泉。新时期，党和国家对教育事业的关注达到了前所未有的高度，振兴教师教育，提升教师专业素质能力是未来教育改革的重要方面。通过对国际体育教师教育体系的比较，有利于对标国际水准，为提升我国相关院校体育师资队伍培养质量提供直接经验参照，为相关政府和教育部门提供政策支持，为实现我国教育新发展新跨越提供助力。

二、国内外研究现状

（一）国内关于体育教师教育的研究

研究以中国知网收录的体育教师教育相关研究文献索引资料为研究对象，引入 CiteSpace V 可视化分析工具，通过分析并绘制知识图谱，解读我国中小学体育教师教育研究的基本情况，为丰富并促进我国体育教师教育相关研究提供参考与借鉴。

为体现体育教师教育的相关研究，保证检索文献的质量，并高度契合研究主题，通过多次检索式的组合及比较，最终采用主题检索形式，以“体育教师”并含“职前教育”或者“职前培养”；“体育教育专业”并含“人才培养”或者“培养方案”或者“培养”或者“目标”或者“课程”或者“保障”为关键词进行检索，期刊来源选择“核心期刊”，检索时间范围自 1988 年至今（1988 年体育教育专业设立；文献检索及下载日期为 2020 年 11 月 5 日），最终共检索到初始文献 1664 篇，对结果进行去重，并人工剔除与研究主题明显无关的文献、会议举办、征稿、学院/人物介绍等干扰信息，最终得到有效论文 568 篇。与此同时，将文献的题目、作者、机构、期刊、关键词、摘要等以 Refworks 格式导出，以备 CiteSpace 进行运算与分析。

研究采用陈超美教授团队所研发的 CiteSpace V 进行知识图谱的可视化分析，选用 CiteSpace5. 6. R5 版本软件绘制国内体育教师教育研究的知识图谱，剖析该研究领域的现状、热点，以探寻国内体育教师教育研究的演化情况。

1. 我国中小学体育教师教育研究的时空分布特征

从时间分布、机构分布及作者分布三个方面对国内中小学体育教师教育研究的时空特征进行分析如下。

（1）我国中小学体育教师教育研究的时间分布特征

某一个领域的研究论文发文量与时间之间的关系，从侧面反映了该领域学术发展的研究进程，截至下载文献时间，体育教师教育相关研究论文数量折线图如图 1-1 所示。

从时间分布上来看，我国中小学体育教师教育的相关研究整体呈现为先上升

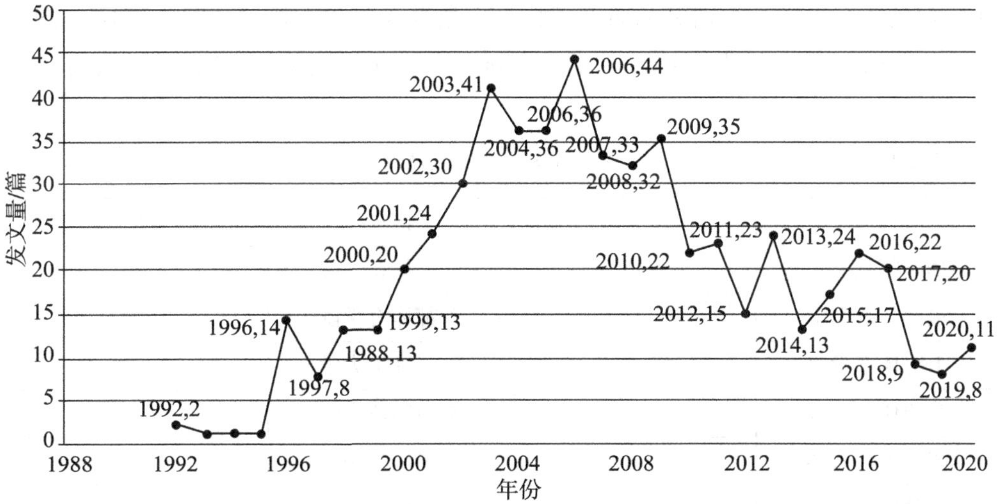

图 1-1　1988—2020 年我国体育教育研究发文量

后波动下降的趋势。其变化的历程可划分为四个阶段：

第一阶段为 1992—1995 年，国内相关研究尚处于萌芽起步阶段。最早研究体育教师培养的文章出现在 1992 年；1992—1995 年，发文数量持续保持在低位的状态，有学者涉足该领域，但仍然较少。第二阶段为 1995—2003 年，国内相关研究处于快速发展阶段。1996 年，发文量出现激增，在 1997 年发文量有所下降，但之后直至 2003 年发文量仍在持续增长，且具有相对稳定的增长态势。可见，从 1996 年始，国内关于体育教师教育的研究逐渐趋热，关注度也在不断提升。第三阶段为 2003—2009 年，国内相关研究处于成熟发展阶段。2004 年和 2005 年虽较 2003 年有所减少，但随后 2006 年的 44 篇发文量达到国内相关研究的最高年发文量；2006 年之后，年发文量在持续走低，2009 年有所稳定。第四阶段为 2009 年至今，国内相关研究处于缓慢发展阶段。2010 年走低趋势明显，虽然 2013 年和 2016 年有较大增长，但整体趋势仍在下降。

（2）我国中小学体育教师教育研究的机构分布特征

对研究机构进行共现分析，可明确该研究领域的主要研究力量分布。将数据导入 CiteSpace，网络节点选择 Institution（机构），选择适当的参数，运行后发现，由于历史等诸多原因，许多研究机构面临改名等问题，但仍指同一机构，因此，将内涵一致的机构节点进行合并，如：“××大学体育学博士后流动站”

“××大学体育系”等机构内涵一致的统一合并到“××大学”，以此类推，合并后得到体育教师教育研究的研究机构分布情况及共现图谱（详情见表1-1，图1-2）。基于CiteSpace所导出的数据，体育教师教育的研究机构呈现以下三个特征：

表1-1 **主要机构论文发表情况**

机构	发文量	机构	发文量
华东师范大学	26	沈阳体育学院	9
福建师范大学	23	首都体育学院	8
上海体育学院	21	南京师范大学	7
广州体育学院	18	杭州师范大学	7
华中师范大学	14	肇庆学院	7
成都体育学院	12	怀化学院	7
武汉体育学院	11	浙江师范大学	6
北京体育大学	10	河南大学	6
西安体育学院	10	湖南师范大学	6

注：仅统计论文第一作者所属机构。

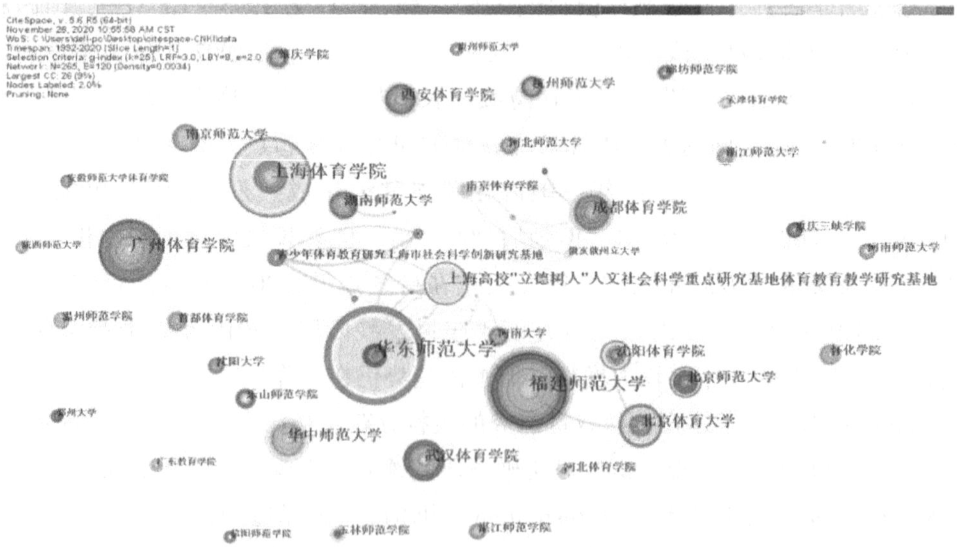

图1-2 体育教师教育研究机构共现网络图谱

第一，从发文量及中介中心性来看，最多的是华东师范大学，其后依次是福建师范大学和上海体育学院，发文量分别为26篇、23篇和21篇，这三所机构为我国中小学体育教师教育研究的主要研究机构，在该领域作出了较大的贡献。从中介中心性来看，华东师范大学、北京体育大学、北京师范大学及俄亥俄州立大学均为0.01，其余机构中介中心性均为0。由此可见，华东师范大学较为关注体育教师的培养，发文量最多且所发表文献在体育教师教育的相关研究中影响力较大。

第二，从机构所属性质来看，在发文量排名前十名的机构中，有3所师范类院校及7所体育类学院，可见，体育类院校是体育教师教育研究的主力军，在相关研究中有较大的突出优势。纵观机构发文量，体育类院校和师范类院校几乎是相关研究中较大的研究机构来源。

第三，从机构合作紧密度来看，由图1-2可知，在该领域的研究机构中，除华东师范大学与“青少年体育教育研究”上海市社会科学创新研究基地、上海高校“立德树人”人文社会科学重点研究基地、体育教育教学研究基地等有较多的合作以外，其余机构间的合作较少，甚至大多数机构没有合作关系。整体而言，相关研究机构并未形成较高的合作关系，大多数的机构选择单独发文，尚未形成良好的机构合作关系。

（3）我国中小学体育教师教育研究的作者分布特征

研究作者的共现分析可以看出研究的主力军，对研究作者进行共现分析，可明确该研究领域的高产作者，即主要研究力量分布。将数据导入CiteSpace，网络节点选择Author（作者），选择适当的参数，运行后得到体育教师教育研究的作者分布表及共现图谱（详情见图1-3）。在作者共现网络图谱中，节点表示作者，连线表示合作关系强度，连线数略大于节点数，作者之间具有相对紧密的联系。图谱中，每个节点即代表一位作者，节点的大小与作者的发文量呈正相关，连线即代表作者之间的合作关系。从图1-3可以看出，$N=58$（节点共有58个），$E=60$（连线共有60条），网络密度为0.0363，可见国内体育教师教育的研究机构呈现出以下特征：

一是从作者的发文量分析，已有部分学者成为国内体育教师教育研究的中坚力量。仅统计论文的第一作者及第二作者可知，华东师范大学的尹志华和汪晓赞分别以第一作者或第二作者的身份均发文24篇，共同位居发文量第一；其次是福建师范大学的黄汉升（13篇），随后依次是季克异、王健、季浏等国内学者，这些研究人员均为我国中小学体育教师教育研究的中坚力量。二是体育教师教育研究的作者分布与研究机构之间几乎存在着对应的关系，尚未形成具有较大规模的作者合作网络。三是同一机构下的作者合作明显较多，不同机构的作者合作较少，甚至尚未有合作关系存在，有一定的孤立性。

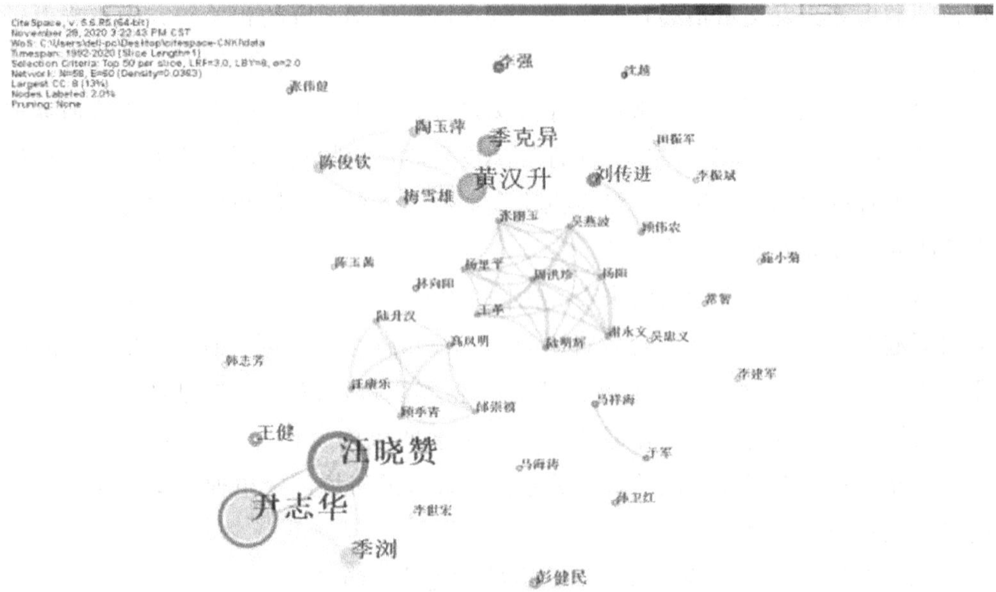

图 1-3 体育教师教育研究作者共现网络图谱

2. 我国中小学体育教师教育研究的热点主题分析

一个领域的研究热点，是引起人们普遍关注、发文量较多、讨论较多的问题或现象。关键词是论文的高度核心概括，分析关键词是对论文研究主题的一种窥探，亦是对研究热点的一种反映。即可以通过对相关论文的关键词进行共现分析，可以明确某一领域的研究热点问题。

（1）关键词共现分析

将数据导入 CiteSpace，时间切片设置为 1 年，节点类型选择 Keyword（关键词），Top N=50，Threshold=0，Font Size=4，Node Size=35，运行后得到体育教师教育研究的关键词共现图谱（详情见图 1-4），对热点关键词进行进一步整理（详情见表 1-2）。

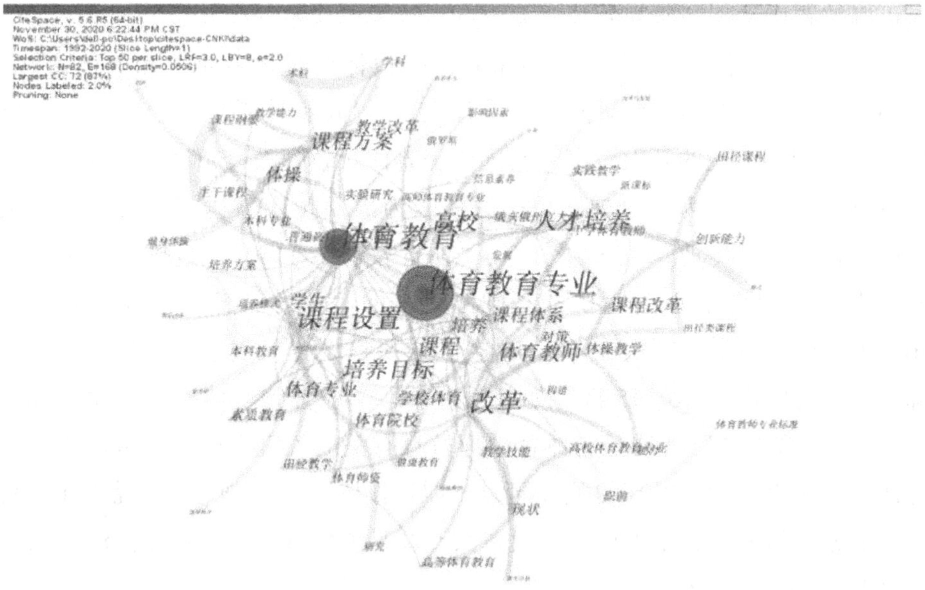

图 1-4　体育教师教育研究关键词共现网络图谱

表 1-2　　　　　　**体育教师教育研究的高频热点关键词**

关键词	频次	中心性	关键词	频次	中心性
体育教育专业	237	0. 32	培养目标	17	0. 07
体育教育	140	0. 66	高校	17	0. 11
课程设置	42	0. 18	教学改革	15	0. 03
改革	37	0. 35	学校体育	13	0. 01
课程体系	36	0. 02	体操	12	0. 06
人才培养	21	0. 17	培养	11	0. 03
体育教师	18	0. 04	课程方案	11	0. 04
课程	18	0. 06	体育专业	10	0. 05

在关键词共现网络图谱中，节点大小代表出现的频次，连线表示共现强度。该图谱中，$N=82$（节点共有 82 个），$E=168$（连线共有 168 条），网络密度为 0. 0506。中介中心性大于 0. 10 的关键词是具有高中介中心性的关键节点①。该

① 陈超美，陈悦，侯剑华．CiteSpace Ⅱ：科学文献中新趋势与新动态的识别与可视化［J］．情报学报，2009（3）．

节点可以被看作是某一研究领域的关键点、转折点与触发点①。

结合图 1-4 和表 1-2 可知，整体来看，以“体育教育专业”和“体育教育”为中心，涉及体育教师教育研究的“课程设置”“课程体系”“人才培养”“体育教师”等关键词出现的频次较高，共同代表着体育教师教育领域的研究热点。此外，可以将关键词分为三个梯队，第一梯队为出现频次高达 100 次以上的关键词，即“体育教育专业”（237 次）及“体育教育”（140），且排位第一的“体育教育专业”中介中心性达 0.32，排位第二的“体育教育”中介中心性高达 0.66；第二梯队为出现频次在 17～42 次，如课程设置、改革、课程体系等；第三梯队为出现频次在 10～15 次，如教学改革、学校体育、体操等。除“体育教育专业”“体育教育”等明显与体育教师教育有关的关键词以外，国内体育教师教育研究领域出现频次最高的关键词为“课程设置”及“改革”，说明在体育教师教育的相关研究中，培养课程的设置及改革是该领域研究中重点关注所在。

（2）研究主题分析

对关键词进行聚类（详情见图 1-5），Q 值（模块值）= 0.445，S 值（平均轮廓值）= 0.3783。可看出由关键词形成了六个聚类，按照聚类的大小从上至下依次为聚类#0 改革，聚类#1 职前，聚类#2 术科，聚类#3 中国，聚类#4 本科教育，聚类#5 体操，聚类的规模越大，意味着该聚类下的相关研究越多。利用聚类所得的结果及相关文献的梳理，结合图 1-4 和表 1-2，可将体育教师教育领域的相关研究划分为以下四大研究主题：

研究主题一：以课程为主体的本科体育教育专业改革。

该研究主题包含聚类#0 改革，聚类#4 本科教育，代表性关键词有体育教育专业、课程体系、课程设置、教学内容、普通高等学校等。作为体育教师教育研究的人才培养基地，体育教育专业成为关键性代表词毋庸置疑，而课程体系/设置在体育教育专业人才培养中占据着重要地位，是教师教育人才培养的载体。在以课程为主体的本科体育教育专业改革的相关研究中，大致可体现在以下几个方面。

第一，顺应时代背景，探析不同视域下体育教育专业课程结构、设置、体系等培养现状，探寻演变特征，从而窥探趋向，提出一定的优化策略。也有不少研究从

① Chen C. Citespace Ⅱ: Detecting and visualizing emerging trends and transient patterns in scientific literature [J]. Journal of the American Society for Information Science and Technology, 2006, 57 (3): 359-377.

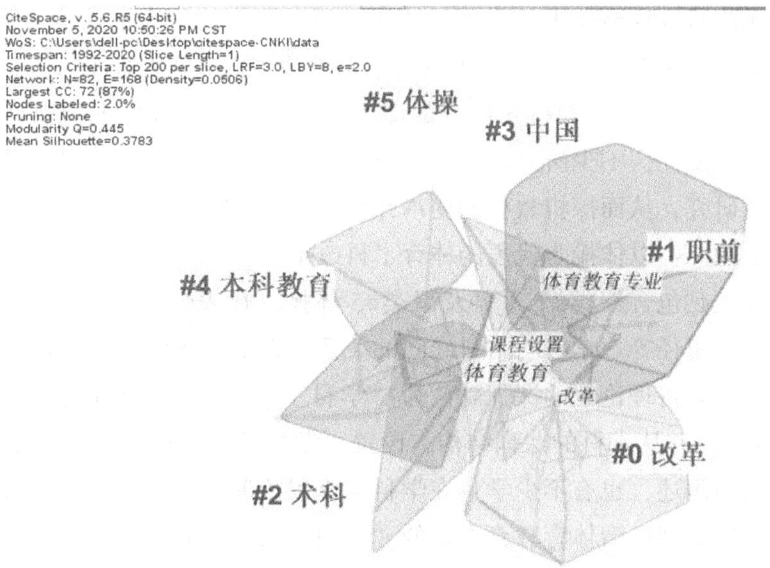

图 1-5　体育教师教育研究的关键词聚类

中小学师资需求的角度出发，反思体育教育专业课程问题，以提出改革建议。

第二，对课程方案的质疑与反思，这是时代的产物，是在相关研究中较为特殊的部分。2003 年，教育部颁布第二版《全国普通高等学校体育教育本科专业课程方案》（后简称《课程方案》），并于 2004 年正式实施，引起了国内相关学者的热议。胥英明、肖威等人提出了自己的质疑与担忧，发现文件培养目标过高、规格不贴实际及课程刚性不足等是可能存在的问题①②，而随后申怀松对 1997 年及 2003 年颁布的《课程方案》进行了对比，认为新方案内涵有着较大的改变，应当重新正视问题并修订体育教育专业课程教学计划③。随着方案实施，现实下的体育教育专业毕业生质量广受质疑，李强等人对 2003 版的《课程方案》进行了四维视角下的反思，发现《课程方案》实施后，体育教育专业出现“沉没”现象，投

① 胥英明．对《全国普通高校体育教育本科专业课程方案》的质疑［J］．体育学刊，2004（5）：10-12.

② 肖威．全国普通高等学校体育教育本科专业新旧两种课程方案比较及实施要点研究［J］．北京体育大学学报，2005（5）：666-668.

③ 申怀松．新旧《全国普通高等学校体育教育本科专业课程方案》的比较研究［J］．河南师范大学学报（自然科学版），2006（1）：157-160.

入资源却无法适应社会需求的人才输出①，而李凤梅的研究也认为《课程方案》实施后，不少学者的认知分歧，造成了体育教育发展的现实困难②。

第三，“课程改革，教材先行”的课程培养。早有学者意识到教材作为课程开展载体的重要性，不少研究对教材与教师、学生及教学条件等维度进行了适应性及匹配性研究，从而探析教材的变革并提出优化策略③。

研究主题二：以体操为代表的体育术科改革。

该研究主题包含聚类#2 术科及聚类#5 体操，代表性关键词有课程、术科、学科、体操、田径等。学科与术科之间的关系一直都是体育教育专业讨论的关注点，大多数学者将理论性的课程默认为“学科”，将操作性或者实践性的课程默认为“术科”，并从术科的课程结构、设置、考核及术科能力影响因素等方面对其进行研究与阐述，也有不少学者在学科与术科之间的比例中进行过探讨④，而黄爱峰和王健重新厘清体育教育专业的“术科”提法，认为这是一个真实的假问题，体育教育的学科与术科之间不是矛盾的对立要素，二者应为有机统一状态⑤。在选取的文献中，谈论最多的“术科”课程是体操，其次是田径、健美操、篮球等项目，涉及以体操为代表的各项术科课程改革时，大多集中于课程的整合与优化、评价的结果与分析等。

研究主题三：以体育教师培养为首的教师教育一体化研究。

该研究主题包含聚类#1 职前，代表性关键词有师范院校、PCK、标准评估、教学技能等。这一研究主题大致可涵盖以下几个方面的研究。

第一，PCK 视域下体育教师教育培养。PCK 意指学科教学知识，不少学者认为 PCK 是体育教师专业化过程的必然要求，而 PCK 也是教师专业化发展的最佳途径。郭艳红等人从 PCK 的四属性中指出，体育教师教育的问题集中在 PCK

---

① 李强，毛振明．对 2003 版《全国普通高等学校体育教育专业课程方案》四维视角的反思［J］．武汉体育学院学报，2011，45（10）：92-96.

② 李凤梅．2003 年《全国普通高等学校体育教育本科专业课程方案》认知分歧探微及启示［J］．沈阳体育学院学报，2013，32（5）：104-107.

③ 周红妹，林全国，林向阳．关于体育教育专业主干课系列教材适应性的调查分析［J］．北京体育大学学报，2013，36（6）：98-102.

④ 苏益华，王金稳，李伟坚，胡茂辉．对体育教育专业课程方案中学科与术科比例问题的探讨［J］．武汉体育学院学报，2006（2）：85-88.

⑤ 黄爱峰，王健．一个真实的假问题：体育教育专业“术科”探究［J］．西安体育学院学报，2006（4）：92-95.

理论课程的缺乏、实践与案例教学不足等，而要破解当前问题，提出需改革阶梯式教育模式、融入实践案例教学等建议①。古雅辉等人也认为 PCK 是教师专业知识的核心要素，进一步提出构建“学习理解—应用实践—迁移创新”的实践教学模式，为职前教师发展助力②。

第二，体育教师教育质量的标准评估。在职前体育教师专业标准的相关问题研究上，由于较之国外，国内的相关研究起步较晚，故学者大多借鉴域外经验进行研究。董国永等人在肯定美国教师教育标准的基础上，反观其职前教育所出现的问题，发现美国职前体育教师专业标准效能不高、评价重结果轻过程等，借以谏言国内体育教师专业标准构建，应重视时效、评价过程反馈等③。尹志华等对体育教师的职前教育方面有着较全面的研究，在分析爱尔兰职前体育教师专业标准时，从多方面进行解读与探索，提出国内体育教师教育标准的构建应紧跟国家战略、发挥评估作用、提升教师地位等建议④。随着《教师专业标准（试行）》（2012）和《普通高等学校师范类专业认证实施办法（暂行）》等文件的推出，尹志华等人在此基础上，对培养职前体育教师的本科体育教育专业责任人进行调研，初步呈现职前体育教师质量认证的程序⑤，并开发出基于标准的质量评估认证体系⑥。

第三，体育教师教育能力的素质培养。在体育教师教育能力结构的培养上，研究主要集中于师范院校体育教育专业学生的教学能力、教师技能、科研能力、交往能力、信息素养、创新能力、体育健康能力等方面。

研究主题四：以中外对比为研究方法的域外经验借鉴。

该研究主题包含聚类#3 中国，代表性关键词有美国、人才培养、21 世纪、健康教育等。这一研究主题下的文献大多采用两种写法，第一种，对某国外国

① 郭艳红，方志军. PCK 理论视域下我国体育教师职前培养的路径选择［J］. 成都体育学院学报，2018，44（2）：116-120.

② 古雅辉，周凰，刘昕. PCK 视域下职前体育教师教育的反思与探究［J］. 北京体育大学学报，2018，41（11）：89-95.

③ 董国永，毕永兴. 美国职前体育教师专业标准的问题研究及启示［J］. 成都体育学院学报，2016，42（4）：109-114.

④ 尹志华，汪晓赞，季浏. 爱尔兰职前体育教师专业标准的分析与启示［J］. 北京体育大学学报，2017，40（11）：73-79.

⑤ 尹志华，汪晓赞，覃立. 基于标准的职前体育教师质量认证程序开发调查与分析［J］. 体育学刊，2019，26（3）：109-114.

⑥ 尹志华，汪晓赞，孙铭珠. 基于标准的职前体育教师质量评估认证体系开发研究［J］. 成都体育学院学报，2020，46（2）：85-92.

家、地区、学校等体育教育专业进行介绍、诠释或问题警醒，从而为国内的相关研究做参考、提出注意问题或改革意见；第二种，将国内与国外进行对比，指出国内可取之处及待改善之处，促进国内体育教师教育的发展。而域外借鉴的经验大多来自美国，其次是日本、英国等。此主题下的相关研究主要涉及四个方面：第一，国外体育教育专业的改革与发展。有不少学者对美国亚利桑那州立大学①、俄亥俄州立大学②、南卡罗来纳大学③、西弗吉尼亚大学④、印第安纳大学⑤⑥、马里兰大学⑦等及其他国家的体育教育专业的建设特色分别做出了研究综述与启示。第二，国外体育教育专业下的课程设置/结构/体系。在此方向下的多数研究主要集中于厘清国外体育教育专业下的课程设置/结构/体系的特点、理念与启示，与国内体育教育专业下的课程体系进行对比分析。第三，国外中小学体育教师的培养模式。李丽在研究中总结出了美国、日本等国在职级制度、教师素质教育等方面较严格，培养目标定位于“通才型”，并对课程、学习评价等进行对比分析，从优化课程、完善教师任职资格制度等多方位提出了国内中小学体育教师教育的发展对策⑧。第四，国外职前体育教师专业标准及评价分析等。

3. 我国中小学体育教师教育研究的主题嬗变历程

对研究领域时间演进及关键词突现进行分析，以此试图探寻国内中小学体育教师教育研究的主题嬗变历程。

---

① 叶静雯，汪晓赞，尹志华．美国亚利桑那州立大学体育教育专业改革、发展与启示［J］．体育文化导刊，2016（9）：148-154.

② 尹志华，汪晓赞，Phillip Ward，季浏．美国俄亥俄州立大学体育教育专业的特色及启示［J］．体育学刊，2016，23（3）：100-107.

③ 俞佳俊，尹志华，汪晓赞．美国南卡罗来纳大学体育教育专业建设的启示［J］．体育学刊，2016，23（2）：102-106.

④ 杜伟超，汪晓赞，尹志华．美国西弗吉尼亚大学体育教育专业的改革、发展与启示［J］．首都体育学院学报，2015，27（5）：420-425.

⑤ 何耀慧，汪晓赞，尹志华，陈豪彦．美国体育教育专业的改革与发展研究——以印第安纳大学为例［J］．北京体育大学学报，2015，38（10）：90-97.

⑥ 谢佩娜．美国印第安纳大学健康、体育和娱乐学院的健康教育专业学位培养计划及特点［J］．体育学刊，2002（3）：95-98.

⑦ 韩会君，高玉花．美国体育教育专业建设给我们的启示——以马里兰大学为例［J］．广州体育学院学报，2009，29（6）：87-90+114.

⑧ 李丽．中日美等国中小学体育教师培养模式比较研究［J］．武汉体育学院学报，2006（1）：77-80.

（1）研究热点演进分析

时间线图谱能够很好地将关键词聚类的时间历史跨度以及热点演进按照时间进行定位，因此为窥探国内体育教师教育研究的研究热点关键词分布及演进情况，绘制关键词时间线图谱，先对关键词进行聚类，选择参数为 Top $N=50$，Graph Views 选择 Timeline view（详情见图 1-6）。在关键词时间线图谱中，节点所在位置对应的年份，即为该关键词首次出现的年份，节点的大小与首次出现直至后续累计出现所得的频次成正比。

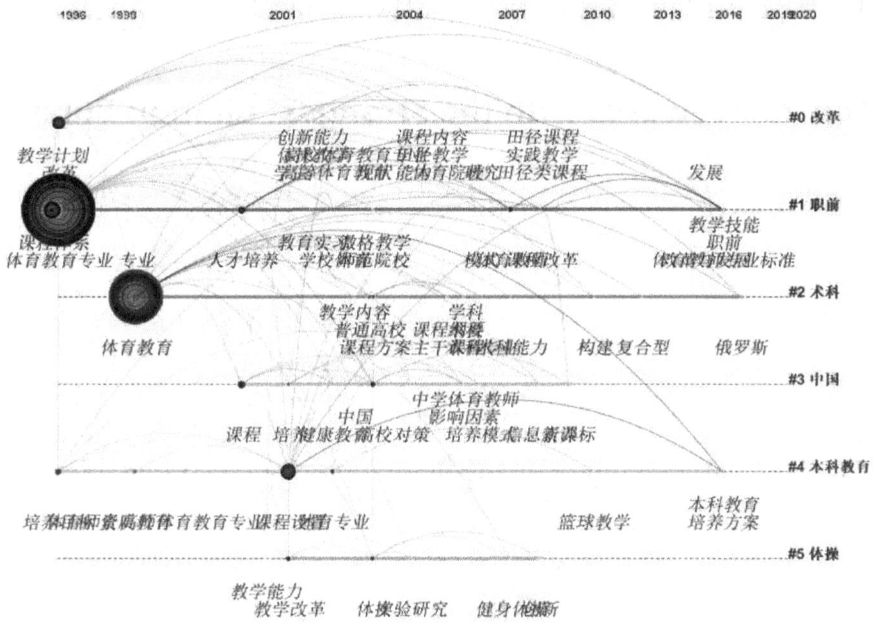

图 1-6　体育教师教育研究关键词时间线图谱

结合图 1-6 可清晰看出，年轮较大的关键词分别是“体育教育专业”“体育教育”“课程体系”“课程设置”“教学计划改革”，结合相关热点持续年限，可看出在体育教师教育相关研究的热点演进上，有以下两个特征：第一，从研究热点上看，不同时期的研究热点凸显不同，根据关键词聚类所得的六个聚类，即为国内体育教师教育的六大研究主题，分别为：改革、职前、术科、中国、本科教育及体操；第二，从研究时间上看，“教学计划”“改革”“课程体系”“体育教育专业”“培养目标”等关键词开始研究的时间较早，研究持续时间较长。

（2）研究前沿探测分析

主题的突变意味着该领域的研究前沿，突变的起止时间即为该关键词的突变时期，用深色条段标明，继而对关键词进行突变分析，得出突变强度排名前 25 位的突变词（详情见图 1-7）。由图 1-7 可知，突变时期持续最长的是“课程改革”，2008 年起到 2016 年止，表明在这段时间国内研究针对体育教师教育的课程改革一直是热点话题，随后持续突变较长时期的关键词是体育教师、培养目标等。从时间上来看，2002 年和 2003 年各有 3 个突变词的出现并居第一，近两年国内关于体育教师教育的相关研究前沿主要分布在体育教师和美国等方面，说明目前对于借鉴国外成熟的体育教师教育，对国内的相关研究有一定的启示作用。

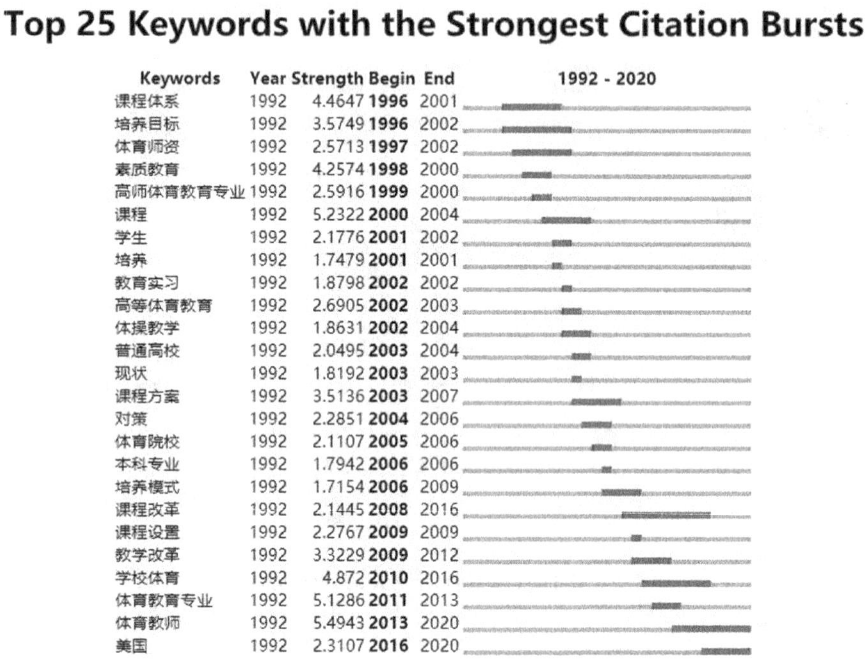

图 1-7　体育教师教育研究的 25 个主要突变词

（3）主题嬗变历程

利用该领域研究的热点主题，并加入图 1-6 时间线视图、图 1-7 关键词突变图，能够有效且直观地看出体育教师教育领域在某时期内较为活跃的相关主题，并根据突变词追踪或预测该领域在未来的发展走向。结合该领域相关文献在时间上的分布特征（见图 1-1），认为国内中小学体育教师教育领域的研究热点演变过程可分为以下三个时期：

时期一（1992—2002 年）：关注课程体系横向宏观发展的体育教师教育研究萌芽起步阶段及快速发展阶段。这一时期的相关研究可分为萌芽起步阶段（1992—1995 年）和快速发展阶段（1995—2002 年），相关研究主要关注以课程体系为主体的体育教育专业改革。1992—1995 年为萌芽起步阶段，相关文献较少，并未有关键词突变产生。1996—2002 年，部分关键词开始突现，说明研究数量增加，且同主题下的研究开始增多，为相关研究快速发展阶段。在此期间，课程体系、培养目标、体育师资、素质教育、高等师范体育教育专业是国内体育教师教育研究领域的关键词。其中，课程体系在体育教师教育领域的热点研究中，起点最早，持续时间也最长。

1996 年发布的《全国教育事业“九五”计划和 2010 年发展规划》细化了教育改革的内容，提出了“面向现代化、面向世界、面向未来，深入改革教育体系、课程体系、教学内容和方法①。”课程体系自 1996 年开始的突变正印证了相关研究对于政策颁布的反应速度。1997—2003 年，对教师教育空前关注的政治政策不断颁布，相关研究的数量如“雨后春笋”般快速增长。《关于深化教学改革，培养适应 21 世纪需要的高质量人才的意见》（1998 年）②、《普通高等学校本科专业目录（1998 年）》③、《面向 21 世纪教育振兴行动计划》（1998 年）④、《关于师范院校布局结构调整的几点意见》（1998 年）⑤、《关于“十五”期间教师教育改革与发展的意见》（2002 年）⑥ 等文件的相继推出，使得体育教师教育

① 全国教育事业“九五”计划和 2010 年发展规划［EB/OL］.［1996-04-10］. http：//www. moe. gov. cn/srcsite/A03/s7050/199604/t19960410_77143. html.

② 关于印发《关于深化教学改革，培养适应 21 世纪需要的高质量人才的意见》等文件的通知［EB/OL］.［1998-04-10］. http：//www. moe. gov. cn/srcsite/A08/s7056/199804/t19980410_162625. html.

③ 普通高等学校本科专业目录（1998 年颁布）［EB/OL］.［1998-07-06］. http：//www. moe. gov. cn/srcsite/A08/moe_1034/s3882/199807/t19980706_109699. html.

④ 面向 21 世纪教育振兴行动计划［EB/OL］.［1998-12-24］. http：//www. moe. gov. cn/jyb_sjzl/moe_177/tnull_2487. html.

⑤ 关于印发《关于师范院校布局结构调整的几点意见》的通知［EB/OL］.［1999-03-16］. http：//www. moe. gov. cn/srcsite/A10/s7058/199903/t19990316_162694. html.

⑥ 教育部关于“十五”期间教师教育改革与发展的意见［EB/OL］.［2002-03-01］. http：//www. moe. gov. cn/srcsite/A10/s7058/200203/t20020301_162696. html.

的相关研究在政策的推动下"如沐春风"，由于体育教育专业以培养师资为主，相关研究较多地集中于课程体系，在政策关注专业结构时，相关研究开始转向专业内的培养目标、人才培养等问题，课程体系、培养目标等关键词的突变也与政策的关注重点相呼应。

时期二（2003—2009年）：关注培养模式纵向微观延伸的体育教师教育研究成熟发展阶段。这一阶段研究的时间跨度为2003—2009年，国内相关研究处于成熟发展阶段。2003—2009年，教育实习、高等体育教育、体操教学、体育院校、现状、对策、培养模式等成为该领域的研究热点，其中，课程方案和培养模式的持续时间较长。

在这一时期，国家颁布了较多文件，加速人才培养教学改革问题向纵深发展，高等教育呈现快速发展的势头。随着人才培养的模式与内容、课程体系与教学方法等问题越来越细化与深入，学者对体育教师的职前培养关注度也在不断提高，相关论文发表数量不断攀升。尤其是《全国普通高等学校体育教育本科专业课程方案》（2003年）① 的颁布，关键词"课程方案"也在2003年开始出现突变，一直持续到2007年，可以看出《课程方案》的颁布引起了学术界关于体育教育专业课程方案的热议。而另一关键词"培养模式"的突现也无不说明政策对相关研究的影响。2007年5月9日国家正式发布《教育部直属师范大学师范生免费教育实施办法（试行）》②，这是国内教师改革的重要举措，更对中小学教育改革产生了"酶促反应"，"免费师范生"是由国家出资针对中小学培养体育教师，极具中国特色，此时国家对于中小学的教育问题表现出明显的针对性，而体育教育专业的培养模式也在随之做出转变。与此相应，关键词"培养模式"自2006年出现突变，持续至2009年，也从侧面印证了"免费师范生"对于体育教育专业人才培养的冲击。同年7月，教育部发布《关于大力推进师范生实习支教工作的意见》③，将师范生的综合实践能力着重培养。随着体育教育专业人才培

① 教育部关于印发《全国普通高等学校体育教育本科专业课程方案》的通知［EB/OL］.［2003-06-19］. http://www.moe.gov.cn/srcsite/A17/moe_938/s3273/200306/t20030619_80793.html.

② 国务院办公厅转发教育部等部门关于教育部直属师范大学师范生免费教育实施办法（试行）的通知［EB/OL］.［2007-05-09］. http://www.gov.cn/zwgk/2007-05/14/content_614039.htm.

③ 教育部关于大力推进师范生实习支教工作的意见［EB/OL］.［2007-05-09］. http://www.moe.gov.cn/srcsite/A10/s7011/200707/t20070705_145953.html.

养问题的不断深入与细化，大多数学者不再以体育教育专业为研究对象进行泛泛而谈，而是纵向选取某一方面进行探究，由小见大。而关键词教育实习、高等体育教育、体操教学、体育院校的热点突显，正是说明随着研究不断深入与细化，研究者的视角开始从实习、本科教育、术科、院校机构属性等方向转变。

时期三（2009年至今）：关注域外经验引进的体育教师教育研究缓慢发展阶段。这一阶段研究的时间跨度为2009年至今，国内相关研究处于缓慢发展阶段。2009—2020年，学校体育、体育教育专业、体育教师、美国等成为该领域的研究前沿，共同代表着体育教师教育领域的最新研究趋势。课程改革突变持续时间最长，随后依次为体育教师、学校体育、美国、教学改革等，距离2020年最近的突变词依次为美国、体育教师、学校体育。

国家发布在该时期的教育政策文件较多，包括但不限于体育教师培养、实践教学、基础教育教师专业标准、对外开放等指导意见。2012年在关注高等教育质量的基础上，国家相继发布《小学教师专业标准（试行）》和《中学教师专业标准（试行）》①，并公布《普通高等学校本科专业目录（2012年）》②，而关键词“体育教育专业”也在关注教师教育的背景下于2011—2013年出现突变。另一关键词“美国”的突现也值得深思。2015年底教育部印发《关于做好新时期教育对外开放工作的若干意见》，加强教育以对外开放的姿态进行深化改革的顶层设计，国家开始谋划国际教育的新格局③，文件发布之后，关键词“美国”于2016年开始出现突变。2020年6月，《教育部等八部门关于加快和扩大新时代教育对外开放的意见》④ 印发，教育对外开放体制建设得到进一步完善，新时代教育对外开放新高地也在不断搭建与推进，关键词“美国”自2016年始至2020年的突变时间仍在持续。体育教育专业成为该领域当下仍热议的话题不足为奇，

---

① 教育部关于印发《幼儿园教师专业标准（试行）》《小学教师专业标准（试行）》和《中学教师专业标准（试行）》的通知［EB/OL］.［2012-09-13］. http：//www. moe. gov. cn/srcsite/A10/s6991/201209/t20120913_145603. html.

② 教育部关于印发《普通高等学校本科专业目录（2012年）》《普通高等学校本科专业设置管理规定》等文件的通知［EB/OL］.［2012-09-18］. http：//www. moe. gov. cn/srcsite/A08/moe_1034/s3882/201209/t20120918_143152. html.

③ 张开双翼，中国教育更自信［EB/OL］.［2016-03-15］. http：//www. moe. gov. cn/jyb_xwfb/moe_2082/zl_2016n/2016_zl11/201603/t20160315_233544. html.

④ 教育部等八部门全面部署加快和扩大新时代教育对外开放［EB/OL］.［2020-06-18］. http：//www. moe. gov. cn/jyb_xwfb/gzdt_gzdt/s5987/202006/t20200617_466544. html.

“体育教师”和“美国”的出现，应是当下研究前沿所关注的问题。从体育师资到体育教师的转变，可看出相关研究的视角从以体育师资培养，转变为体育教师培养，所蕴含的意思为，体育教师的培养，除了强调培养合格能上岗的体育教师，满足教师需求以外，更加立足于体育教师自身的能力提升，教师教育的一体化培养与发展。而美国一词的突显，可看出当下国内相关研究对于以美国为代表的域外经验借鉴与吸收的重视，也意味着国内的体育教师教育将不断与国际接轨、与世界接轨，中国教育现代化的目标并不遥远。

（二）国外关于体育教师教育的研究

通过华中师范大学电子图书馆资源，使用美国科学情报所研发的 Web of ScienceTM 核心合集数据库，为更可能全面且直观地了解国外关于中小学体育教师教育的相关研究，以“physical education” AND “pre-service teacher”等十大关键词为标题进行检索，检索截止时间为 2021 年 11 月 24 日，精练文献类型为 Article，限定语种为 English，检索式详情见表 1-3，以此了解国外中小学体育教师教育的研究现状。

表 1-3 **国外中小学体育教师教育研究检索式**

检 索 词	初始文献	主题相关	共计
physical education AND pre-service teacher	77	75	
physical education AND beginning / initial teacher	9 / 22	9 / 11	
physical education AND teacher preparation	11	9	初始文献
physical education AND purpose / object / aim	10 / 5 / 8	1 / 2 /4	639
physical education AND admission	1	1	主题相关
physical education AND curriculum / course	172 / 78	18 / 13	232
physical education AND graduation	4	1	除重后
physical education AND practice / internship / practicum	191 / 5 / 10	44 / 5 / 7	214
future physical education teacher	31	27	
PETE AND teacher candidate	5	5	

注释：Web of ScienceTM 核心合集数据库最早检索年限为 1985 年，故文中检索期刊均为 1985 年后所发表的期刊。

由表 1-3 可知，通过检索式检索后的初始文献一共 639 篇，对结果进行去重，并人工剔除与研究主题明显无关的文献等干扰信息，最终得到有效论文 214 篇。截至检索日期，国外关于中小学体育教师教育的相关研究论文数量折线图如图 1-8 所示：

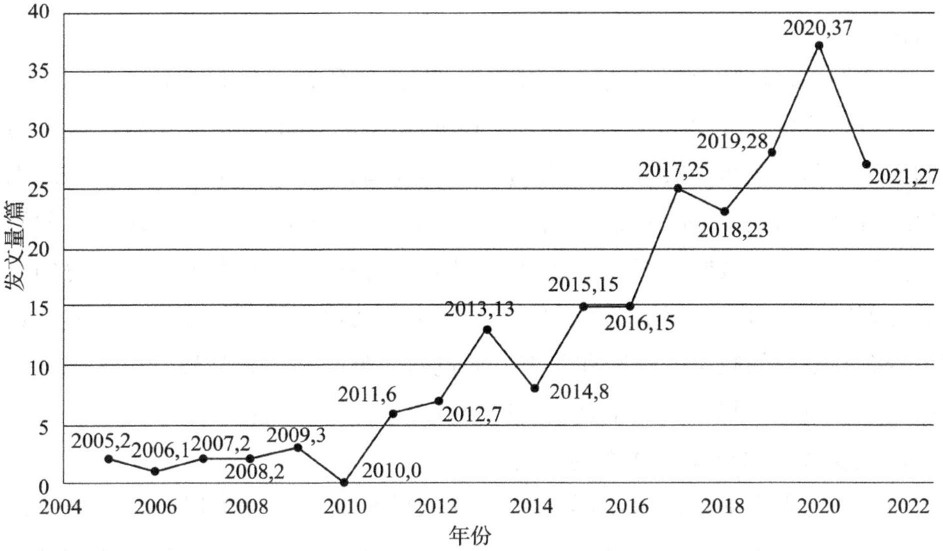

图 1-8　2004—2022 年国外中小学体育教师教育研究发文量

从时间分布上来看，国外中小学体育教师教育的相关研究整体呈现为逐年上升的趋势，通过观察研究论文发文量与时间的关系，将其研究变化历程主要分为两个阶段：

第一阶段为 2005—2010 年，国外的相关研究开始启程。自 1985 年以来，国外最早对中小学体育教师教育研究的相关论文出现在 2005 年，即 Davis 等人在 *Research Quarterly for Exercise and Sport* 期刊中发表的 The relationship between qualified personnel and self-reported implementation of recommended physical education practices and programs in US schools 一文①。第二阶段为 2010—2020 年，国外相关

① Davis K S, Burgeson C R, Brener N D, McManus T, & Wechsler H. The relationship between qualified personnel and self-reported implementation of recommended physical education practices and programs in US schools [J]. Research Quarterly for Exercise and Sport, 2005, 76 (2): 202-211.

研究虽有波动，但整体形成快速增长趋势。可以看出自 2010 年始，国外关于中小学体育教师教育的相关研究逐渐趋热，学者的关注度逐年攀升，直至 2020 年 37 篇的发文量达到顶峰。第三阶段为 2021 年至今，相关研究在前年的基础上有所下降，但由于检索截止时间不可抗力因素的存在，再加上前一阶段的整体上升走向分析，可以预测国外相关研究在第三阶段不会大幅度下降，有可能仍保持缓慢增长的趋势。

在国外，教师教育的理论研究始于 20 世纪 80 年代，早有学者认识到人才培养方案在高质量人才培养中的重要性。Darling-Hammond 等人（2009）认为高质量的人才培养方案可以使学习者扮演知识构建者的角色，并为学习者创造机会“产生自己的知识，而不仅仅是传播获得的知识”①。Spittle 等人（2014）的研究进一步表明，学生教师之所以有动力，是因为他们认为课程和专业是值得的，并且需要理解并学习②。而不同的国家由于历史、文化背景等的差异，对体育教师的培养有着不同的政策、标准和要求，通过对文献的阅读和整理分析，国外中小学体育教师教育的相关研究主题主要集中在以下几个主题：

1. 有关体育教师培养体系的研究

由于语种限定 English 的因素存在，检索的相关文献大多以英语为第一或第二语言的国家，美国的相关研究最多。美国体育教师的培养大多以体育教师培养计划（PETE program）为载体，进行专业化的培养和认证，因此大多数学者的研究集中在对培养体系现状进行概括，指出发展特征所在，随后不断反馈意见并优化培养计划。将国外体育教师培养体系大概分为目标、录取、课程、毕业及实践共五个部分，在查阅有关体育教师培养体系的相关研究中发现，国外关于体育教师培养目标、录取标准及毕业要求三方面的研究虽然有但非常之少，较多的研究集中在课程设置以及实习实践中。其中，课程设置的研究热点聚焦在课程设置的内容及特点、课程元素的增设两方面。实习实践的研究热点聚焦在实践现状调查和实践模式的改革两方面。

---

① Darling-Hammond L, Wei R, Andree A, Richardson N, & Orphanos S. Professional learning in the learning profession: A status report on teacher development in the United States and abroad [R]. Dallas, TX: National Staff Development Council, 2009.

② Spittle S, Spittle M. The reasons and motivation for pre-service teachers choosing to specialize in primary physical education teacher education [J]. Australian Journal of Teacher Education, 2014 (39).

（1）体育教师教育项目录取标准相关研究

与传统对录取标准进行叙述说明不同，国外的研究少有文本分析，因为在国外影响大学录取标准的因素有很多，大多数高校是自行拟定录取标准，这些标准或同或异，以美国为例，由于美国大学的要求相对中小学而言是比较严格的，在录取新生的时候，大多会对学生在高中时期的课程内容、学业成绩（GPA）有硬性要求，除此以外，美国的大学申请材料还包括但不限于入学申请论文、SAT/ACT 考试成绩、学生领导能力及课外实践活动能力等方面的考虑因素。少部分论文是针对技术运用，从而协助录取的文章，如 Acikkar 等人①在研究录取标准时，并未进行叙述分析，而是探索技术在录取时的运用。由于土耳其的 Cukurova 大学在录取标准中要求高中毕业生必须通过每年八月在大学的身体能力测试，但现场无法获取成绩，所以 Acikkar 等人以录取为突破口，探索 SVM 已被用于提前预测候选人一旦获得所需的考试成绩时，他是否会被学院录取。而结果表明，SVM 分类是该应用领域的有效工具，一旦考生从身体能力测试中获得（或知道）他的分数，他就可以提前预测他的录取结果。

（2）体育教师教育项目课程设置相关研究

关于体育教师教育项目课程设置的研究基数较多，在检索文献中，由 Davis 等人在 *Research Quarterly for Exercise and Sport* 期刊中发表的 The relationship between qualified personnel and self-reported implementation of recommended physical education practices and programs in US schools 一文②，开启了相关研究的首页。Davis 等人通过对学校健康计划的八个组成部分的数据，包括州、地区、学校和课堂级别的体育教育进行搜集，问卷所涵盖的 56 个问题，评估了体育课程的一般特点、具体教授的内容、教授具体体育活动的时间、使用的教学和评估技术以及体育教师的资质和人员发展等，文章指出“聘请合格的教师和为体育教学人员提供员工发展的结合可能是将高质量的体育课程引入地区及其学校的关键因素”，

---

① Acikkar M, & Akay M F. Support vector machines for predicting the admission decision of a candidate to the School of Physical Education and Sports at Cukurova University [J]. Expert Systems with Applications, 2009, 36 (3): 7228-7233.

② Davis K S, Burgeson C R, Brener N D, McManus T, & Wechsler H. The relationship between qualified personnel and self-reported implementation of recommended physical education practices and programs in US schools [J]. Research Quarterly for Exercise and Sport, 2005, 76 (2): 202-211.

研究结果表明，适当的人员配备和员工发展可能在小学、初中和高中实施高质量的体育课程方面发挥关键作用。通过查阅相关文献可知，国外体育教师教育项目课程设置的研究热点聚焦在课程设置的内容及特点、课程元素的增设两方面。

相关研究大多以课程设置为中心，通过挖掘体育教师的职业认知、梳理体育教学课程的内容整体概况，以及重视由于社会发展而不断产生新需求的方案革新，都是该主题研究中较为关注的方向。从从业者的角度倒推职业发展需求，建立教师职业认知的研究不少，如，在 Collier① 等人（2004）的研究中，通过整理从业者（威斯康星州、俄勒冈州、华盛顿州、爱达荷州和加利福尼亚州的 K-12 的体育教师）对体育教师教育的看法和需求，提供从业者的数据，以帮助教师确定本科体育课程的课程决策和未来方向。Bulca 等人②也通过对从哈塞佩特体育科学与技术学院毕业且目前正在从事体育教师工作的教师来确定其对体育教师教育计划效果的意见，提出改革方向。Hetland 等人③描述了位于美国中部地区机构中的体育教师教育（PETE）计划，试图通过根据课程简介、课程内容、现场经验、专业发展等关键因素来描述本科 PETE 课程的内容，概述其位于中央区各大学之间的异同，进而鼓励机构进行评估，改善未来体育教师人才准备。Melnychuk 等人④通过对来自加拿大的 20 所大学共 36 位体育教师教育者进行调查，其研究结果表明，鉴于社会和学生对于 PETE 的需求在不断变化，人才培养方案需要得到认真考虑或重要审视。

有不少学者在对课程设置的现状进行了研究之后，概括了现行课程设置所存在的特征，而这些特征有比较好的、仍需继续保持的，也有亟待改进的，其中，有不少学者通过对职前体育教师的专业能力进行分析，从而试图在培养课程中增

① Collier D, Hebert F. Undergraduate physical education teacher preparation: What practitioners tell us [J]. The Physical Educator, 2004.

② Bulca Y, Saçlı F, Kangalgil M, & Demirhan G Beden. eğitimi öğretmenlerinin öğretmen yetiştirme programına ilişkin görüşleri [J]. Eğitim ve Bilim, 2012, 37 (165).

③ Hetland K M, & Strand B. A descriptive analysis of undergraduate PETE programs in the central district [J]. ICHPER-SD Journal of Research, 2010, 5 (1): 3-9.

④ Melnychuk N, Robinson D B, Lu C, Chorney D, & Randall L. Physical education teacher education (PETE) in Canada [J]. Journal of Education, 2011, 34 (2): 148.

设一些元素，以达到有针对性的能力培养的目的。呼声较高的课程元素有适应性体育、创新创业能力、水上课程、急救培训等。

现在西方国家普遍以适应性体育（Adapted Physical Education）来代替残疾人开展的体育。美国在 2003 年发表的初级体育教师标准中所包含的 10 个不同标准中，既包含了专门针对残疾学生的特殊标准。而 Nirantranon（2009）等人发表 The Trend of Pre-Service Physical Education Teacher in the Period of 15 Years（2008-2022）一文，对体育教学 15 年内的发展趋势进行预测，其中也提到，在以后的专业发展中，毕业生的素质需“能够管理残疾人的体育活动”①。在适应性课程的相关研究中，Piletic（2010）② 等人通过对适应性体育课程的教学概况、教学内容及应用情况等进行描述，试图展示当前适应性体育课程的开展现状。学者们对适应性体育的研究视角关注也对后续体育教师教育的内容拓展具有突破性意义。有 Jin、An③ 等大多数学者对设置适应性体育课程的重要性进行了阐释和说明，如，Jin 等人④认为尽管适应性已经成为一项普遍的教育政策，但是职前体育教师们并未得到较好的培训，因此研究提出可以通过在体育教师教育课程中精心设计包容性课程以改善这种情况。McNamara 等人⑤的研究结果加深了目前在美国教授适应性体育课程教师的理解，并为改进课程提供了一些建议。关于其他课程元素的增设研究，Malekipour 等人⑥分析了伊朗大学体育学士学位课程中的创业能力培训，但结果表明，伊朗大学体育学士学位课程中对于创业能力的强调

---

① Nirantranon W, Nirantranon S. The trend of pre-service physical education teacher in the period of 15 years（2008-2022）[J]. The Social Sciences, 2009, 4（6）: 657-661.

② Piletic C K, & Davis R. A profile of the introduction to adapted physical education course within undergraduate physical education teacher education programs [J]. ICHPER-SD Journal of Research, 2010, 5（2）: 26-32.

③ An J, & Decker J T. Utilizing a critical service-learning approach in an adapted physical education course [J]. Journal of Physical Education, Recreation & Dance, 2019, 90（4）: 7-14.

④ Jin J, Yun J, Wegis H. Changing physical education teacher education curriculum to promote inclusion [J]. Quest, 2013, 65（3）: 372-383.

⑤ McNamara S W, Lieberman L, Wilson K, & Colombo-Dougovito A. I Mean I Hate to Say It's Sink or Swim, but Horizontal Ellipsis: College Course Instructors' Perceptions of the Adapted Physical Education Content that They Prioritize and Teach [M]. Sport Education and Society, 2021.

⑥ Malekipour A, Hakimzadeh R, Dehghani M, & Zali M R. Analysis of entrepreneurial competency training in the curriculum of bachelor of physical education in universities in Iran [J]. Cogent Education, 2018, 5（1）: 1462423.

并不理想。Sato 等人①对非裔美国职前体育教师如何参与学习水上课程内容进行了描述，研究建议在体育教师教育计划的课程中增设水上课程以创造学习体验。i Esports 等人②通过阐述 45 分钟心肺复苏培训对职前体育教师的影响，进而表达经过短暂的培训，职前体育教师运用 CPR 的有效性显著提高的观点。

(3) 体育教师教育项目毕业要求相关研究

关于国外教师教育项目毕业标准或要求的文章较少，毫无疑问的是，严格且稳定的毕业标准在一定程度上能够保证计划培养的体育教师质量输出，但在新西兰背景下，Thrupp③ 反对规范性标准，因为这些标准倾向于对教师进行控制，限制其教学选择，造成额外的行政负担，并且通常忽略教学的复杂性。Culpan④ 在新西兰和澳大利亚的体育课程具有强烈社会文化批判性导向的背景下，深入了解批判性探究，文中指出批判性教学可以为职前体育教师的发展提供一定的前进机会，但由于新西兰和澳大利亚的毕业教师标准中均未对批判性探究做出明确提示，因此达到批判性探究会受到当前毕业教师标准的阻碍和限制。

(4) 体育教师教育项目实习实践相关研究

关于体育教师教育项目实习实践的研究基数较多，通过查阅相关文献可知，国外体育教师教育项目实习实践的研究热点聚焦在实践现状调查和实践模式的改革两方面，其中，实践现状的调查主要以首先探索实习结果、随后提出实践手段或方法的应用、最后提出以优化建议为主。实践模式的改革主要以实践形式的改变和实践环境的选取为主。

首先，在探索实习结果时，大多是对职前体育教师在实习期间的情况，通过

① Sato T, Ellison D W, & Eckert K. African American pre-service physical education teachers' learning about aquatic courses [J]. European Physical Education Review, 2019, 25 (3): 778-795.

② Esports A E F. Effect of 45-minute CPR training on future physical education teachers [J]. Apunts Educación Físicay Deportes, 2019, 35 (138): 62-71.

③ Thrupp M. Professional standards for teachers and teacher education: Avoiding the pitfalls [R/OL]. Wellington: Post Primary Association and New Zealand Educational Insituitute, Retrieved from: https: //img. scoop. co. nz/media/pdfs/0604/avoiding_pitfalls. pdf, 2006.

④ Culpan I. Criticality in physical education teacher education: Do graduating teacher standards constrain and/or inhibit curriculum implementation? [J]. Australian Journal of Teacher Education, 2017, 42 (7): 84-94.

访谈等方式进行定性的研究。如，Robinson 等①对发展中国家（伯利兹 Belize）职前体育教师和在职教师为期两周国际实习的定性研究结果，并借实习探索教师对专业发展的看法，从而对未来的实践提出一些建议。国际实习的经验是否有助于职前体育教师文化能力的发展，Winslade② 研究了以国际体育为基础的实地实习经验在协助职前体育教师文化能力发展上的感知价值，认为国际实地经验为职前体育教师的文化能力发展提供了积极支持。随之，提出实践手段或方法时，多是涵盖了以下几种方法：反思性实践、教师教育实践自学等方法。反思性实践如实习期间的日志记录③、指导教师的意见反馈等，教师教育实践自学方法在 Fletcher④ 的研究中，教师教育实践自学（teacher education practice through self-study，S-STEP）方法提供了一种检查和阐明实践原则的手段。最后，提出优化建议时，主要以增设实践元素的形式出现，如，适应性体育实践、数字技术实践、水上能力实践、临场应变实践、健康意识的实践等。

在有关体育教师教育项目实践模式的改革研究中，热点集中在实践形式的改变和实践环境的选取中。在当今瞬息万变的教育发展中，教师教育工作者，尤其是职前体育教师需要紧跟时代的发展，将常规传统的教学实践进行改变，以此促进教学。Aggerholm 等人⑤在研究中讨论了实践模式对体育教师的教学意义，Strand 等人⑥在研究中提供了一个体育教师培训计划的例子，主要解决了教

---

① Robinson D B, Barrett J, & Robinson I. Teaching outside of the box: A short-term international internship for pre-service and in-service physical education teachers [J]. Intercultural Education, 2017, 28 (3): 304-321.

② Winslade M. Can an international field experience assist health and physical education pre-service teachers to develop cultural competency? [J]. Cogent Education, 2016, 3 (1).

③ Barrett J, Cherubini L, & Robinson D. Enhancing understandings of emerging physical education practical theory: Aboriginal teacher candidates' reflective journaling practices [J]. McGill Journal of Education/Revue des sciences de l'éducation de McGill, 2018, 53 (1): 11-25.

④ Fletcher T. Developing principles of physical education teacher education practice through self-study [J]. Physical Education and Sport Pedagogy, 2016, 21 (4): 347-365.

⑤ Aggerholm K, Standal O, Barker D M, & Larsson H. On practising in physical education: Outline for a pedagogical model [J]. Physical Education and Sport Pedagogy, 2018, 23 (2): 197-208.

⑥ Strand B, Linker J, Deutsch J, Hahne K, & Douglas M M. Health and physical education teacher-preparation implementation of clinical practices: Integrating academic content to real-world application [J]. Journal of Physical Education, Recreation & Dance, 2016, 87 (4): 46-52.

师培训模式适应时代发展的新需求。Fletcher 等人①在研究中考虑使用协作自学培养模式，是否能够更加深刻地理解教师教育实践。职前体育教师的实习实践对环境的依赖性比较高，有研究表明，学校环境是鼓励学生进行健康行为的理想环境②，Fyall 等人③研究表明，运动环境对于体育教育的学习至关重要。至于实践环境对职前体育教师的影响在 2016 年 Peralta④ 的研究中已有说明，Peralta 调查了以社区和学校为基础的服务学习经验（service learning experience）对职前体育教师本土知识、文化能力和教学方法的影响。

2. 有关职前体育教师社会化的研究

教师的社会化理论模型描述了成为教育者的基本过程，根据 Lawson⑤ 的说法，职业社会化涵盖了候选人从进入行业到之后退出行业的所有潜在影响。Ensign⑥ 提到，社会化的第一阶段是职前教师 K-12 的经历，第二阶段是教师教育培训期间所产生的专业/职业社会化，而职业社会化的最后阶段——组织社会化是促进教师变革的重要推力，因为教师在组织中可以被学校教学环境所同化。目前职前体育教师社会化的相关研究主要从职业准入、职业认同及身份转移三个方面进行探索。

（1）职前体育教师职业准入相关研究

对于职前体育教师来说，新手教师在职业发展中会遇到一些困难，教学前几年的特征是职业放弃率高，在这种背景下，为了解决这种“脆弱”的入职状态，

---

① Fletcher T, & Casey A. The challenges of models-based practice in physical education teacher education: A collaborative self-study [J]. Journal of Teaching in Physical Education, 2014, 33 (3): 403-421.

② Chong M, McCuaig L, & Rossi T. Primary physical education specialists and their perceived role in the explicit/implicit delivery of health education [J]. Curriculum Studies in Health and Physical Education, 2018, 9 (2): 189-204.

③ Fyall G, & Metzler M W. Aligning critical physical education teacher education and models-based practice [J]. The Physical Educator, 2019, 76 (1): 24-56.

④ Peralta L R, O'Connor D, Cotton W G, & Bennie A. Pre-service physical education teachers' indigenous knowledge, cultural competency and pedagogy: A service learning intervention [J]. Teaching Education, 27 (3): 248-266.

⑤ Lawson H A. Occupational socialization, cultural studies, and the physical education curriculum [J]. Journal of Teaching in Physical Education, 1988, 7 (4): 265-288.

⑥ Ensign J, & Mays Woods A. Navigating the realities of the induction years: Exploring approaches for supporting beginning physical education teachers [J]. Quest, 2017, 69 (1): 80-94.

帮助学生教师尽快进入教学稳定期，不少学者对其进行了调查和研究。而在关于职前体育教师职业准入的研究中，多数学者通过厘清教师职业的培养途径、发展轨迹、入职形式等，对职前体育教师的职业准入进行阐述。

国外从事体育教师的职前培养途径大致为两种，一是选择专门从事中/小学体育，二是作为教育学学士课程的一部分，而后选择体育方向。在大多数的情况下，初级体育教师应先完成课程条件的普通教育学位，例如教育学学士学位，使其成为所谓的初级通才教师。除体育教育专业定点培养的专职体育教师外，学生在选修完成普通教育学位的前提下选择了体育教育专业，换而言之，学生首选教学然后专攻体育，而不是选择成为专门的体育教育者。教师的发展具有一定的职业生命周期，为了完善对体育教师进入行业的理解，针对职前体育教师的发展轨迹，Gariglio① 对毕业于米纳斯吉拉斯州联邦大学的毕业生进行半结构化访谈和教学案例分析，由于体育学科作为二级学科，研究认为在分析不同教师在教学上岗期间的轨迹时，属于某个领域（其他学科）是一个重要的因素，因为这些轨迹定义了成为教师、发展工作以及其他人如何看待这项工作的关键方式，研究提出，需要承认、包容和支持不同的教学轨迹，以指导教师开始留任的行动和政策。在研究职前体育教师社会化的过程中，针对入职协助形式，不乏个人案例调查的研究出现。Richards② 等人使用职业社会化理论，描述了入门阶段体育教师 Janet 的社会化，尤其关注其在学校中前两年所接触的入职协助形式，研究表明 Janet 接受了多种形式的援助，包括一项名为“州指导和评估计划”（S-MAP）的全州入职援助计划。

（2）职前体育教师职业认同相关研究

对职前体育教师职业认同的研究大多是归因分析，即大多数学者试图从自我效能感、动机、兴趣等方面，对体育教师教育培养对学生所产生的教育作用，来解释学生选取体育专业，并成为体育教师的原因，借此突出在体育教师职前培养的过程中，培养对学生个人动机挖掘的重要性，以此，并试图通过体育教师教育，使“准体育教师”的职业认同感达到较高的水平。

---

① Gariglio J Â. Beginning Physical Education teachers' induction: Discoveries and survival in the profession [J]. Sport, Education and Society, 2021: 1-13.

② Richards K A, & Templin T J. The influence of a state mandated induction assistance program on the socialization of a beginning physical education teacher [J]. Journal of Teaching in Physical Education, 2011, 30 (4): 340-357.

基于职前体育教师入职途径的现状，分析其对“体育教师”这份职业产生认同感的动机极为重要，职前教育更是在动机产生过程中，发挥着决定性的作用。Ensign① 认为由于行业存在留不住人才的现状，因此建立有意义的指导关系，有目的的专业发展机会以及及时的反馈可以帮助增强体育教师的入职意愿，在入职前进行强有力的 PETE 准备工作，并在随后的职业阶段提供资源丰富的支持网络，对获得最佳结果至关重要。Spittle 等人从自我决定理论的角度去理解学生选择体育教学、成为体育教师的原因，阐明了选择与动机之间的关系②。

(3) 职前体育教师身份转移相关研究

虽然职前课程旨在为初级教师提供跨学科领域的教学技能，但与此同时有研究指出，应该更加关注并发展学生教师在各学科中的身份。教师的身份对他们在课堂上的决策和行动有很大的影响，需要进一步研究职前教师教育计划如何支持小学教师在多个学科领域的身份发展。③

已有不少研究对体育教师的身份认同进行了定性的关注，可少有研究采用定量研究的方法对身份认同进行稳定性研究，Liu 等人认为应该是缺少职前体育教师身份认同的测量仪器，因此 Liu 等人基于角色认同动态系统模型，对职前体育教师及专家进行深度访谈，以此开发了量表，试图对体育教师的身份认同进行量化分析。④ Fletcher⑤ 等人在 2016 年对职前小学体育教师在两次实习中的状态进行了半结构化访谈，以此让学员们通过体育教学的实习观察和经验，厘清其与在职教师的相似或不同，进一步阐明学员们在实习后向体育教师身份转移的程度，

① Ensign J, & Mays Woods A. Navigating the realities of the induction years: Exploring approaches for supporting beginning physical education teachers [J]. Quest, 2017, 69 (1): 80-94.

② Spittle M, Jackson K, & Casey M. Applying self-determination theory to understand the motivation for becoming a physical education teacher [J]. Teaching and Teacher Education, 2009, 25 (1): 190-197.

③ Liu J, & Keating X D. Development of the pre-service physical education teachers' teacher identity scale [J]. European Physical Education Review, 2021.

④ Liu J, & Keating X D. Development of the pre-service physical education teachers' teacher identity Scale [J]. European Physical Education Review, 2021.

⑤ Fletcher T, & Kosnik C. Pre-service primary teachers negotiating physical education identities during the practicum [J]. Education, 2016, 3-13, 44 (5): 556-565.

从而为在职前培养方案中发展教师身份的方式提供一定的支持与建议。而早在2013年，Fletcher① 等人就已对教师身份的重要性进行了探索，并在研究中考虑到了学生教师作为体育教师的身份，以及克服体育教学障碍的自我效能发生变化的程度值。研究表明，虽然在一门课程中，学生教师在进行身份转移的过程中可采取的步骤可能性很小，但鉴于职业身份发展在学习教学过程中的重要性，课程却是必不可少的，鼓励增加职前体育课程与教学实习。

3. 有关职前体育教师专业素养的研究

该研究主题下的文献，主要包含专业能力发展的研究和专业品质的研究，其中，专业能力发展的研究以数字技术教学能力和包容性教学能力为主，专业品质的研究以专业态度、专业信念和专业反思为主。

（1）职前体育教师专业能力发展相关研究

教师的能力发展是国外学者们关注的热点之一，随着专业发展对未来教育者提出越来越多的要求，能力也逐渐演变为可衡量的标准，通过查阅外国相关的文献，学者们对于能力的主要关注点在于教学能力，涵盖数字技术教学能力的研究和包容性教学能力的研究。

教师的教学能力支撑起教师专业发展是毋庸置疑的事实，不少研究对职前体育教师的教学能力进行了探究。这些研究主要涵盖职前体育教师的教学的性别化区别、教学方法类型的选择、教学模式的改变、教学风格的界定等，如，McVeigh 等人②认为应当意识到在体育教师教育环境下，对职前体育教师教育进行解构，以提供更为细微的性别化实践；Barber 等人③的研究结果表明，非竞争性、包容性的教学方法对支持职前体育教师培养更多的自信心和自我感知能力具有积极的

① Fletcher T, Mandigo J, & Kosnik C. Elementary classroom teachers and physical education: Change in teacher-related factors during pre-service teacher education [J]. Physical Education and Sport Pedagogy, 2013, 18 (2): 169-183.

② McVeigh J, & Waring M. Developing the pedagogical practice of physical education pre-service teachers in gymnastics: Exploring gendered embodiment [J]. Physical Education and Sport Pedagogy, 2021: 1-14.

③ Barber W, Walters W, Chartier P, & Temertzoglou C. Examining self-confidence and self-perceived competence in Canadian pre-service teachers (PSTs): The role of biographies in physical education teacher education (PETE) [J]. Sport, Education and Society, 2020: 1-14.

影响；Hemphill 等人①的研究表明基于案例的学习（CBL）可为教师提供一种引入新想法的办法；Legrain 等人②的研究认为除了传统的直接教学而言，体育教师教育还存在其他的教学模式，比如合作学习方法，并对合作学习方法对教师产生的自我效能感进行了探究。Pérez-Pueyo 等人③对在体育教育环境下，教学风格的特征和要素以及其是否可移植进行了探索。在这些文献中，有两类文献数量较多且关注度较高，一是数字技术教学能力的研究，二是包容性教学能力的研究。

1）数字技术教学能力

在当下社会不断科技化数字化的发展浪潮下，以往体育教师的教学手段及方法等势必受到新技术的冲击，一味地阻止新技术的融入实属不明智之抉择，如何将新技术与现有教学有机融合，使其成为教学效果的助推器，是现阶段研究的重点之一。尽管国际认可和鼓励采用技术，但将其融入教师教育也是一个挑战。④有不少研究对数字技术在职前体育教师培训中的使用及其与教师学习和参与之间的关系⑤、运用数字技术对职前体育教师的影响⑥、在早期促进或阻碍职前体育教师在教学中使用技术的因素理解⑦等方面进行了深入探索。与此同时，也有

---

① Hemphill M A, Richards K A, Gaudreault K L, & Templin T J. Pre-service teacher perspectives of case-based learning in physical education teacher education [J]. European Physical Education Review, 2015, 21 (4): 432-450.

② Legrain P, Escalié G, Lafont L, & Chaliès S. Cooperative learning: A relevant instructional model for physical education pre-service teacher training? [J]. Physical Education and Sport Pedagogy, 2019, 24 (1): 73-86.

③ Pérez-Pueyo Á. Hortigüela-Alcalá D. Hernando-Garijo A, & Granero-Gallegos A. The attitudinal style as a pedagogical model in physical education: Analysis of its effects on initial teacher training [J]. International Journal of Environmental Research and Public Health, 2020, 17 (8): 2816.

④ Van Hilvoorde I, & Koekoek J. Next generation PE: Thoughtful integration of digital technologies [J]. Digital Technology in Physical Education, 2018: 1-16.

⑤ Calderón A, Meroño L, & MacPhail A. A student-centred digital technology approach: The relationship between intrinsic motivation, learning climate and academic achievement of physical education pre-service teachers [J]. European Physical Education Review, 2020, 26 (1): 241-262.

⑥ Best M, & MacGregor D. Transitioning design and technology education from physical classrooms to virtual spaces: Implications for pre-service teacher education [J]. International Journal of Technology and Design Education, 2017, 27 (2): 201-213.

⑦ Jones E M, Baek J H, & Wyant J D. Exploring pre-service physical education teacher technology use during student teaching [J]. Journal of Teaching in Physical Education, 2017, 36 (2): 173-184.

不少研究利用技术，如 3D 模拟环境训练对职前体育教师的自我管理能力进行探索。①

大多数研究的关注点在于对实习实践过程中的视频技术进行阐释说明。如，Hyndman② 站在教学技术不断发展的浪潮上，指出现在大学正在扩大在线提供的课程，与此同时，通过报道职前体育教师的使用 GoPro 视频技术作为实用体育课程在线教师教育交付创新的潜力和可行性的看法，填补了国际文献中的空白。Greve 等人③为深入了解职前体育教师在 5 个月的实习期间的表现发展，对 11 名职前教师进行录像，所有课程均由获得许可的 CLASS 观察员使用课堂评估评分系统（CLASS）进行评分，CLASS 是一个高度推论的评分系统，用于分析课堂观察和课堂视频。Marron 等人④支持技术与教学之间的整合，但现实仍可能存在一些挑战，研究以 iPad 为例，对 iPad 在职前小学体育教师教育中实施的潜在挑战进行了说明。

2）包容性教学能力

在职前教育中增加包容性内容对孩子们的身心健康有着巨大的好处，现有的多数相关研究对包容性体育培训提出了要求，以此增强职前体育教师的包容性教学能力，如，Maher 等人⑤运用情境学习理论探讨了英国特殊教育学校体育教师对初级教师教育（ITE）和持续专业发展（CPD）的看法，研究认为体育教师在职前教育阶段普遍缺乏对特殊教育需求和残疾等包容性的关注，并建议在职前教

① Molías L M, Ranilla J M C, & Cervera M G. Pre-service physical education teachers' self-management ability: A training experience in 3D simulation environments [J]. Retos: Nuevas Tendencias en Educación Física, Deportey Recreación, 2017 (32): 30-34.

② Hyndman B. A simulation pedagogical approach to engaging generalist pre-service teachers in physical education online: The GoPro trial 1.0 [J]. Australian Journal of Teacher Education (Online), 2017, 42 (1): 84-102.

③ Greve S, Weber K E, Brandes B, & Maier J. Development of pre-service teachers' teaching performance in physical education during a long-term internship [J]. German Journal of Exercise and Sport Research, 2020: 1-11.

④ Marron S, & Coulter M. Initial teacher educators' integrating iPads into their physical education teaching [J]. Irish Educational Studies, 2021: 1-16.

⑤ Maher A J, & Fitzgerald H. Initial teacher education and continuing professional development: The perspectives of special school physical education teachers [J]. Curriculum Studies in Health and Physical Education, 2020, 11 (1): 18-33.

育中提供包容性体育培训；Tristani 等人①研究指出虽然高质量的包容性体育活动计划已被证明对没有残疾的个人有较大的好处，但与非残疾的孩子相比，残疾孩子们参与包容性体育活动计划的可能性较小。

(2) 职前体育教师专业品质相关研究

通过查阅国外体育教师教育的相关研究发现，教师的专业品质是研究的重点及热点之一，从专业态度、专业信念和专业反思共三个方面对职前体育教师的专业品质进行说明。

1) 专业态度

国外关于职前体育教师专业态度方面的研究，大多数学者对职前体育教师关于包容性体育、体能测试、扫盲、角色建模、健康主义、肥胖、户外运动等主题的态度较为感兴趣。如，Braksiek② 在研究中使用量表评估了 362 名职前体育教师对包容性教育和包容性体育的态度，研究中提到职前体育教师对包容性体育具有积极的态度是其成功发展的极重要因素之一。Liu 等人③调查了美国职前体育教师对基于学校的健康相关体能测试（HRFT，school-based health-related fitness testing）的态度，并分析了教师特征（如性别、种族、之前的体能测试经验等）对态度的影响，研究表明职前体育教师对 HRFT 的总体态度是略微积极的，之前的体能测试经验存在显著影响，性别和种族无差异。将识字融入体育教育中是教育工作者们所面临的长期挑战，Wickens 等人④借鉴态度理论、教师社会化研究，以探索职前体育教师对识字以及识字融入体育发展的态度。除了以上针对职前体育教师进行的研究以外，也有不少学者注意到了，面对同一类主题，即使是同一

---

① Tristani L，Tomasone J，Gainforth H，& Bassett-Gunter R. Taking steps to inclusion：A content analysis of a resource aimed to support teachers in delivering inclusive physical education [J]. International Journal of Disability，Development and Education，2021，68（1）：116-135.

② Braksiek M. Pre-service physical education teachers' attitudes toward inclusive physical education [J]. German Journal of Exercise and Sport Research，2021：1-10.

③ Liu X，& Keating X D. A reexamination of pre-service physical education teacher attitudes toward school-based health-related fitness testing in the USA [J]. European Physical Education Review，2021.

④ Wickens C M，Walther C S，& Parker J. Pre-service physical education teachers' attitudes toward literacy and literacy integration in physical education settings [J]. Reading Psychology，2020，41（8）：821-855.

个群体，但性别的差异也可能会具有不同的态度表现，如，Yager 等①对职前体育教师关于健康行为榜样的期望、信念和态度进行了性别差异化探讨，研究发现男生比女生对体育教师更应保持苗条运动的身材持有更为坚定的想法。健康主义一直是体育教育者的一个关键问题也是研究的重点所在，除了实质性的访谈类研究②外，也有学者对职前体育教师关于健康主义的态度进行了量化分析。③

2）专业信念

国外关于职前体育教师专业信念方面的研究，其中有一大部分源自对职前体育教师专业/职业认同的研究，上文已有说明，另一部分代表了教师个人的信仰结构，与专业态度类似，有不少学者将信念与态度进行互换使用，与此类似的还有“看法”“倾向”“反思”等，该部分也在上文已有说明。因此在该类主题下，除去专业/职业认同研究以及专业态度研究发现，仍有一小部分的研究对职前体育教师的专业信念进行了探索，如，Adamakis 等人④的研究，通过检验不同的教学方法模块对职前体育教师关于四个重要课程成果信念体系的影响，发现职前体育教师对课程目标的看法类似，因为他们均将体育活动及健身作为最重要的目标。体育教师一直都是学校体育工作的核心人物之一，教师自我认为是否具有完成学校体育工作的看法也成为研究热点之一，Rachele 等人⑤基于此对职前体育教师的信念和看法进行了探讨，研究发现，学生们并未对未来作为执业教师的能力感到担心，作者认为这侧面反映了由高等教育机构所提供的培养课程为学生们

---

① Yager Z, Gray T, Curry C, & McLean S A. Pre-service teachers' gendered attitudes towards role modelling in health and physical education [J]. Physical Education and Sport Pedagogy, 2020, 25 (1): 67-78.

② González-Calvo G, Varea V, & Martínez-Álvarez L. Health and body tensions and expectations for pre-service physical education teachers in Spain [J]. Sport, Education and Society, 2019, 24 (2): 158-167.

③ Alfrey L, O'Connor J, Phillipson S, Penney D, Jeanes R, & Phillipson S. Attitudes of pre-service physical education teachers to healthism: Development and validation of the attitude towards healthism scale (ATHS) [J]. European Physical Education Review, 2019, 25 (2): 424-437.

④ Adamakis M, & Dania A. Are pre-service teachers' beliefs toward curricular outcomes challenged by teaching methods modules and school placement? Evidence from three Greek physical education faculties [J]. European Physical Education Review, 2020, 26 (4): 729-746.

⑤ Rachele J N, Cuddihy T F, Washington T L, & McPhail S M. School-based youth physical activity promotion: Thoughts and beliefs of pre-service physical education teachers [J]. Australian Journal of Teacher Education (Online), 2016, 41 (5): 52-64.

提供了充足的准备。作为体育教育的另一个明显特征就是竞争意识，而带有竞争意识的体育课对学生们具有重要意义，因此，有学者①对其进行了研究，提出职前体育教师对竞争的看法会影响到他们进行教师教育和实践的筛选过滤，认为应当转变传统的竞争观念，为学生提供更佳的体育教育体验。

3）专业反思

在上文中提到，在国外职前体育教师教育的相关研究中，有不少学者将信念与态度进行互换使用，与此类似的还有“看法”“倾向”“反思”等，因此，除开这一部分的研究，仍有一小部分的研究针对职前体育教师的专业反思性实践进行了探索。早在 1987 年，Schön② 就提出了反思性实践发展，认为通过重构等辨证过程，将理论和实践相互结合，假定了一种学习教学观，即为反思性实践的发展。在体育教师的职前教育过程中，职前体育教师对于现场经验的观察进行反思性活动，是在实践过程中回忆课堂教学活动、从内部观察教学的有效途径，如，学生可通过回忆对现场自身话术使用的分析，构成生动的实践图像等③。职前体育教师通过对现场观察，去思考“教什么”及“为什么”等问题的反思推理过程，从而建立理论与实践的相关联系，可以对职业角色有着更加全面的了解，反思与实践也应成为解决职前体育教师实践问题的突破点之一，应成为职前教师培养中的现实追求。相关研究还有，反思工具的选取与运用，如，Lee 等人④就职前体育教师关于同伴互助/辅导作为反思工具的看法进行了研究，研究结果支持同伴互助/辅导可以成为职前体育教师反思的可行性工具。

4. 关于职前体育教师专业标准的研究

在体育教师专业化发展的国际背景下，依托于初级体育教师专业标准为保障措施的相关研究逐渐趋热，且相关学者对其有了较成熟的研究，在体育教师教育

① Harvey S, & O'Donovan T M. Pre-service physical education teachers' beliefs about competition in physical education [J]. Sport, Education and Society, 2013, 18 (6): 767-787.

② Schön Rob. Educating the reflective practitioner: Toward a new design for teaching and learning in the professions (Book Review) [J]. Australian Journal of Adult Learning, 2010, 50 (2).

③ Orland-Barak L, & Yinon H. When theory meets practice: What student teachers learn from guided reflection on their own classroom discourse [J]. Teaching and Teacher Education, 2007, 23 (6): 957-969.

④ Lee O, & Choi E. Utilizing peer coaching to facilitate pre-service physical education teachers' reflection [J]. The Asia-Pacific Education Researcher, 2013, 22 (2): 147-154.

相关研究的限定下，关于初级体育教师专业标准的研究主要包含三个部分：职前体育教师标准的内容构建和评估；职前体育教师专业标准的作用与影响；职前体育教师标准的挑战与机遇。此研究主题下，美国的相关研究较多，这与美国的教师教育开展较早，教育模式较为成熟有很大关系。美国较早地开始教师教育改革，走上“标准化”道路，其高等教育与许多其他国家的教育体系稍显不同，因其拥有高度分散的系统，可以为学生提供从大型大学到社区学院再到职业技术学校的广泛教育。① 尽管美国的教育部为高等教育提供支持和资金，但并不充当中央机构，因此，美国的高校大多自治，且有很大的独立性和自由性，因此，与州教学质量、国家教学标准及专业组织标准等专业标准相关的研究文献较多。

（1）职前体育教师专业标准的内容构建和评估

大多数大学的体育教师教育培养课程均以专业标准为指导。2006 年，由 Ben Dyson 教授牵头，在 *Journal of Physical Education*，*Recreation & Dance* 的杂志上连续发表了体育教师教育标准评估的 7 篇文章，涵盖了评估过程的资料准备、标准发展史及文本解读等。② 这些文章的发表对职前体育教师专业标准的评估研究有较大的帮助。

（2）体育教师专业标准的作用与影响

职前体育教师专业标准的作用与影响主要体现在职前体育教师标准认识的基础上，对体育教育专业人才培养方案的改革制定，以及以职前体育教师标准为基础，对体育教师职前培养质量保障的研究。Ayers（2008）等人试图从基于标准的角度，对本科 PETE 课程进行描述性分析，以此确定 PETE 计划所分配的课程、现场经验等领域，以及未能引起课程足够注意的领域，并提出对未来研究方向的展望：PETE 教师如何根据 K-12 的需求开发和更新现有课程、课程模式如何转化为实践、技术经验的融合如何影响教师的知识和教学技能，以及 PETE 计划如何通过少数民族教师和学生招募，内部和外部计划来解决多元文化问题。③ 而这些问题也在后续

---

① College and University Education in the United States [EB/OL]. [2021-03-22]. https://china.usembassy-china.org.cn/wp-content/uploads/sites/252/2016/12/Colleage_and_University_in_the_United_State.pdf.

② 尹志华，汪晓赞，孙铭珠，季浏．职前体育教师专业标准的历史与现实图景——美国密歇根大学 Weiyun Chen 教授学术访谈录［J］．体育与科学，2016，37（6）：7-13.

③ Ayers S F, & Housner L D. A descriptive analysis of undergraduate PETE programs [J]. Journal of Teaching in Physical Education, 2008, 27 (1): 51-67.

的研究中，不断进行解答和扩充。除此以外，以职前体育教师标准为基础，对体育教师职前培养质量保障的研究，主要以“评估体育教育专业学生培养质量是否达到标准的要求”与“试图评估学生在某些方面能力的培养质量”两方面为主。

（3）职前体育教师专业标准的挑战与机遇

该研究点主要以专家学者对标准的看法、现实挑战与发展机遇以及批判与质疑为主。在专家学者对标准看法的相关研究中，有学者从标准实施是否规范了职业发展进行了探索，如 Chróinín 等人①探讨了在爱尔兰体育教师教育界制定体育教师初级标准后，教师教育工作者对实施标准的看法，研究提出，标准可以作为初级教师的发展工具。而 2012 年，Chróinín 等人也做了关于专家意见的研究，针对标准是否弘扬了民主理想。关于职前体育教师专业标准的现实挑战以及发展机遇的研究中，Ward 等人②讨论了挑战即机遇的六个例子，借以表明职前体育教师面临着若干挑战，教师们在现实挑战下需要对修订后的新标准作出反应，同时也可以促进标准的改进与创新。

（三）研究述评

不论是国外还是国内的相关研究，体育教师教育是学者们长期研究的热点所在，且都充分证明了体育教师的培养方案为岗前体育教师提供了必要的技能，并教会学生将教学理论融入实际运用中，对中小学体育教师的发展起到了举足轻重的作用。近年来，我国体育教师教育研究取得了显著成果，主要表现为研究视角逐渐多元，研究方法趋于多样，研究内容也在不断丰富和拓展，涵盖了体育教师职前培养、入职和职后发展多个阶段，为我国体育教师教育实践奠定了坚实的理论基础。通过文献梳理可以看出，我国体育教师教育体系框架基本明晰，体育教育专业课程研究、体育教育专业人才培养方案、体育教师专业发展、体育教师教育标准是学者们关注的重点内容。

大多数西方国家将中小学体育教师的培养由综合性大学承担，向着“通才”

① Chróinín D N, O'Sullivan M, & Tormey R. Teacher educators' perspectives on the implementation of beginning teacher standards for physical education in Ireland: Developing and regulating the profession? [J]. European Journal of Teacher Education, 2013, 36 (3): 261-278.

② Ward P, Mitchell M F, Lawson H A, & van der Mars H. Physical education teacher education initial certification: Meeting the challenges [J]. Journal of Teaching in Physical Education, 2021 (1): 1-10.

教师的方向发展，而我国目前的体育教师人才大多出自专业性院校，由体育教育专业定向培养。由此认为，厘清当下体育教育教师教育的现实情况并进行改革，对中小学体育师资力量是较大的贡献，对形成中国特色的体育教师教育培养方案有着关键意义。

从研究内容上来说，国内的体育教师教育研究主题分别是：以课程为主体的本科体育教育专业改革、以体操为代表的体育术科改革、以体育教师培养为内涵的教师教育一体化研究和以中外对比为研究方法的域外经验借鉴。国外的教师教育研究主题分别是：职前体育教师标准、体育教师培养体系、体育教师职前培养的职业准入等研究。国外学者对于适应性体育的关注较多，对多样性、包容性的强调也较为明显。因此，除人才培养方案的探究之外，在之后的相关研究中，国内学者可加大对体育教师教育的培养力度，从规范职前体育教师标准、关注适应性体育发展等方面发展体育教育人才，为我国基础教育的发展贡献力量。从研究方法上来看，国内相关学者对于体育教师教育的研究大多以某所学校的人才培养方案、体育教育专业学生或教师人群等为样本，进行文本分析、定性研究等，这有利于我们更好地从宏观层面理解体育教师的职前教育，但研究大多停留在对政策、对文本的分析，实地应用的检验较为缺乏，而国外相关学者的研究方法更加丰富且多样，采取质性研究居多，我们也应当在理论层面构建的基础上，对相关研究进行实证探索，使研究中所提出的建议得到更好的运用。

具体而言，现有研究也存在以下几个方面的不足：一是研究成果的整合性不够，虽然体育教师教育的基本范畴已基本确立，但缺乏对体育教师教育体系化、制度化的宏观把握；二是对国外的研究深度不足，对国外体育教师教育背景及变革了解不够，导致对研究稍显表浅，其研究结果的借鉴价值也十分有限；三是研究视野仍需开阔，在经济全球化的背景下，如若从国际视野对我国体育教师教育体系进行观照，将更有利于国际经验的借鉴，提高我国体育教师教育质量，进而培养具有中国特色、国际水准的体育教师。

三、研究对象与方法

（一）研究对象

本研究的研究对象是美国、澳大利亚、法国、新加坡、中国等国家的体育教师教育体系。本研究所谈的体育教师教育体系指体育教师的职前教育阶段，主要包含了体育教师教育的改革与发展、现状与特点等内容。从可操作性定义来看，准入标准、课程设置和毕业要求分别代表了职前教师教育的“入口”“加工”“出口”的关键内容。因此，研究从准入标准、课程设置和毕业要求三个方面进行对比分析，有利于更好地呈现体育教师教育的现况及其完整逻辑。

（二）研究方法

1. 文献资料法

本研究首先通过华中师范大学电子图书馆资源，使用中国知网数据库检索，以“体育教师”并含“职前教育”或者“职前培养”；“体育教育专业”并含“人才培养”或者“培养方案”或者“培养”或者“目标”或者“课程”或者“保障”为关键词进行主题检索，为全面了解分析当前我国中小学体育教师教育奠定理论基础。随后，通过华中师范大学电子图书馆资源，使用 Web of Science TM 核心合集数据库以及 Google Scholar 谷歌学术，以“Physical education teacher” AND “Pre-service education”“Undergraduate physical education teacher”“Physical education teacher” AND “Undergraduate student”“Physical education” AND “Begining teacher”以及“Physical education” AND “teacher preparation”为主题进行检索，以此了解国外体育教师教育的研究现状，为本研究的开展提供较强的理论保障。

2. 访谈法

为深入了解高校体育教育专业人才培养方案的历史沿革、现状并剖析原因，本书对部分体育教育专业学生、中小学体育教师、体育教师教育专家进行非结构式访谈，以了解专家各利益相关者对当前体育教育专业人才培养方案的看法与建议，为研究所提出的改革策略提供现实信息与依据。

3. 比较分析法

采用纵向对比的方式梳理我国与美国、澳大利亚、法国、新加坡等国的体育教师教育的改革与发展脉络，以史为鉴，更好地把握各国体育教师教育的发展规律及变化；采用横向对比的方式将各国体育教师教育现状进行比较，总结各国体育教师教育的共性及特点，为革新我国中小学体育教师教育体系提供支撑性证据，为改革我国中小学体育教师教育体系提供参考性依据。

4. 数理统计法

本研究主要采用 CiteSpace 可视化分析软件对国内外中小学体育教师教育的

相关文献进行聚类分析，为研究提供国内外理论基础。与此同时，通过 CiteSpace 可视化分析软件对国内相关文献进行可视化分析，进行信息图谱的绘制和展现，从而直观地获得该领域的前沿信息和热点分布的分析结果，并试图预测该领域的演进特征。采用 Excel 对各国体育教育专业人才培养方案及课程进行百分比等数据和内容的结果统计，为本研究针对文本的分析部分提供规范且合理的数据支撑。

5. 案例分析法

研究在分析各国体育教师教育体系时，选取了具有代表性的高校体育教师教育（专业）项目进行解析，主要从准入标准、课程设置和毕业要求等方面分析体育教师教育专业的培养现状，以案例的形式以小见大，分析各国体育教师教育经验，提炼各国体育教师教育的特点，为发展和完善我国体育教师教育体系提供案例参考和借鉴。

四、相关概念界定

（一）教师教育

教师教育（Teacher Education），源于“师范教育”（Normal Education），意指对教师进行培养和培训。20 世纪 30 年代，以一次性培养为典型特征的“师范教育”已无法满足社会对高质量教师的需求，为了持续提高教师质量，人们开始关注教师的职后学习与发展，强调终身发展和一体化的“教师教育”由此应运而生。2001 年，国务院颁布的《关于基础教育改革与发展的决定》首次在官方文件中使用了“教师教育”一词，标志着我国教师教育进入了深化改革阶段。从“师范教育”到“教师教育”，并非只是简单的名词替代，而是在社会发展与社会需求的背景下，对“师范教育”内涵与外延的丰富与拓展。

有学者认为，“教师教育是指对从事教师工作的人进行职前、入职与职后一体化的专业培养与培训，使其成为一个良好的教育专业工作者”。① 杨琪源则认为，“教师教育是指教师培训与教师培养，即基于终身教育的理念，根据教师专业发展的各个阶段，对教师进行职前教育、在职教师继续教育和非在职（非专

① 黄正平．加拿大安大略省的教师教育及其启示［J］．教育评论，2015（1）：48-51.

业）人员入职培训的整体设计与规划”。① 冯青来认为，“教师教育是指对选择教师职业的人进行入职前的培养和职后培训的活动，是非专业人员通过接受专业教育后成为专门教师的过程，是一个持续的过程，并非仅仅是职前教育所能完成的”。他对教师教育与师范教育的关系进行了进一步阐释，他认为“教师教育涵盖了师范教育所包含的内容，并且在终身教育的理念下更多地不间断地作用于在职教师的培养、任用、进修等各个阶段，以持续提升教师在其职业生涯中的专业素养，以适应现代社会发展对教师不断提出的新要求”。② 学者莫晓东则言简意赅地指出，“教师教育就是对教师职前培养和职后培训的统称”。③

综合以上学者的分析和“教师教育”概念的由来，我们可以总结得出“教师教育”的如下特征：一是，教师教育由师范教育发展而来，狭义可理解为“师范教育”；二是，教师教育包含教师学习与发展的多个阶段，大体可分为职前教育和职后教育两个部分；三是，教师教育是以一体化和终身教育思想为基础，是特定社会发展时期的时代产物，体现出了“教师教育”的时代性特征。

然而，需要说明的是，本研究在梳理教师培养历史的基础上，探讨我国及部分发达国家体育教师培养的经验，历时跨度较大，涵盖了教师培养的“师范教育”到“教师教育”。因此，为进一步明确研究目标，统一概念，研究选取了“教师教育”的狭义解释，即指教师教育的职前阶段。

（二）教师教育体系

“体系”，泛指一定范围内或同类的事物按照一定的秩序和内部联系组合而成的整体，是不同元素组成的系统。教育体系，是指互相联系的各种教育机构的整体或教育大系统中的各种教育元素的有序组合。可以看出，“体系”一词最终定位于由不同元素有序组成的系统。因此，有学者提出，教师教育体系是指教师培

① 杨琪源．在嬗变中应对：市场化下教师教育的反思［J］．教育教学论坛，2017（19）：239-240.

② 黎琼锋，陈洪江．在公平与效益之间——农村教师教育模式创新的理论与实践探讨［J］．当代教师教育，2009，2（3）：11-14. DOI：10.16222/j.cnki.cte.2009.03.007.

③ 莫晓东，顾通达．教师培训的实效性问题与需求分析方略［J］．浙江教育学院学报，2003（2）：81-85.

养机构及其运行的制度构成的一个系统①。学者赵明仁认为，“教师教育体系是由教师教育院校及用来规范和指导教师教育的制度所形成的系统化设计和运行安排”②，其本质上是一个多元主体、多个环节协同联动的体系。学者赵英认为，教师教育体系是教师教育机构及确保这些机构顺利运转的制度的统一体，由教师教育治理体系、教师职前培养体系、教师职后培训体系和教师教育学术体系构成③。综上所述，研究认为，教师教育体系是指由教师教育机构及其相应规范制度所构成的系统化运行机制。

（三）体育教师教育体系

学者党晓云将体育教师教育体系理解为：“基于国家政策和法律的规范下，为体育教师提供的一种教育服务的系统。”体育教师教育体系在横向上包括体育教师教育目标体系、体育教师教育机构体系、体育教师教育内容体系、体育教师教育制度体系，以及体育教师教育的实施途径、体育教师教育的管理、体育教师教育的评价等方面④。体育教师教育体系在横向上包括职前体育教师教育体系、入职体育教师教育体系和职后体育教师教育系统。

体育教师教育体系作为教师教育体系的下位概念，从定义上而言，是指由专门的体育教师教育机构及其相应规范制度所构成的系统化运行机制。体育教师教育体系包含职前体育教师教育体系、入职体育教师教育体系和职后体育教师教育体系，这一观点已经得到了世界各国体育教师教育领域的认可。其中，职前体育教师教育体系是体育教师教育体系的核心内容和关键环节，因此，本研究中所论及的“体育教师教育体系”主要侧重于指职前体育教师教育体系。

---

① 朱旭东．论当前我国三轨多级教师教育体系［J］．教师教育研究，2015，27（6）：1-7.

② 赵明仁，陆春萍．新时代我国高素质专业化创新型教师队伍建设论纲［J］．教育科学，2021，37（1）：9-16.

③ 赵英，朱旭东．论高质量教师教育体系建构［J］．中国高教研究，2021（10）：52-57.

④ 张建，党晓云，张晓亮．体育教师教育体系及一体化构建［J］．河南师范大学学报（自然科学版），2009，37（4）：142-144.

第二章　美国体育教师教育体系研究

美国作为教育发达国家，其教师教育体系相对完善，且不断进行着一系列卓有成效的体育教师教育改革，为培养优质体育教师、提高体育教育教学质量作出了卓越贡献。由于在美国，联邦政府在教育方面的作用是有限的，大多数的教育政策是在州和地方层面决定的，而其当前的教育行政制度也是地方分权制，各州各具特色，因此，若要全面了解美国体育教师教育体系，需对各州逐一整理总结。本研究将以加州州立大学北岭分校、亚拉巴马州奥本大学、佐治亚州佐治亚大学的体育教师教育体系为切入点，通过对培养理念、入学标准、课程设置及毕业要求共4个方面对培养现状进行整理和归纳，挖掘其特征，以期为国内中小学体育教师的培养提供一定的借鉴经验。

一、美国体育教师教育的历史嬗变

美国最早的体育师范教育可以追溯到19世纪中叶，1861年7月4日，迪奥·刘易斯（Dio Lewis）在马萨诸塞州波士顿成立了第一所毕业教师班的体育师范学院。① 刘易斯聘请了哈佛医学院的四名医学专家教授解剖学、生理学和卫生学的课程，并聘请了几位著名的教育家讲授教育学的哲学和方法论。② 从本质上讲，第一个体育专业预备课程包括基础科学课程、教学方法、教育理念、两大体操类型的理论与实践，以及一些实际的内部教学经验。在其存在的八年中，该学院是唯一一所为中小学准备体育教师的师范学校。自第一所体育教师培养学校成立，美国体育教师教育开始了突飞猛进的发展。为更好地发展体育教师教育，国

① Rice E A. A Brief History of Physical Education [M]. New York: A. S. Barnesand Company Publishers, 1926.

② Hackensmith C W. History of Physical Education [M]. New York: Harper and Row Publishers, 1966.

家和私人资助的体育教师教育机构开始逐步建立，而依托于机构所开展的体育教师培训计划也开始落地实施。随着计划的广泛实施，高等院校开设运动技能等相关课程以支撑体育教育候选人做好进入中小学教授体育课程的准备，而最早提供体育专业学位的四所高等教育机构是哈佛大学、斯坦福大学、内布拉斯加大学和欧柏林学院。①

20世纪伊始，学者们开始意识到体育运动的影响力之大，因此在体育教师培训计划中开始加入领导力培训、舞蹈培训等多种体育课程，以培养更适应时代需求的体育教师，并且随着社会对体育教师的需求不断增多、培训计划的不断完善，越来越多的学院开始提供体育教师教育培训课程。但好景不长，1929年的美国经济危机爆发打破了这一局面，市场存货积累、多数工人失业，经济的大萧条导致国家对于教育事业投入的缩减，大约40%的公立学校从课程中取消了体育和其他“花哨”课程，体育教师教育的发展举步维艰。到20世纪中叶，度过了经济危机后的美国，对健康教育、安全教育以及娱乐的需求开始出现，社会对学校健康教育产生了强烈的兴趣，与此同时，社会也开始关注到对健康教师以及健康教育者的发展需求问题。1954年全国教师教育认证委员会（NCATE）成立，1960年，AAHPER（美国健康、体育和休闲联盟，现改名为AAHPERD）决定专业培训接受NCATE机构的安排，国家部门作为其领域的认证机构。在这种教育现状下，仅向获得NCATE认可的专业培训机构的毕业生颁发证书。② 20世纪中后期，美国体育教师教育开始走向标准化改革，而在此之前，教师执照标准、优秀教师资格证书标准、教师教育机构认证标准仍处于各自为营，没有相互协调抑或达成共识的状态。③ 如，在1983年，《面临风险的国家》（*A Nation at Risk*）文件报告说，美国学生的学业正在下降，未能使毕业生在全球经济迅速变化的就业市场中竞争。由此，许多政府领导人和教育专业人士认为，建立具有挑战性的学术标准、统一的标准化考核以及问责措施是必不可少的补救方法④，美国体育教

---

① Newman R E, & Miller M T. Historical Overview of Physical Education Teacher Education Curricula in American Higher Education [R]. 1990: 32.

② Hackensmith C W. History of Physical Education [M]. New York: Harper and Row Publishers, 1966.

③ 周珂，周艳丽，KEATING Xiaofen，尹志华，黄勇．标准驱动的美国体育教师教育质量动态保障体系研究［J］．体育科学，2016，36（1）：20-26，37.

④ Hursh D W. High-stakes Testing and the Decline of Teaching and Learning: The Real Crisis in Education [M]. Rowman & Littlefield Publishers, 2008: 186.

师教育迈进标准化时代。除了 NCATE 可进行美国体育教师教育专业认证以外，1997 年成立的教师教育认证委员会（TEAC）也得到了美国教育部的认可。

21 世纪至今，发展教育是各个国家的重中之重，美国也不例外，而教育标准化改革也一直是学者们的核心研究议题之一。自 20 世纪中后期美国的体育教师教育迈进标准化时代以来，美国社会对体育教师教育的改革发展提出了更高的要求。如，美国国家运动和体育教育协会 NASPE 于 2001 年、2008 年所发布的标准——《国家初级体育教师教育标准》对职前体育教师应该具备的基本能力进行了阐释与说明，为各学院培养体育教师提供了参考与依据。但随着更高要求的提出，体育教师教育标准的统一性也拔高到了一个新的地位，2013 年，NCATE 和 TEAC 二者经过不断磨合，最终合并为教师培养认证委员会（CAEP），2016 年美国开始全面实施新版的认证标准。① 21 世纪以来，美国注重体育教师一体化培养、依据学历水平发展不同层次的体育人才，以及严格把控体育教师职业准入标准等，使其体育教师教育的发展独具风格与特色，成为世界效仿与借鉴的模板。

二、美国三所高校体育教师教育项目概况及特征分析

由于在美国，联邦政府在教育方面的作用是有限的，大多数的教育政策是在州和地方层面决定的，而其当前的教育行政制度也是地方分权制，各州各具特色，因此，若要全面了解美国体育教师教育体系，需对各州逐一整理，鉴于美国在体育教师教育发展上的优势与领先地位，对其进行梳理借鉴，对制订中国方案有着较大的裨益。基于此，本书选取了具有代表性的加州州立大学北岭分校（California State University，Northridge，CSUN）、亚拉巴马州奥本大学（Auburn University，AU）以及佐治亚州佐治亚大学（University of Georgia，UGA），三所学校的详情见表 2-1。

以美国 CSUN、AU 以及 UGA 这三所大学的体育教师教育为切入点，通过对其培养理念、入学标准、课程设置及毕业要求共 4 个方面对培养现状进行整理和归纳，挖掘特征，为国内中小学体育教师培养提供一定的借鉴经验，促进体育教师教育中国方案的创新改革，为我国基础教育师资队伍的质量建设提供参考。

① 贾明学．美国体育教师教育专业认证体系的变革与启示［J］．中国体育科技，2021，57（7）：99-106.

表 2-1 **美国体育教师教育项目的基本概况**

学　　校	所在地区	公立排名	项 目 名 称
加州州立大学北岭分校（CSUN）	加利福尼亚州	18	Physical Education
奥本大学（AU）	亚拉巴马州	42	Physical Education Teacher Education
佐治亚大学（UGA）	佐治亚州	16	Health and Physical Education

注释：排名仅为公立学校排名，并非体育教师教育项目排名，信息源自 2022 U. S. News 世界大学排名。

（一）加州州立大学北岭分校体育教师教育概况及特征分析

加利福尼亚州（以下简称“加州”）高等教育系统被誉为美国高等教育典范①，加州州立大学作为加州三大教学系统中的教学型大学，亦是全美最大的高等教育系统，故称“世界第一大学”②，加州州立大学北岭分校（California State University, Northridge, CSUN）不仅招生规模最大，更以优异的教学和研究闻名于世界，尤其是体育教师职前培养独具特色。基于此，以 CSUN 体育教师教育体系为研究对象，聚焦于其培养目标、入学标准、课程体系及毕业要求等多个环节，凝练其特征，以期为我国体育教师教育模式改革提供有效经验，进而建设符合时代要求的专业化体育教师队伍。

1. 加州州立大学北岭分校体育教师教育概况

CSUN 实行体育教师综合培养模式，在空间上采用“专业学院+教育学院”联合培养，分别由健康与人类发展学院（College of Health and Human Development）中的运动机能学系（Department of Kinesiology）与迈克尔·艾斯纳教育学院（Michael D. Eisner College of Education）负责培养职前体育教师的体育专业素养及教师专业素养；时间上实行“2+2”培养模式，即在经过 2 年体育专业学士学位教育的基础上，进行为期 2 年的教育专业知识交叉式学习，以达到“博”与“专”的统一。为了培养高质量职前体育教师，CSUN 从培养目标、入学制度、课程设置、毕业要求等多角度都有严苛的规定。

① 李刚．美国高等教育体制研究——以加州公立教育系统为例［J］．文存阅刊，2017（21）：190.

② 刘丹平，高娟，王卓君．加利福尼亚州立大学教师发展中心的特点及其启示［J］．教育探索，2012（11）：154-156.

（1）培养目标

CSUN 为落实加州教育政策及满足社会需求，以州际教师评估与支持协会（Interstate Teacher Assessment and Support Consortium，InTASC）所研发的《示范核心教学标准》（Model Core Teaching Standards）作为体育教师职前培养目标的制定蓝本①，结合加州区域特点及自身教育理念，制定了要求成为促进社会公平正义并推动学校和社区变革的体育教师总培养目标，并基于学习者参与学习、学科知识、教育实践、职业责任 4 大标准制定了多层次且具有可操作性的具体目标（具体如表 2-2 所示）②。

表 2-2　**CSUN 体育教师职前培养目标**

教学标准	培养目标	具 体 目 标
学习者与学习	学习者发展	了解学生的学习及生长发育规律，并于体育教学环境中提供支持学生身体、认知、社交和情感发展的机会
	学习差异	明白学生的个体、背景差异，并能够根据学生差异进行因材施教
	学习环境	了解学生个体及群体的运动动机，从而创造一个在遵守教学纪律的基础上，鼓励学生积极社交、积极参加体育活动、能够自主学习及自我激励的体育学习环境
学科知识	学科知识	掌握体育教育内容知识、学科概念及教学工具探究等相关知识
	学科知识应用	有效地运用语言、非语言和多媒体及信息技术手段来促进学生进行探究、协作和积极参与体育活动
教育实践	评估	能够正确使用正式和非正式评估策略，促进学生在体育活动中的身体认知，社交和情感发展
	教学计划	了解中小学体育课程知识及掌握制定各种体育教学计划的知识，以确保学生在支持性学习环境中学习
	教学策略	具备计划和实施各种适当的教学策略能力，以有效指导学生参加体育活动，提高体育教学效果

① 王雪慧．美国教师职前培养质量保障体系研究［D］．沈阳：沈阳师范大学，2018.

② Department of Kinesiology. Physical education objectives［EB/OL］.［2021-04-10］. https：//www. csun. edu/health-human-development/kinesiology/physical-education.

续表

教学标准	培养目标	具体目标
职业责任	专业学习与道德实践	专注于持续专业发展，并积极反思在运动环境中自身行为对他人体育发展的影响
	领导与协作	有能力充当一个为城市学生提供积极生活方式选择的变革推动者，并能够与同事、家长和社区机构建立良好合作关系

（2）入学制度

CSUN 实行“双阶段、多筛选”职前体育教师选拔制度，实行学术性评价与非学术性评价相结合的多元选拔措施。第一阶段为学士学位（运动机能学系体育方向）入学选拔，目的在于确定申请者是否具备完成大学学业的优质学术潜力。申请者需具有高中学历，并获得普通教育发展证书或通过加州高中水平测试；高中三年平均学分绩（GPA）不低于 2.0，大学预科“a-g”综合学习模式中至少 15 门科目达到 C 及以上成绩；此阶段对申请者的运动技能无硬性要求。第二阶段为第三学年入读教育学院的专业选拔，此阶段实行“精英培养、严以促优”的选拔原则，在学术评价的基础上注重对非学术能力的考查。学术性评价主要从 GPA、加州教师科目测试（California Subject Examinations for Teachers，CSET）、加州基本教育技能测试（California Basic Educational Skills Test，CBEST）三个方面进行。首先，在 GPA 方面，入学累计 GPA 不得低于 2.67，或近 60 个学分的 GPA 达到 2.75 是录取的首要前提。其次考察申请者对体育基本知识的掌握程度，要求在 CSET 中体育领域的各个测试项目分数不低于 220 分，分别为：①运动发展与运动学习、人类运动的科学；②人类运动的社会学和心理学、运动的概念与形式、测试与评估原则；③专业基础、概念整合。最后评价申请者的基本教育能力，要求在 CBEST 中的写作、阅读及数学各部分均达到 41 分的最低标准。非学术性考察主要包括两个环节七项内容，分别为提交无犯罪记录证明、健康报告、实践经验证明、职业愿景陈述书、推荐信、职责明确书以及参加由教育学院教师组织的入学面试。入学面试是入学选拔环节中最为关键一环，通过多对一的面对面考察方式，以评价申请者的体育教学意愿及沟通交流能力、社交能力、教学设计等多维能力。

（3）课程设置

CSUN 根据体育教师职业特征及各学院教学优势，将职前培养课程相应设立于运动机能学系及教育学院中，且为进一步提高体育教师专业化程度分别设立了基础教育系和中学教育系，对不同学段的职前体育教师进行有针对性的培养。要求达到小学学段的161个学分（学士学位120个学分，教育证书41个学分）与中学学段的156个学分（学士学位120个学分，教育证书36个学分）的培养要求。从能力养成视角分析，职前体育教师在本科4年学制中需掌握体育学科基础知识模块、体育专业知识、通识教育知识、其他选修知识、教师教育理论与教育实习等6个课程模块知识。在各个课程模块中，CSUN以学习年限为依据将其纵向分为低年级必修课程、低年级核心课程、高年级必修课程与高年级核心课程等多个类别。体育学科基础知识模块主要从运动人体科学角度帮助学生全面掌握体育学科基础知识。体育教育专业知识模块内容主要集中于和体育教学相关的分析、计划、评估、内容开发等教学技能方面。通识教育知识模块作为本科主要学习内容，其学分比例高达30%。其他选修知识模块中学生可根据自身兴趣和学科发展需要自由选择课程进行自主性学习。教师教育理论知识模块与教育实习知识模块隶属于体育教师证书课程体系，主要包括教师教育理论知识与实践知识（见表2-3）。

表2-3　**CSUN体育教师职前培养课程设置及学分比例表**

课程类别		体育学科基础知识	体育教育专业知识	通识教育知识	其他选修知识	教师教育理论知识	教育实习知识
基础教育	学分	41	32	48*	11	29	12
	比例(161)%	25.4%	19.8%	29.8%	6.8%	18.0%	7.4%
中学教育	学分	41	32	48*	11	25	11
	比例(156)%	26.2%	20.5%	30.7%	7.0%	16.0%	7.0%

注：*体育学科基础知识模块中部分课程可满足通识教育知识模块中的12个学分要求；以上数据来源于CSUN 2020-2021专业目录档案（本科人才培养方案）

CSUN为完成促进职前体育教师专业化发展这一教育使命，结合体育教师教育能力与专业能力两大能力特征，将课程体系划分为不同的课程模块，从而更好、更具针对性地解决“培养什么样的体育教师”这一根本问题。

1）体育专业课程模块

运动机能学系为使职前体育教师掌握体育知识的整体结构，开设理论课、实验课及运动技术课等多种形式课程，共计 73 个学分，约占学位课程的 60. 8%。在入学第一学期开设“普通生物学”及“普通生物学实验研究”课程，阐明遗传、生物环境等生物学主要概念。同时开设了“人体解剖学”“人体生理学”等 13 门理学知识课程，从解剖学、生理学、生物力学等多学科帮助职前体育教师了解及掌握身体运动与人体二者的关系。开设了“运动机能学的历史与哲学基础”及“体育活动的社会心理”，旨在让职前体育教师能对体育的发展历史脉络有清晰认知，将体育哲学思想“内化于心、外化于行”，并具备构建良好的运动心理环境的能力，以促进学生个体及群体产生积极的体育锻炼行为及习惯。在职业需求导向下开设了“运动发展”“运动行为原理的应用”等体育研究型与实践型课程，在研究年龄与运动技能的变化关系的基础上，要求职前体育教师有能力对任何年龄段的团体或个人制定体育锻炼、运动训练计划。总体而言，CSUN 更多强调的是基础课程的学习，对运动技术课程关注较少，仅开设了“武术”“舞蹈基础”及“游泳”3 门课程。

2）通识教育模块

CSUN 开设了大量通识教育课程以扩宽职前体育教师学术视野，加强其文理基础知识储备。CSUN 通识教育课程体系采用的是美国通识教育中典型的“分布课程模式”，要求职前体育教师分别修习各类别的最低学分①。课程教育理念上秉持“折中主义教育思想”观点②，不仅强调要科学训练学生的定量推理能力与批判性思维等基本技能，还注重培养学生的人文素养，使其能够在数学、科学、艺术、政治等多个知识领域有所研究，成为一名具有广博知识面的优秀终身学习者。课程时间分布上，将通识教育课程贯穿于整个职前培养过程中，以前两年为通识教育主要教学时段，部分课程延伸至毕业结束。课程内容主要由英语交流与批判性思维、科学探究与定量推理、艺术与人文、社会科学与美国历史与政府、终身学习与比较文化研究 6 个知识领域课程构成（如表 2-4 所示）。同时为使学生具备基本信息化教学能力，要求必须修读“基本技能”部分及“学科知识领域”部分中的两门指定信息技术能力课程。

① 谭宗颖，王颖，陶斯宇．中美代表性高校通识教育比较研究及启示［J］．科学与社会，2020，10（3）：45-65.

② 吴坚．美国研究型大学通识教育课程模式及启示［J］．华南师范大学学报（社会科学版），2016（6）：97-102，190.

表 2-4 **CSUN 职前体育教师通识教育模块课程**

课程结构	课程子结构	学分
A 英语交流与批判性思维	A1 口头交流、A2 书面交流、A3 批判性思维	9
B 科学探究与定量推理	B1 自然科学、B2 生命科学、B3 科学实验活动、B4 数学/定量推理、B5 高年级科学探究与定量推理	12
C 艺术与人文	C1 艺术、C2 人文	6
D 社会科学与美国历史与政府	D1 社会科学、D2 美国历史、D3+D4 美国与加州政府	12
E 终身学习	E 终身学习	3
F 比较文化研究	F 比较文化研究	6

3）教师教育模块

只有通过高级学术能力测验（Upper Division Writing Proficiency Exam, UDWPE）方可根据自身教学意愿向教育学院申请进入相应的教师教育课程学习。在此课程模块中，基础教育与中学教育二者的学分比例分别高达 25.4% 和 23.0%。课程结构设置上，均秉持“以学生为中心”的培养理念，分为教育基础理论课程、体育教育课程、教育技能课程及教学研究课程四个方面必修课程，中学教育强调职前体育教师对教育基础理论知识的掌握，旨在促进职前体育教师科学教育理念与方法的形成，做到懂学生、懂学情、懂教学。具体课程有“多民族中学的中学教育基础”“青少年教育心理学”“青少年健康问题”“多民族中学的教学策略”“学校的公平性及多样性”“改善有特殊需要的学生的学习”。“体育教学方法”作为中小学职前体育教师必修的体育教育课程，旨在帮助其正确掌握学校体育教学的目标、内容、方法与评估策略及相关的具体执行方法，以提高职后教学效能。位于信息技术蓬勃发展的 21 世纪，“互联网+教育”既是学校体育的教育趋势，亦是对职前体育教师的信息教学技能的职业要求，“教学中的信息技术”则是对职前体育教师信息技术能力系统培养的主要课程，通过介绍各种教育资源及教学策略，提高职前体育教师信息技术能力以促进专业发展。养成批判性思考与反思性思维的教师素养是教育学院所不断强调的，职前体育教师各个阶段的教育实习期间，均伴随着开设了对应的“实习研讨会”等教学研究类课程，在此课程中大学指导教师针对教育实习过程中所出现的问题，积极鼓励和引导学生进行正确反思及批判性思考以解决现实教学问题。

4）教育实习课程模块

教育实习课程既是体育教师职前培养发展需要，亦是满足加州体育教师资格证对至少600个小时实践经历的证书认证要求。教育实习课程由教育学院统筹规划，体育学科协调员负责落实执行。课程结构上主要由“现场经验监督”“现场经验监督研讨会”“实习监督”“实习监督研讨会”四部分构成。此课程结构具备一定的连贯性及发展性，从宏观视野来看，通过“现场经验监督”与“现场经验监督研讨会”课程是进入“实习监督”课程的必要前提，学分设置上也是从3分向5分递增；从微观上来讲，教育实习内容由课堂观察、个体或小组教学指导向最终的独立授课逐步过渡；授课时长也是由每周5个课时向每周15个课时跨越。为保证教育实习能高质量地有序开展，教育学院围绕实习学校的选择、指导教师团队管理、实习评价等方面作出了详细要求。为保障教育实习评价的客观性及指导的便利性，由体育学科协调员统一安排实习学校，以CSUN半径32公里以内的公立学校为实习学校选取标准。且在正式实习之前，职前体育教师需获得心肺复苏认证，并通过实习学校的附加测试，如若3次测试均未通过，则需等待下次实习机会。指导教师团队由大学指导教师、中学指导教师、体育学科协调员、教学绩效评估edTPA协调员、中学教育系主任等多方组成，所有成员均具有中学体育教学经验、管理经验及教育实习指导经验，尤其是指导教师需具有终身教职并任教不少于三年。为严格把控教育实习结果，教育学院以教学绩效期望（Teaching Performance Expectations，TPEs）为评价依据，实行形成性评价与终结性评价相结合的评价方式。如若实习生实习期间不能胜任学校体育工作，大学指导教师、中学指导教师与体育学科协调员三者将共同商定对该生制定针对性的“教学援助计划”，以最终提高其教育教学能力。

（4）毕业要求

CSUN严格监控体育教师职前培养全过程，从学术性及非学术性的角度对职前体育教师提出平均学分绩（GPA）要求、学术写作能力要求及体育教育专业能力要求。CSUN的平均学分绩范围为0.0~4.0，并以GAP2.0为划分依据，将学历状态分为信誉良好、留校察看及强制退学三种状态。职前体育教师任何学期结束后，如若GPA低于2.0则处于留校察看状态，GPA低于1.0则直接发出强制退学通知。为保证体育教师培养质量，教育学院实行高标准、严要求政策，规定所有课程GPA不得低于2.75，教师教育课程保持在3.0以上。学术能力则是要求职前体育教师在120分钟内根据教师给定的写作主题进行论文写作，两名教师对此进行精细阅读、评估，以评判该生的分析、论证、逻辑组织、英语语法、措辞等多方面学术能力，在12满分的基础上获得8分视为通过。作为专业型教师教育机构，CSUN的教师职前培养质量亦满足《加州教师职业标准》（California Standards for the Teaching Profession），以《加州教师职业标准》中的“鼓励和支持所有学生的学习、创造和维持有效的学生学习环境、了解及掌握学生学习的学科、为所有学生规划教学和学习体验、评估学生学习、发展成一名专业教育家”6项教学绩效期望维度为职前体育教师专业能力要求的一级指标①②，在此基础上细化为14个二级指标及116个三级指标。为进一步强化体育教育学科特点及提高职前体育教师专业素养，提出13条体育教学能力毕业要求，从而顺利完成职前体育教师向体育教师的角色转换。

2. 加州州立大学北岭分校体育教师教育的特征分析

系统分析CSUN体育教师教育体系可知，其与我国体育教师教育体系有诸多相似之处，如均以社会需求、体育教师职业素养为目标导向，设置符合学校特色且具有前瞻性培养目标；课程体系中均强调职前体育教师学术能力、学科基础知识与技能、教育教学能力的养成，设置了教师教育课程、专业课程、通识教育课程及教育实习课程等多个课程模块；课程内容上均突出职前体育教师“师范性”特征，开设了“教育心理学”“体育教材教法”“教育学基础”与“教学中的信息技术”等多门教师教育课程。但由于美国加州与我国的政治、经济、文化、教育等多方面的差异，CSUN体育教师教育也凸显出其独特特征。

（1）重视培养目标与毕业要求的规范性、可操作性以及二者相关性

在以标准为核心的加州教育改革背景下，CSUN坚持以质量标准为引导来构建体育教师职前培养目标与毕业要求。为避免在分权制的影响下，各州教师专业标准不一从而导致国家核心课程标准不能顺利实施，CSUN则以《示范核心教学标准》为培养目标制定依据，同时保证职前体育教师有效满足加州地区教育特点及需求，以《加州教师职业标准》严格规定毕业时所应具备的毕业能力特征，以

---

① California Department of Education. California Standards for the Teaching Profession [EB/OL]. [2021-04-10]. https://www.ctc.ca.gov/docs/default-source/educator-prep/standards/cstp-2009.pdf.

② California State University Northridge. California Teaching Performance Expectations [EB/OL]. [2021-04-10]. https://www.csun.edu/sites/default/files/California-Teaching-performance-Expectations.pdf.

双质量标准形式强化体育教师职前培养质量。为增强培养目标与毕业要求的可操作性及可测量性，CSUN 利用整体框架落实培养目标与毕业要求，除宏观与概括性的总体表述外，将培养目标与毕业要求细化为多个可具体实施的指标点，亦为课程的设置、活动的安排等具体行动方案提供指导依据。在此基础上，为充分考虑培养目标与毕业要求的内在关系以及毕业要求是否有效地支撑培养目标，CSUN 建立了培养目标——毕业要求关系矩阵图，在关系矩阵图中不仅体现了培养目标与毕业要求之间相辅相成，且毕业要求达到全覆盖并充分支撑职前体育教师未来发展的预期成果。此外，培养目标——毕业要求关系矩阵图亦能清晰体现出 CSUN 职前体育教师的教育理念与培养重点。从表 2-5 中目标 1 和目标 3 与毕业要求的印证关系中，可知 CSUN 并非注重于使职前体育教师具有专业运动员的运动技术水平，反而更多地强调培养职前体育教师应该具备体育相关知识的教育素养。

表 2-5　**CSUN 培养目标——毕业要求关系矩阵**

培养目标 毕业要求	目标 1： 学习者与学习	目标 2： 学科知识	目标 3： 教育实践	目标 4： 职业责任
毕业要求 1： 鼓励和支持所有学生的学习	✓			
毕业要求 2： 创造和维持有效的学生学习环境	✓			
毕业要求 3： 了解和掌握学生学习的学科		✓		
毕业要求 4： 为所有学生规划教学与学习体验			✓	
毕业要求 5： 评估学生学习			✓	
毕业要求 6： 发展成一名专业教育家				✓

(2) 强调采用科学严谨的入学制度选拔优质职前体育教师生源

在多元化背景下，CSUN 体育教师职前培养入学选拔制度结构上呈现出多样性及综合性特征；选拔内容上则立足于“专业知识、专业技能、专业态度”三维专业标准。首先选拔结构上规避了“成绩是唯一内容”的单一选拔方法，采用了量化评价、质性评价、自我评价、他人评价、行为评价等多种评价方式①，对于职前体育教师的学业成绩（GPA）、加州教师科目考试及加州基本教育技能测试成绩等学术性指标，主要采用公正性的量化评价方式。为考查职前体育教师的全面综合素质及提高入学选拔制度的有效性，亦实行职前体育教师提交自我论述报告、至少两位对职前体育教师个人素质有充分了解的教职人员的专家推荐信，以及面试评价等多种选拔方式。考核内容上主要涉及专业知识、专业技能、专业态度与健康状况等体育教师基本要素，着重强调了职前体育教师的教育教学实践经验，职前体育教师需提交至少 45 小时的带薪或者志愿者服务经历，在通识教育模块中的要求的公开场合演讲、社会服务学习实践经历亦是主要选拔指标②。此外，CSUN 亦十分重视职前体育教师具备积极的专业态度，要求职前体育教师提交 1～2 页的论述报告阐明自身的职业愿景，重点说明“你为什么想当体育教师？你能为体育教师职业做出什么贡献？你打算实现什么样的体育教师职业目标？”三个基本职业理想问题。在为期 20 分钟的面试环节中，考官通过职前体育教师的问题回答及观点阐释，重点考察职前体育教师的沟通交流能力、职业态度、逻辑与思维能力等全面综合能力，挑选出真正的学校体育适教人员，以及时避免教育资源的浪费。

（3）着重在课程设置上突出培养职前体育教师融合体育教学能力

CSUN 不断优化课程设置以保证职前体育教师形成必备的职业素养。首先，课程结构上，CSUN 注重职前体育教师专业能力的科学养成，主要体现于各学期的学分与课程数量的均衡配置的浅显层面，及体现于由简至繁的进阶性课程设置层面。课程内容上，强调职前体育教师对专业基础理论知识的掌握，但对运动技能要求较小，各运动技术课程不高于 1 个学分，且只在低年级阶段开设。其次，课程内容着眼于职前体育教师是受过“全面教育”的人的教育诉求，从数学、科学、艺术、政治等多学科角度开设了 A～F 共 6 个通识教育类别，旨在训练职前体育教师的理性逻辑思维能力及培养其人文素养，以便于职后能够对学生进行综

① 曾琳．美国职前教师培养：入学选拔的视角［J］．外国中小学教育，2013（10）：44-49.

② 黄建辉，洪明．美国教师职前教育入学标准的演变、特征及其启示［J］．外国中小学教育，2014（11）：36-40，35.

合性教学。再次，在保证体育教师基本素养养成的前提下，突出职前体育教师具备在融合教育背景下为特殊学生提供开展融合体育活动的教学能力。CSUN 以体育、教育为双层切入点，在运动机能学系与教育学院的分别开设了“适应性体育概论”与“通过差异化的教学与协作，改善有特殊需要学生的学习”等课程，“适应性体育概论”旨在帮助职前体育教师了解学生中常见的残疾症状及运动功能的偏差，并掌握在体育教育环境下满足学生接受体育教育的运动需求的基本教学技能。“通过差异化的教学与协作，改善有特殊需要学生的学习”则是从教师教育的角度出发，在使职前体育教师掌握融合教育的历史发展脉络基础上，主要介绍在融合班级中如何与残疾学生进行有效沟通交流技巧、切实了解其学习及心理需求并能够积极为残疾学生提供积极且有效的教学服务。

（4）侧重于在教育实习环节中强化职前体育教师体育教学技能

CSUN 为保证职前体育教师拥有成功的实践教学经历，建立了严谨、规范且颇具特色的教育实习保障体系。建立了教育实习的首要“门槛”，只有通过心肺复苏术（CPR）专业认证，掌握了一定的急救技能及专业教育课程 GPA 达到 3.0 以上的学生才具备教育实习资格。CSUN 教育实习时间安排上采用“浸入式”与“全程式”实习模式，两次实习机会根据培养路径的差异分别安排在小学低年级与高年级、初中与高中，实习时长亦严格遵守实习学校的教学管理执行；在日常教学基础上，亦强调实习生与家长的沟通与合作，要求实习生以客观与专业的方式举办一次家长会。科学合理的指导教师团队是保障 CSUN 体育教师教育实习环节有效开展的关键特征，以中小学体育教学经验、管理经验、终身教职、指导教学意愿、专业教学能力等为专业指导教师基本选拔要素。指导教师除履行监督与指导教学、与实习生开展教学会议、评估与教学反馈等常规职责之外，均需参加专业指导培训班以保障自身专业发展职能。培养反思型职前体育教师是 CSUN 教育实习环节的一大亮点，CSUN 以学生、指导教师与课程设置三者为切入点，要求实习生每天 1 小时的自我反思与计划活动、指导教师与实习生每周开展以提高实习生自我分析能力及反思能力为主题的教学讨论活动，在课程设置上，教育实习课程与教育实习研讨会课程“捆绑”开设，研讨会课程主要解决教育实习过程中所遇到的教学挑战及如何通过教学绩效评估，如若未通过二者任一课程，实习生均将不会获得任何学分。教育实习与加州体育教师资格证相关联是保障教育实习质量关键政策特征，在满足 600 小时的硬性要求基础上，要求提交任意教学单元下未经剪辑的 3~5 天的各 15~20 分钟的教学视频，视频包括教师绩效评估（educative

Teacher Performance Assessment，edTPA）中的计划、指导与评估三大评审内容。

（二）奥本大学体育教师教育概况及特征分析

亚拉巴马州奥本大学（Auburn University），位列全美公立大学排名前50名，亚拉巴马州第一①，体育教师教育计划已得到亚拉巴马州教育委员会及全国教师教育认证委员会（NCATE）的认证和批准，所培养的职前体育教师为亚拉巴马州输送了一批批优秀体育教育工作人才。以奥本大学的体育教师教育体系为切入点，通过对其培养理念、入学标准、课程设置及毕业要求共4个方面对培养现状进行整理和归纳，挖掘特征，以期为国内中小学体育教师职前培养提供一定的借鉴经验。

1. 奥本大学体育教师教育概况

为全面了解奥本大学职前体育教师培养现状，将从培养理念、入学要求、课程设置及毕业要求4个方面对其培养体系进行探究。

（1）培养理念

奥本大学职前体育教师的培养归属于“教育学院”（College of Education）下设的“运动机能系”(School of Kinesiology)的体育教师教育专业（Physical Education Teacher Education）。该专业旨在培养具有课程和教学指导能力的高素质K-12教育者，可帮助孩子们养成积极的生活方式并持续到成年时期②，学生通过四年的本科学习，毕业时可获得理学学士学位及体育教师的从业资格。奥本大学教育学院的学生培养理念为：持续学习、发现和解决问题的培养愿景；为所有人创造更加美好未来的培养使命；秉持卓越、道德与尊重、多样性、以学生为中心、合作与公共参与的培养核心价值观。由于体育教师教育专业归属于教育学院，因此，体育教师的职前培养理念在此基础上进一步细化，即在通过为本科生和研究生创造一个令人振奋的学习环境，在学生体育活动及表现相关知识得以增长的培养使命下，立足于通过研究、推广和教学，进而改善社会健康的人才培养目标。

（2）入学要求

奥本大学作为美国百强研究型大学，具有一定的竞争力，进入奥本大学需达到一定的要求（详情见表2-6），主要包括四个方面：一是高中的课程清单及

---

① Top Public Schools [EB/OL]. [2021-04-14]. https：//www.usnews.com/best-colleges/rankings/national-universities/top-public.

② Kinesiology [EB/OL]. [2021-03-22]. http：//bulletin.auburn.edu/undergraduate/collegeofeducation/kinesiology/.

GPA，学生需在申请中提交核心成绩和整体累积的平均成绩（GPA）。核心成绩将会为学校评估时提供学术 GPA。奥本大学还将通过学生所上传的高中成绩单，查看学生在高中时期所参加过的课程、学习的严格程度等。二是补充文件，该部分是对申请文件的拓展和补充，包括：ACT（美国高考考试委员会的美国大学考试）或 SAT 成绩报告（学术能力测验）、扩展简历、AP 或 IB 成绩报告等。该补充文件也将用于整体招生审查过程当中，若无 ACT 或 SAT 成绩，申请人将会接受整体审查，并通过测试分数或其他补充方式进行评估。三是个人简答，招生申请时包括四个简短的答案问题，学校将会通过学生的作答来了解更多的个人信息。除此三项以外，申请者可选择性地提交推荐信，但并非必需。根据 2019 年秋季入学的数据显示，2019 年秋季中 50%的被录取学生拥有 ACT 综合总分，且分数从 25~31 不等，SAT 总分从 1160~1300 不等（批判性阅读+数学分数），以及平均高中成绩点为 3. 90（成绩单评估采用 4. 0 分制；A=4 点，B=3 点，C=2 点，D=1 点，F=0 点），平均值仅作为准则提供①。这也意味着，奥本大学对于报考新生并没有硬性要求，入学标准多以综合评价为主，理论上讲，凡在学术类高等中学就读或毕业的学生均有资格提出入学申请，学校再通过招生名额进行综合考量。

表 2-6　　**奥本大学体育教师教育的入学要求**

<table>
<tr><th>定位</th><th colspan="2">要　求</th></tr>
<tr><td rowspan="4">高中毕业生或已高中毕业，但尚未上过大学</td><td>高中 GPA 和高中课程</td><td>高中平均成绩（GPA）；
每个新生申请者必须在高中毕业前完成以下核心课程要求：①4 年英语；②3 年社会学；③3 年数学（包括代数Ⅰ、Ⅱ，以及几何、三角学、微积分或分析）；④2 年制科学（包括生物学和物理科学以及实验室部分）</td></tr>
<tr><td>补充文件（三选一即可）</td><td>年级书面作业（graded writing assignment）；ACT 或 SAT 成绩报告；扩展简历或 AP/IB 成绩报告</td></tr>
<tr><td></td><td>个人简答</td></tr>
<tr><td>推荐信</td><td>选择性提交，非必需</td></tr>
</table>

注释：数据源自奥本大学官网（http：//www. auburn. edu/）

① Prospective Students [EB/OL]. [2021-04-19]. http：//www. auburn. edu/admissions/prospectivestudents. php.

（3）课程设置

奥本大学职前体育教师培养的学制为4年，需修满120个学分。将培养课程设置进行整理，详情见表2-7。

表2-7　**奥本大学职前体育教师培养课程设置情况表**

学年	学期	课程名称及相应学分	学分
第一学年	第1学期	三者任选其一（4）：生物学概论 & 生物学概论（实验室）；生物学原理 & 生物学原理（实验室）；荣誉生物学、英语作文Ⅰ（3）、生命周期内运动发展（实验室）（1）、核心历史①（3）、核心社会科学（3）、生命周期内运动发展（2）	16
	第2学期	三者任选其一（4）：生命调查 & 生命调查（实验室）；有机生物学 & 有机生物学（实验室）；荣誉有机生物学、健康（2）、英语作文Ⅱ（3）、核心历史或核心社会科学（3）、选修课（2）、EDUC 1010 面向教师教育方向④（0）、核心数学（3）	17
第二学年	第3学期	人文学科（3）、核心文献①（3）、人体解剖学和生理学Ⅰ（3）、人体解剖学和生理学Ⅰ（实验室）（1）、运动学习和表现（3）、运动学习和表现（实验室）（1）	14
	第4学期	核心文学或核心人文学科（3）、人体解剖学和生理学Ⅱ（3）、人体解剖学和生理学Ⅱ（实验室）（1）、运动机能学教学与技术（2）、运动生理学（3）、运动生理学（实验室）（1）、核心社会科学（3）	16
第三学年	第5学期	核心美术（3）、学习者的多样性和特殊性④（3）、机体的节奏活动和概念（3）、学习者和环境的多样性④（3）、残疾人体育教育（3）	15
	第6学期	体育教学策略②（3），人类运动的生物力学分析（3），人类运动的生物力学分析（实验室）（1），运动技能教学（3），儿童发展、学习、动机和评估②④（6）	16

续表

学年	学期	课程名称及相应学分	学分
第四学年	第7学期	体育活动和公众健康（3）、运动机能和概念（3）、小学体育教育②④（4）、中学体育教育②④（4）	14
	第8学期	临床实习③（12）、UNIV 4AA0 毕业课程（0）	12
总学分			120

注释：①学生必须完成的历史序列/文学序列，②先决条件：人学教师教育，③先决条件：进入临床实习（实习申请是提前一年），④进入实习的先决条件；“EDUC 1010 面向教师教育方向”和“UNIV 4AA0 毕业课程”不计入学分，注册教学方向课程才能攻读教师教育计划课程，注册毕业课程后才能被审核。

数据源自奥本大学官网（http：//www. auburn. edu/）

由表 2-7 可知，奥本大学职前体育教师的培养课程共分 4 学年 8 个学期，第一学年总学分为 33 学分，开设的课程有生物学、英语、核心历史、核心数学等课程，除实验室课程 1 学分以外，其他课程大概在 2~4 学分不等。其中，第 2 学期所开设的 EDUC 1010 面向教师教育方向（0）不计入总学分，该课程为方向性课程，选择该课程方向的学生才能攻读教师教育计划课程、参与教师认证。第二学年总学分为 30 学分，开设的课程有人文学科、核心文献、核心社会科学、人体解剖学和生理学（含实验室课程 1 学分）、运动学习和表现（含实验室课程 1 学分）、运动技能学教学与技术等课程，除实验室课程 1 学分以外，其他课程均为 3 学分。第三学年总学分为 31 学分，开设的课程及学分分别为核心美术（3）、学习者的多样性和特殊性（3）、机体的节奏活动和概念（3）、学习者和环境的多样性（3）、残疾人体育教育（3）、体育教学策略（3）、人类运动的生物力学分析（4），（含实验室课程 1 学分）、运动技能教学（3）以及儿童发展、学习、动机和评估（6）。第四学年总学分为 26 学分，开设的课程及学分分别为体育活动和公众健康（3）、运动机能和概念（3）、小学体育教育（4）、中学体育教育（4）以及临床实习（12），其中，第 8 学期的 UNIV 4AA0 毕业课程不计入总学分，该课程为注册性课程，学生通过注册课程后，会被审核是否已完成计划清单上的所有课程。

对奥本大学职前体育教师培养课程的性质进行具体分类时发现，该校课程可按照通识教育课程、学科专业课程、教师教育课程及综合实践课程进行分类，详情见表 2-8。

表 2-8　　**奥本大学职前体育教师培养课程设置类型情况表**

课程类型	课程名称及相应学分	学分	百分比
通识教育课程	英语作文Ⅰ（3）、核心历史（3）、核心社会科学（3）、英语作文Ⅱ（3）、核心历史或核心社会科学（3）、选修课（2）、核心数学（3）、人文学科（3）、核心文献（3）、核心文学或核心人文学科（3）、核心社会科学（3）、核心美术（3）、三者任选其一（4）：生物学概论 & 生物学概论（实验室）；生物学原理 & 生物学原理（实验室）；荣誉生物学、三者任选其一（4）：生命调查 & 生命调查（实验室）；有机生物学 & 有机生物学（实验室）；荣誉有机生物学	43	35. 83%
学科专业课程	生命周期内运动发展（2）、健康（2）、人体解剖学和生理学Ⅰ（3）、运动学习和表现（3）、人体解剖学和生理学Ⅱ（3）、运动生理学（3）、人类运动的生物力学分析（3）、运动机能学教学与技术（2）、机体的节奏活动和概念（3）、体育活动和公众健康（3）、运动机能和概念（3）	30	25%
教师教育课程	学习者的多样性和特殊性（3）、学习者和环境的多样性（3）、残疾人体育教育（3）、体育教学策略（3）、运动技能教学（3）、儿童发展、学习、动机和评估（6）、小学体育教育（4）、中学体育教育（4）	29	24. 17%
综合实践课程	生命周期内运动发展（实验室）（1）、人体解剖学和生理学Ⅰ（实验室）（1）、人体解剖学和生理学Ⅱ（实验室）（1）、运动学习和表现（实验室）（1）、运动生理学（实验室）（1）、人类运动的生物力学分析（实验室）（1）、临床实习（12）	18	15%

由表 2-8 可知，奥本大学职前体育教师培养课程主要分为通识教育课程、学科专业课程、教师教育课程及综合实践课程，分别占比总学分的 35. 83%、25%、24. 17%及 15%。通识教育课程占比最高，涉及英语、历史、社会科学、数学、美术、人文、生物等综合性知识能力的培养。学科专业课程和教师教育课程的学

分占比几乎相差无异，学科专业课程包含运动生理、解剖、运动力学、健康等基础性的学科专业能力培养，而教师教育课程涉及对教育对象多样性的关注、教学方法、评估手段等教学教育类的能力培养，与此同时，还细分了不同教学阶段（中、小学）的体育教育课程。综合实践课程整体占比最低，主要包含对课程理论的实验室实习以及综合的临床实习等，虽然理论的实验室课程实习配比学分较少，但临床实习一门课程高达12学分。

（4）毕业要求

要获得奥本大学的学士学位，学生必须完成大学核心课程的要求，毕业至少需要120学分。在基于达到奥本大学的毕业要求上，完成体育教师教育专业的教师教育计划，达到毕业标准，还应当做好四个方面的过渡：一是录取教师教育计划；二是临床实习；三是退出实习；四是毕业。具体要求详情见表2-9。

表2-9　**奥本大学职前体育教师毕业过渡程序表**

程序	标　　准
录取教师教育计划	①完成并提交教师教育入学申请；②完成计划中的45个学时；③入学课程圆满完成或当前入学；④对于2017年7月1日及之后入学的学生，所有大学课程的平均成绩均不低于2.75；⑤在预科教学中具有满意的表现；⑥教育工作者的每项实践核心学术技能均达到及格分数；⑦清晰的背景检查文件；⑧专业面试圆满完成
临床实习	①提前一年完成并提交Clinical Residency（Internship）；②录取教师教育；③计划清单上的所有课程均圆满完成，被指定为临床实习的必备条件；④对于2017年7月1日之前接受教师教育的学生，所有课程最低平均成绩为2.50；2017年7月1日及之后入学的学生，所有课程平均成绩不低于2.75；⑤专业学习课程成绩不低于C；⑥在适当的Praxis Ⅱ评估中及格；⑦具有部门批准的教学潜力
退出实习	①完成所有关键评估，包括提交了edTPA供官方评分；②完成了教学要求（共授课时长为20天，其中包括10天的连续授课）；③完成出勤要求
毕业	①注册UNIV 4AA0 ED1（毕业检查）；②计划清单上的所有课程均已完成（2017年7月1日之前接受教师教育的学生，所有课程最低平均成绩为2.50；2017年7月1日及之后入学的学生，所有课程平均成绩不低于2.75）；③专业学习课程成绩不低于C；④实习成绩满意，包括完成所有要求

注释：数据源自奥本大学官网（http：//www.auburn.edu/）

由表 2-9 可知，奥本大学职前体育教师的毕业要求较为严苛，学生在选择体育教师教育专业时，需首先录取教师教育计划，按照计划内的培养建议修读相关课程，在平均成绩不低于 2.75 的前提下提出申请，而奥本大学普通毕业生的毕业标准中平均成绩要求为 2.5。在录取教师教育计划中还提及“预科教学中表现满意”，预科教学是教师教育专业下较为特色的一个体验性活动，在接受师范性的教师教育前，一般会进行为期 5 天的教学体验，以此帮助学生提高对教学专业的认识。接着，完成计划清单内的所有课程，且在所有课程平均成绩不低于 2.75、专业学习课程成绩不低于 C、在适当的 Praxis Ⅱ评估中及格等前提下进行临床实习。随后，完成实习中的指标评估、教学要求、出勤要求等退出实习。最后，在课程成绩和实习成绩均达到标准等要求的前提下，注册毕业检查，由此完成毕业。

2. 奥本大学体育教师教育的特征分析

通过对奥本大学体育教师培养理念、入学要求、课程设置及毕业要求进行分析，可将奥本大学体育教师培养的特征概括为以下 4 个方面。

(1) 立足于以公众健康为本位，多维目标共同发展

纵观奥本大学体育教师的培养体系，从培养目标、课程设置等多方面无不体现着对公众健康的关注度。在其培养理念的顶层设计中，强调体育教师需通过学校的系统学习，帮助孩子们“养成积极的生活方式”，更是将最终理念指向“改善社会健康”，与此同时，理念引领内容，还规划了如“健康”及“体育活动和公众健康”等课程以通过实际操作提高学生对健康教育的认知水平。正是由于奥本大学体育教师教育专业立足于公众健康，因此在参加教师教育计划申请成为一名教师基础之上，还可通过辅修运动教练或体育锻炼与健康课程（非学位课程）等获取相应的证书拓展对公众健康的参与和指导，培养体育教育的热爱，增强职业认同感。在此之上，奥本大学体育教师培养理念还映射出了多维的发展目标，主要体现在：第一，基于观察的反思性学习。奥本大学体育教师的培养理念中，认为学校应为学生创造适宜环境，使学生在学习探索的过程中，及时发现并解决问题，从而进行推广和教学。这种发现并解决问题的行为，即是基于现场经验学习的观察和反思。第二，对教育对象多样性的包容和关注。不论是在培养理念中的“道德与尊重”还是“多样性”“以学生为中心”等，都体现了该校对于教育对象多样性的关注。奥本大学认为多元化形成的观点差异会丰富教学和人类服务质量，而实现多样性的重要目标之一就是为在学校、社会、机构等受到歧视、排

斥或边缘化的群体提供力量与支持。第三，对社区公共合作与参与的强调。奥本大学体育教师培养理念提及，“公共参与”是其所秉持的核心观念之一，旨在增强服务导向性，即对社区产生更直接的影响。为此，奥本大学在体育教师的培养中依托大学平台所设立的教育外展和参与中心（CEOE），旨在通过战略性地扩大和加强奥本大学与公共、政府和非营利组织的合作，根据该校的宗旨，与学生，学校和社区建立并同时参加 K-12 计划。由此通过搭建 CEOE 平台，将服务扩展并直接影响到该校当地和州立学校及社区，该战略下代表性计划有多语种课余计划、蓝图（Blueprints）计划、GUA 辅导计划、SENCER 计划、K8Tiger 计划、星期六学校以及 Wonderful 100 计划等。

(2) 挖掘并细分传统入学方式，以综合评价为衡量手段，审核环节张弛有度

奥本大学体育教师入学标准中并未设置入学考试，但这并不意味着没有衡量标准。从理论上讲，凡在学术类学校就读或毕业的学生均有资格提出入学申请，因此，奥本大学在体育教师的入学标准中，对申请者身份进行详细定位，使其所需完成的课程具备灵活性，以实现强大的入学率。具体而言，针对大一新生（高中毕业生）等 8 类入学类型进行区分，且有不同的申请评估要求，为学校分类培养等方面提供了较大的便利，消除了一些课程在模板化培养内的瓶颈，为学生提供了完成课程所需的灵活性。正是由于对传统入学方式的挖掘和细分，利于奥本大学抓住多类型学生的入学机会，增强学校的入学率。与此同时，由上文可看出，奥本大学在体育教师的入学标准上还体现了审核环节综合衡量、张弛有度的特点，具体表现在该校的审核环节涉及成绩、个人表现、背景信息等多方面，而非成绩“唯一论”；张弛度则体现在，如无 ACT 或 SAT 成绩，申请人将会接受整体审查，并通过测试分数或其他方式进行补充评估；推荐信并非必需，但可在申请者高中学习确有困难的情况下，由高中辅导教师或其他教师撰写推荐信，为学生能够入学奥本提供一定的支持。通过挖掘并细分传统入学方式，以综合评价为衡量手段，并在审核环节中做到张弛有度，益于奥本大学体育教师整体“输入”质量的保证。值得一提的是，在新生入学申请流程中，并未提及大学专业方向的选取，换而言之，在体育教师的入学标准上，学生应达到奥本大学入学标准之后，才可以选择体育教师教育专业，即先过审查再选专业，这与我们国家的体育教师入学标准是极为不同的。

(3) 课程设置框架紧密规范，课程内容既广且专

由上文可知，奥本大学体育教师培养课程设置框架较为规范，主要分为通识

教育课程、学科专业课程、教师教育课程及综合实践课程，分别占总学分的35.83%、25%、24.17%及15%，而从学分分布上不难看出，其培养课程框架较为紧密，展现出以通识教育为侧重点，学科专业课程和教师教育课程并驾齐驱，强调基于现场反思的综合实践的设置趋向。而其课程内容既广且专，“广”在知识体系的广博，综合素质的培养，“专”在对职业能力的培养，如学科专业能力、教师教育能力以及实践能力，主要从以下三个方面具体论之。

第一，注重学生综合素质能力的培养，由综合能力过渡到专业能力。

奥本大学体育教师培养课程主要分为通识教育课程、学科专业课程、教师教育课程及综合实践课程，分别占总学分的35.83%、25%、24.17%及15%。相比之下，奥本大学较为重视对体育教师的综合素质能力培养。对综合素质能力培养的具体课程进行分析，认为其包括四个方面的能力培养：一是对英语作文的要求，根据奥本大学对通识教育核心课程的要求，英语作文需达到6小时的培养学分；二是对人文科学的要求，需达到12小时的培养学分，其中涉及文学、美术或其他人文选择（宗教、逻辑、哲学等）；三是科学与数学的要求，共11~12小时的培养学分，科学8小时，数学3~4小时；四是社会科学的要求，共12小时的培养学分，历史至少3小时，其他社会科学（心理学、经济学等）至少3小时。纵观体育教师的课程培养发现，在课程先后时间安排上也体现出从综合教育到基于专业能力的教育（包括颁发体育教师资格证书）的培养趋势。

第二，强调被教育者身份的多样性，建立以学生为中心的教育者角色认知。

由上文可知，奥本大学在教师教育课程的培养中，包含多门对被教育者多样性、残疾人体育教育、儿童教育等的课程，还包括详细阶段划分的小学体育教育和中学体育教育，体现了该校对于道德与尊重、多样性、以学生为中心等的核心价值观。美国是一个多元化的国家，其宗教、文化等方面存在着较多的差异和不同，而奥本大学在体育教师培养上的课程设置可以看出该校对于多样性的“承诺”，这能够在一定程度上促进文化各异的学习者之间的相互合作，建立以学生为中心的教育者角色认知更是助于在学生和教师之间形成尊重、开放对话的教学氛围。

第三，理论与实践“配套”式发展，着重对现场经验的观察和反思。

纵观该校的课程培养设置发现，前两年多以包含英语、数学、社会科学等在内的通识教育课程和与体育学科相关的基础课程为主，后两年则是过渡到与教育和教育对象相关的体育教学课程学习当中。值得注意的是，在四年的课程学习过程中，实践课程贯穿始终，在学习相关理论知识后，即刻安排对应的实验室课程，如课程中所展示出的生物学概论与生物学概论（实验室）等课程。在现场进行的实践经验中，学生有多种机会观察、反思、检验个人在理论课学习时所产生想法，并对此进行调整，对学生汲取知识有着非常可观的促进作用，这种基于现场经验的学习，强调了观察和反思的重要性。

（4）毕业要求以职业发展为导向，具有较强的过渡性和系统性

由于奥本大学体育教师教育专业培养的毕业生可直接获取参加教师认证的资格，因此，奥本大学毕业要求以职业发展为导向的特征较为明显，如在毕业过渡程序中，穿插了 Praxis Ⅱ评估、edTPA 供官方评分等体育教师准入制度的审核与评估工作，这些内容都是毕业即职业准入的过渡性体现。换而言之，奥本大学体育教师的毕业要求即是体育教师职业的发展起点。在整个毕业要求的标准界定中，奥本大学对体育教师的毕业关卡设置较为严苛，对培养中各个环节的要求各为不同，尤其对实习工作的重视程度可见一斑，如最低平均成绩需达到 2.75、专业课成绩不低于 C、实习时长的规定等。体育教师为获得认证资格，达到毕业要求，必须完成教师教育计划内的课程要求，并参与实习实践工作，而这些正是毕业要求对培养环节内的系统性引导。毫无疑问的是，毕业要求除了是各个培养环节的出发点以外，亦是对培养理念的有效回应，奥本大学体育教师的毕业要求中所提出的对课程成绩及实习能力等多方面的最低“门槛”，有效保障了“具有课程和教学指导能力的、高素质 K-12 教育者”的培养理念落实。奥本大学体育教师毕业要求所体现出的过渡性和系统性特点，能够有效帮助学生进入体育教师的角色当中，完成社会身份的认知转变，而整体较高的毕业门槛对提高毕业生的质量有很大的裨益，能够保证学校生源的输出质量，更体现出了对社会教育的责任与担当。

（三）佐治亚大学体育教师教育概况及特征分析

佐治亚州的佐治亚大学（University of Georgia），位列全美国立大学第 48 名、公立大学第 16 名①，体育教师教育计划已得到佐治亚州专业标准委员会及全国教师教育认证委员会（NCATE）的认证和批准。以佐治亚大学的体育教师教育为切入点，通过对其培养理念、入学要求、课程设置及毕业要求共 4 个方面对培

① Top Public Schools [EB/OL]. [2021-12-13]. https://www.usnews.com/best-colleges/rankings/national-universities/top-public? schoolName=university+of+georgia.

养现状进行整理和归纳，挖掘特征，以期为国内中小学体育教师职前培养提供一定的借鉴经验。

1. 佐治亚大学体育教师教育的概况

为全面了解佐治亚大学体育教师培养现状，从培养理念、入学要求、课程设置及毕业要求 4 个方面对其培养体系进行探究。

(1) 培养理念

UGA 体育教师的职前培养由“健康与体育教育专业”(Health and Physical Education) 所培养，该专业归属于“玛丽·弗朗西斯早期教育学院”(Mary Frances Early College of Education) 下的“运动技能学系”(Department of Kinesiology)。UGA 的健康与体育专业为学生提供两个方向的职业选择，一是参与教师教育认证计划，通过健康与体育教育获得佐治亚州 p-12 年级认证，二是计划在非公立学校从事譬如健身指导、青年发展等岗位工作的学生，但只有选择了教学方向的学生才会被批准参与 K-12 的体育教学中，换而言之，选择教学方向的学生通过四年的本科学习，毕业时可获得教育科学学士学位 (Bachelor of Science in Education — BSEd) 以及佐治亚州公立学校教授 K-12 的初步认证资格。UGA 对于体育教师的职前培养理念并未成文说明，但在健康与体育教育专业的培养任务中提到：①学习用于在各个年龄段进行体育锻炼、运动技能、身体健康和团队合作的教学方法，并且学习最新的生物力学、生理学以及健康和保健原则；②必须获得红十字急救/CPR/AED 认证，并展示至少八项体育活动的能力，如游泳、舞蹈、户外娱乐以及其他学生选择的五种体育活动①；③UGA 体育教师教育 (PETE) 计划的任务是培养具备课程和教学内容知识的教师，这些知识将使体育教师候选者具备终身体育的教学能力。②

(2) 入学要求

UGA 健康与体育教育专业的入学要求主要分为两步走：一是申请 UGA，获得录取通知；二是申请健康与体育教育专业，根据课程顾问评估转入该专业。也就意味着，在进入教育学院学习相关课程之前，学生必须首先被 UGA 所录取，由于 UGA 并未对学生的成绩等设定严格的标准，其入学标准取决于每年申请

① BSEd in Health and Physical Education [EB/OL]. [2021-12-13]. https://coe.uga.edu/academics/degrees/bsed-health-physical-education.

② UGA Specific Information for Health and Physical Education [EB/OL]. [2021-12-13]. https://career.uga.edu/wcidwami/health_and_physical_education.

UGA 的学生数量和质量，因此可能会有稍许不同。

第一步：申请 UGA，获得录取通知。申请 UGA 的录取参照主要包含以下 4 个部分，也称第一年入学标准（First Year Admission Criteria）：①高中成绩。与其他任何的参考因素相比，高中成绩对于进入 UGA 进行学习的竞争力尤为重要，而 UGA 将会根据五个核心学术领域的课程计算申请者的 GPA，并将采用标准的 4.0 评分标准，即 A-Excellent-4.0，B-Good-3.0，C-Satisfactory = 2.0，D-Passing = 1.0，F-Failure-0.0，由此对申请者的高中评分标准转换为各个等级。②必修高中课程。根据佐治亚州大学的相关政策，所有新生申请者均需在高中完成规定的必修课程，该课程包括 17 个学术单元，即英语（4），数学（4），科学（4），社会研究（3）和外语（2）。值得一提的是，该必修课程均为政策规定课程，若需提高 UGA 的录取成功率，则需要参与挑战性的课程，如高级、荣誉、优等，AP/IB 或双重注册的课程。实际上，根据官网的数据显示，近年来，被 UGA 录取的一年级学生中有 98%追求了荣誉或高级课程。③标准化测试。对于 2022 年及以后入学的申请者，均需提供 SAT/ACT 分数。UGA 关于最低的分数要求为 SAT-EBRW：480，SAT-Math：440，或子分数 ACT 的英语和数学部分均获 17 分。仍需提出的是，UGA 的入学学生情况远远超过了这些最低要求。④中学报告和推荐信。所有新生申请者均需提交一份中学报告（NACAC 中学报告，National Association for College Admission Counseling），以及教师或者学校顾问所提供的学术推荐信（可选）。UGA 认为一封很好的推荐信可以证明学生有独立完成严格学术课程的能力。

第二步：申请健康与体育教育专业，根据课程顾问评估转入该专业。根据 UGA 大学的规定，所有计划攻读 BSEd 学位的 UGA 学生最初均会被玛丽·弗朗西斯早期教育学院录取为预期专业，学生在完成第一年的课程学习后，通常会在大二的第二学期申请完整的专业，而健康与体育专业的潜在申请人将通过学院下属的运动机能学系进行申请。一般而言，学生在完成或正在进行约 60 小时的学习，与此同时，完成 Ⅰ-Ⅵ 区核心课程或完成进行中，即可准备进入该专业①，但标准往往不止于此，UGA 认为学生在第Ⅵ区和专业课程中必须获得 C 级或更高的成绩，以及 GPA≥2.5 才有资格在所有教师认证计划中担任学生教学。（关

① Part 2：Apply to the BSEd in Health and Physical Education［EB/OL］.［2021-12-13］. https：//coe. uga. edu/academics/degrees/bsed-health-physical-education.

于Ⅰ-Ⅵ区的课程介绍会在下文中详细说明)

(3) 课程设置

UGA 体育教师培养的学制为 4 年，需修满 120 个学分。将培养课程设置进行整理，详情见表 2-10。

表 2-10　**UGA 体育教师职前培养课程设置情况表**

学年	期	课程名称及相应学分	学分
第一学年	秋	英语作文Ⅰ (3)；数学 (3)；生物学概论 & 生物学实验室概论 (3-4)；1865 年前的美国历史或 1865 年后的美国历史 (二选一) (3)；第一年奥德赛研讨会 (First Year Odyssey Seminar) (1)	13～14
	春	英语作文Ⅱ (3)；统计学导论 (4)；基础化学 & 基础化学实验室 (3-4)；世界语言与文化 (3)	13-14
	夏	世界语言与文化 (3)	3
第二学年	秋	解剖生理学Ⅰ (4)；教育中关键与当下问题的调查 (3)；人际交流导论 (3)；美国政府 (3)；体育基础 (1)	14
	春	解剖生理学Ⅱ (4)；探索多元化的社会文化视角 (3)；探索学习与教学 (3)；心理学基础或社会学导论 (二选一) (3)；多元文化服务学习实践 (1)	14
	夏	人类性教育策略 (3)；世界语言与文化 (3)	6
第三学年	秋	体育教学基础 (3)；网络/墙活动教学 (3)；个人活动教学 (3)；运动技能行为 (3)；健身教学法 (3)	15
	春	击打/目标类活动教学 (3)；入侵活动教学 (3)；体育课程与评估* (3)；小学体育教育* (4)；应用生物力学 (3)	16
	夏	药物和酒精滥用问题或药物使用和滥用的影响 (Ⅰ&Ⅱ，首选推荐) (二选一) (3)	3

续表

学年	期	课程名称及相应学分	学分
第四学年	秋	中学体育教育*（3）；学校健康教育的基本课程和教学程序*（3）；适应性体育（3）；应用运动生理学（3）	12
	春	体育实习教学（10）	10
总学分（生物实验室和化学实验室均为1学时，学生必须从二者中至少选修1学时）			120（119+1）

注释：KIN 3600 应用生物力学、KIN 3700 应用运动生理学均需先完成 CBIO 2200 解剖生理学Ⅰ和 CBIO 2210 解剖生理学Ⅱ。带加粗的课程必须按照特定的顺序及学期进行攻读。

数据源自佐治亚大学官网（https://coe.uga.edu/academics/degrees/bsed-health-physical-education）

由表 2-10 可知，UGA 在体育教师职前培养中采取的是三学期制，即将一年分成秋春夏三个学期，培养课程共需修读四学年，最低共需修满 120 个学时。

第一学年总学分为 30 学分，开设的课程有数学、英语作文、生物学概论 & 生物学实验室概论、第一年奥德赛研讨会、统计学导论、基础化学 & 基础化学实验室、世界语言与文化等课程，除第一年奥德赛研讨会 1 学分、统计学导论 4 学分，以及附带实验室实践课程的 3~4 学分外，其他课程均为 3 学分。值得注意的是，第一年奥德赛研讨会是 UGA 的特色课程，所有入学的一年级本科生必须在第一学年结束前成功完成一年级奥德赛研讨会，而开展第一年奥德赛研讨会旨在①向一年级新生介绍学习的重要性，便于其融入大学的学术文化；②通过一年级新生与教师之间的对话，增强师生互动；③向一年级新生介绍 UGA 的教学、研究、公共服务和国际使命等多方面内容，提高学生的大学认知和参与度。UGA 健康与体育教育专业的学生通过第一年奥德赛研讨会的课程，可以参与适应性体育的意义、媒体和乐趣、与残疾人交流或运动医学等主题的研讨会。

第二学年总学分为 34 学分，开设的课程包括解剖生理学、人际交流导论、教育中关键与当下问题的调查、美国政府、体育基础、探索多元化的社会文化视角、探索学习与教学、心理学基础或社会学导论（二选一）、多元文化服务学习实践、人类性教育策略、世界语言与文化等课程，解剖生理学两门课程均为 4 学分，体育基础和多元文化服务学习实践均为 1 学分，其余均为 3 学分。其中，体育基础（physical education basic）是针对体育能力进行培养的课程，包括羽毛球、篮球、保龄球、户外探险、高尔夫、壁球等 36 种课程，学生在课程顾问的推荐下任选一门即可。而多元文化服务学习实践则是需要学生将在相关领域的多元文化环境中进行 20 小时的服务学习体验，此过程需要以日记的形式记录。

第三学年总学分为 34 学分，开设的课程包括体育教学基础、网络/墙活动教学、个人活动教学、运动技能行为、健身教学法、击打/目标类活动教学、入侵活动教学、体育课程与评估、小学体育教育、应用生物力学、药物和酒精滥用问题或药物使用和滥用的影响（Ⅰ&Ⅱ）（二选一）等课程，除了小学体育教育是 4 学分以外，其余课程均为 3 学分。其中，体育课程与评估和小学体育教育两门课程必须按照表中所建议的顺序与学期进行，应用生物力学需在完成解剖生理学Ⅰ和解剖生理学Ⅱ的基础上进行修读。

第四学年总学分为 22 学分，开设的课程包括中学体育教育、学校健康教育的基本课程和教学程序、适应性体育、应用运动生理学、体育教学中的学生教学或认可的选修课（非认证课程）（14），由于健康与体育专业培养两个方向的人才，若从事体育教师行业，完成体育实习教学共 10 个学分即可，也就是需要在经验丰富的导师指导下，在学校进行全职教学实践，除该课程以外，其余课程均为 3 学分。参与体育实习教学的学生将会被分配到公立学校中去，在监督教师的督导下工作学习 15 周，其中，一半时间在小学，另一半时间在中学，以此完成学生教学体验。在此期间，学生需准备单元、教授课程，并评估学生在课堂中的学习情况，而监督教师将会通过每天及定期观察以评估学生作为实习教师的表现。

UGA 将学生所修读的课程划分为两大板块、六大区域，即通识教育核心课程板块和学习计划相关课程板块，前Ⅰ到Ⅴ区域属于通识教育核心课程，第Ⅵ区属于学习计划相关课程。具体学时分布如下：第Ⅰ区基础课程 9 学时；第Ⅱ区科学 7~8 学时（至少一门物理科学或生命科学课程必须包括实验室 1 学时）；第Ⅲ区定量推理 3~4 学时；第Ⅳ区 12 学时，包括世界语言和全球文化 9 学时、人文与艺术 3 学时；第Ⅴ区社会科学 9 学时；以及第Ⅵ区与学习计划相关的课程，包括解剖生理学等课程。为更好地与国内课程进行直观的对比，为国内课程改革提供有效的且有针对性的建议，在 UGA 原有对课程的属性划分基础上，对 UGA 体育教师职前培养课程设置按照通识教育课程、学科专业课程、教师教育课程及综合实践课程进行分类，详情见表 2-11。

表 2-11　　**UGA 体育教师培养课程设置类型情况表**

<table>
<tr><th>类</th><th colspan="2">区域</th><th colspan="2">课程名称及相应学分</th><th>学分</th><th>百分比（最低）</th></tr>
<tr><td rowspan="11">通识教育课程</td><td>Ⅰ</td><td>基础课程</td><td colspan="2">数学（3）；英语作文Ⅰ（3）；英语作文Ⅱ（3）</td><td>9</td><td rowspan="8">42
35%</td></tr>
<tr><td rowspan="2">Ⅱ</td><td rowspan="2">科学</td><td>物理科学</td><td>基础化学 & 基础化学实验室（3-4）</td><td rowspan="2">7~8</td></tr>
<tr><td>生命科学</td><td>生物学概论 & 生物学实验室概论（3-4）</td></tr>
<tr><td>Ⅲ</td><td>定量推理</td><td colspan="2">统计学导论（4）</td><td>4</td></tr>
<tr><td rowspan="2">Ⅳ</td><td rowspan="2">世界语言和全球文化，人文与艺术</td><td>世界语言和全球文化</td><td>世界语言与文化（3）；世界语言与文化（3）；世界语言与文化（3）</td><td rowspan="2">12</td></tr>
<tr><td>人文与艺术</td><td>人际交流导论（3）</td></tr>
<tr><td>Ⅴ</td><td>社会科学</td><td colspan="2">1865 年前的美国历史或 1865 年后的美国历史（二选一）（3）；美国政府（3）；心理学基础或社会学导论（二选一）（3）</td><td>9</td></tr>
<tr><td></td><td></td><td colspan="2">第一年奥德赛研讨会（First Year Odyssey Seminar）（1）</td><td>1</td></tr>
<tr><td rowspan="3">Ⅵ</td><td>学科专业课程</td><td colspan="2">解剖生理学Ⅰ（4）；体育基础（1）；解剖生理学Ⅱ（4）；应用生物力学（3）；药物和酒精滥用问题或药物使用和滥用的影响（Ⅰ&Ⅱ）（二选一）（3）；应用运动生理学（3）</td><td>18</td><td>18
15%</td></tr>
<tr><td>教师教育课程</td><td colspan="2">教育中关键与当下问题的调查（3）；探索多元化的社会文化视角（3）；探索学习与教学（3）；人类性教育策略（3）；体育教学基础（3）；网络/墙活动教学（3）；个人活动教学（3）；运动技能行为（3）；健身教学法（3）；击打/目标类活动教学（3）；入侵活动教学（3）；体育课程与评估（3）；小学体育教育（4）；中学体育教育（3）；学校健康教育的基本课程和教学程序（3）；适应性体育（3）</td><td>49</td><td>49
40. 83%</td></tr>
<tr><td>综合实践课程</td><td colspan="2">多元文化服务学习实践（1）；体育实习教学（10）</td><td>11</td><td>11
9. 17%</td></tr>
</table>

注释：第一年奥德赛研讨会不属于六大区域课程，由于课程所具有的特殊性，综合考虑，将其暂放置于通识教育课程内。

由表 2-11 可知，UGA 体育教师职前培养课程可分为四大板块，按照学分占比由高到低依次为教师教育课程 40.83%、通识教育课程 35%、学科专业课程 15%和综合实践课程 9.17%。通识教育课程涉及基础课程、科学、世界语言和全球文化及人文与艺术、社会科学等多个方面，按照 UGA 对通识教育课程的要求，基础课程需达到 9 学分、科学 7~8 学分、世界语言和全球文化及人文与艺术 12 学分、社会科学 9 学分①，与表中课程设置相契合。教师教育课程占比非常之高，涉及体育教学、性行为教学、体育课程的程序与评估等多方面的教学活动，与此同时，划分不同教学阶段（中、小学）的体育教育课程进行课程教授。学科专业课程包含运动生理解剖等基础性的学科专业能力培养，综合实践课程虽占比最低，但体育实习教学一门课程高达 10 学分。

（四）毕业要求

通过健康与体育教育专业的培养，学生可在取得学士学位后获得佐治亚州学校任教的资格认证，从而担任小学、初中及高中的体育教师。作为健康与体育教育专业的学生，毕业要求需在满足 UGA 一般毕业要求的基础上，完成教师教育计划的毕业要求，换而言之，首先，学生需达到佐治亚大学的全校毕业标准，随后达到教育学院运动机能系的毕业标准，完成教师教育计划（包括课程完成和评估完成），最后申请获得初始教育者资格证书。一般来说，全校的毕业标准代表了最低水平，学院会在全校标准基础之上进行单独的规划和设定，因此，本书结合全校毕业标准，对 UGA 体育教师职前培养的毕业要求进行整合，详情见表 2-12。

表 2-12　**UGA 体育教师职前培养的毕业要求**

程序	毕 业 要 求
学时	至少需要 120 个学时。过去 60 个学期中的至少 45 个学期必须在大学居住
实习及认证	1）教师认证选项，13 小时：必须修读《人类性行为的教育策略》及《学生体育教学》10 小时。 2）教师认证的课程完成要求。 要被视为 UGA 计划完成者并有资格获得初始教育者准备计划的资格证书，必须完成以下评估：

① Health and Physical Education—B S Ed. [EB/OL]. [2021-12-13]. https://bulletin.uga.edu/MajorSpecific? MajorId=88#MR.

续表

程序	毕业要求
实习及认证	①通过佐治亚州教育者道德评估（360）评估； ②通过 GACE（佐治亚州教育工作者认证评估）内容评估，参评资格在实践实习前授予； ③完成临床实践/实习； ④完成计划关键评估； ⑤通过处置评估（DISPS）和实习生钥匙评估（IKES）； ⑥完成虐待儿童和 PERPA 培训（CA-FERPA）； ⑦完成 MFECOE 退出调查； ⑧参加 MFECOE 认证会议； ⑨满足任何额外的计划特定要求。 3）完成计划标志：学生将在最后一年的秋季或春季在小学、初中或高中课堂上全职工作 15 周。 4）必须获得红十字会急救和心肺复苏术认证，并展示至少八项体育活动的能力：游泳、舞蹈、户外休闲以及学生选择的另外五项
课程与成绩	1）通识教育要求（Ⅰ-Ⅵ区的要求） Ⅰ基础课程（9 小时）； Ⅱ科学（7~8 小时）至少一门物理科学或生命科学课程必须包括实验室； Ⅲ定量推理（3~4 小时）； Ⅳ世界语言和全球文化、人文与艺术（12 小时）； Ⅴ社会科学（9 小时）； Ⅵ解剖生理学Ⅰ、解剖生理学Ⅱ、调查教育中的关键和当代问题（或荣誉课程）*、探索多元化的社会文化视角*、探索学习与教学（或荣誉课程）*。 其中，带 * 的课程要求最低成绩为“C”（2.0）或更高。 2）必修课程要求：修满 60 小时，最低成绩为“C”（2.0）或更高
其他要求	①第一年奥德赛研讨会； ②文化多样性； ③环保意识要求； ④宪法考试（修读相关课程可免除）； ⑤美国和佐治亚州历史考试（修读相关课程可免除）； ⑥基础体育教育； ⑦英语（修读相关课程可免除）； ⑧居民要求

注释：表中数据源自佐治亚大学官网（https：//www. uga. edu/）

由表中可知，UGA体育教师职前培养的毕业要求较为紧密，学生必须修满120个学时，申请教师认证选项的学生即默认需申请教师认证，学生完成教师教育计划，即可获得初始教育者准备计划的资格证书。教师教育计划的完成者需依次通过佐治亚州教育者道德评估、GACE内容评估等多项评估，并且在最后一年的秋季或春季在小学、初中或高中课堂上全职工作15周，以此获得“学生课堂教学”的10学时，实习过程中，教师候选者准备单元、教授课程并评估中小学生在课堂上的学习情况，而候选者们每天由监督教师观察，教师定期观察，以评估其作为教师的表现。UGA在核心课程成绩上，要求学生必须达到C及以上。除此以外，在毕业前，学生必须完成心肺复苏术和急救方面的红十字认证，并至少展示八项体育活动的能力：游泳、舞蹈、户外休闲以及学生所选取的另外五项，才能从本专业毕业。

2. 佐治亚大学体育教师教育的特征分析

通过对UGA体育教师培养理念、入学要求、课程设置及毕业要求进行分析，可将佐治亚大学体育教师教育的特征概括为以下几个方面。

(1) 培养理念与时代发展相结合，形成以教学为引领、倾向于健康与安全的多样化新格局

UGA在健康与体育专业的培养任务中提到，学生们需要学习教学方法，这些教学方法可能涉及各个年龄段、各项运动技能（需展示至少8项体育活动的能力）、身体健康与团队合作，并且学习最新的生物力学、生理学以及健康和保健原则。除此以外，UGA认为所培养出来的教师应当具备终身体育的教学能力。由此可以看出，UGA在培养中首先便对教学能力提出了5个方面的要求：①需顾及年龄段，以便学生们进入不同阶段的学校进行授课；②需掌握各项运动技能，展示至少八项体育活动的能力，以此培养多能型体育教师；③需学会身体健康和团队合作的教学方法，对健康意识的看重在后续“学习最新的健康和保障原则”中也有提及，而美国对于团队合作以及领导力的看重也与其本土文化密切相关；④需获得有效的美国红十字会颁发的心肺复苏证书，这是UGA学生毕业的必备要求之一，再次说明UGA对健康和安全的重视不容置疑；⑤UGA认为所培养出来的教师应当具备终身体育的教学能力，这对学生们自我教学知识、内容和能力的更新提出了更高的要求。在培养过程中足以看出，UGA在体育教师的职前培养过程中以教学为引领，贯穿阶段性教学、运动技能教学、健康教学等多元教学因素，倾向于健康与安全意识的培养，而这些在现今多元开放的就业环境中，也

给予了体育教师多样的发展可能，与当下时代发展紧密结合，形成了多样性的发展新格局。

(2) 较为严苛的准入标准，多维评估手段有效保障体育教师的准入质量

如上文所述，UGA 体育教师职前培养的专业入学要求主要分为两步走：一是申请 UGA，获得录取通知；二是申请健康与体育教育专业，根据课程顾问评估转入该专业。在第一步中，被 UGA 录取本身就是具有挑战性的任务，UGA 在全美高校中排名第 48，向全世界开放招生，不会涉及地区歧视等问题，其自身具有较强的竞争压力，且每年的录取标准与名额会根据当年的报考人数所决定，这无形中会给申报者带来不确定的压力。申报者们为了能够以较大的概率被 UGA 录取，就必须选修具有挑战性、难度较高的荣誉课程，甚至是相当于大学程度的课程，如 AP/IB 课程，足以看出学生在申请 UGA 录取时的难度。而在第二步中，申请者在确定自己的职业兴趣与意向之后，可申请进入教师教育计划，并且在第Ⅵ区和专业课程中必须获得 C 级或更高的成绩，以及 GPA≥2.5 才有资格在教师认证计划中担任学生教学。学生教学环节即是实习实践环节，体育教师候选者需要在最后一年的秋季或春季在小学、初中或高中课堂上全职工作 15 周，获取 10 个学时，才会被视为计划完成者，申请佐治亚州的初级教师资格认证。对 UGA 体育教师的准入标准综合分析来看，战略上分为两步走，指标上分为学术指标和非学术指标，多层次、多方位地保障了体育教师的准入质量，也为体育教师的培养奠定了良好的基础。

(3) 课程设置以突出学生教学能力为主，课程安排循序渐进、由浅入深

在 UGA 体育教师职前培养的课程设置可分为四大板块，按照学分占比由高到低依次为教师教育课程 40.83%、通识教育课程 35%、学科专业课程 15%和综合实践课程 9.17%。教育课程的占比非常之高，甚至接近总学分一半的比重，足以看出 UGA 在体育教师的职前培养中，尤其看重对学生们教学能力的培养。通识教育课程也是培养的重点所在，纵观课程板块可以发现，UGA 形成了以教师教育课程为核心、通识教育课程为基础、学科专业课程和实习实践课程齐头并进的课程模式。从课程安排中看出 UGA 在课程安排上体现了循序渐进、由浅入深的特点，UGA 的课程设置从学年分布上来看，第一、二学年，开展通识教育（包括数学、世界语言文化等）与学科基础教育（包括体育学科基础与教育学科基础），在课程开设的比重中发现，第一学年仅以通识教育为基础，旨在培养学生的综合素质，从第二学年开始，通识教育课程的占比开始收缩，“解剖生理学”

为代表的体育学科和“教育中关键与当下问题的调查”等教育类学科的课程开始崭露头角。值得注意的是，这些教育类的课程并没有涉及与体育的综合课程出现，仅以教育学类课程为主体，对学生的教育学基础知识是很好的普及和培养。真正的融合课程出现在第三学年，教育类课程比重再次扩大，“体育教学基础”等体育教学融合类课程逐渐增多，有益于教师候选者对体育和教育的融合能力的发展。第四学年，由于学生需要在中小学中开展实地实习，所以 UGA 具有针对性地开设了“学校健康教育的基本课程和教学程序”等课程，将体育教学进一步地锁紧到学校体育上来，职业针对性也进一步提高，教师成长的路线也清晰地呈现在眼前。另外，从第三学年的开设的“小学体育教育”到第四学年的“中学体育教育”也可以看出课程在设置上的规范性，由易到难、由浅入深的学习过程。

(4) 毕业要求指标明确，评估的可操作性强，有效支撑体育教师职前发展

通过 UGA 健康与体育教育专业的培养，学生可在取得学士学位后获得佐治亚州学校任教的资格认证，从而担任小学、初中乃至高中的体育教师。而作为健康与体育教育专业的学生，毕业要求需在满足 UGA 一般毕业要求的基础上，完成教师教育计划的毕业要求，换而言之，首先，学生需达到佐治亚大学的全校毕业标准，随后达到教育学院运动机能系的毕业标准，完成教师教育计划（包括课程完成和评估完成），最后申请获得初始教育者资格证书。在学生获取佐治亚州教师教育资格的过程中，路径明确，评估的可操性强，如，UGA 健康与体育教育专业的毕业要求对学生需修读的学时（≥120）、教师认证选项需修读的课程（“人类性行为的教育策略”与“学生体育教学”）、完成教师教育计划需进行的评估（道德评估、GACE 评估等）、核心课程修读的学时与成绩等都进行了明文规定。在“学生体育教学”中，即实践环节这种不可控因素较多的环境下，安排监督教师定期观察，以评估学生们作为教师在课堂中的表现，对于体育教师培养来说可操作性与可评估性进一步加强，避免了在不可控因素对毕业结果所产生的不良影响。毕业要求中提及的如核心课程成绩、学时等都是一名合格的体育教师应达到的硬性指标，有效地保障了体育教师的输出质量，为教师的职业发展打下了较好的基础。

第三章　澳大利亚体育教师教育体系研究

21世纪以来，澳大利亚进行了一系列卓有成效的体育教师教育改革，为培养优质体育教师、提高体育教育教学质量作出了卓越贡献，其体育教师教育特色和质量享誉世界。此外，澳大利亚是少有的率先将体育与健康教育进行融合的国家之一①，1999年澳大利亚在《阿德莱德宣言》中正式将健康与体育列为21世纪学校教育关键的八大学习领域之一，并要求健康与体育教师提供包含体育活动、健康和个人/社会发展在内的高质量健康与体育课程②。这与我国“体育与健康”课程的内涵与发展趋势不谋而合，即无论是澳大利亚的“健康与体育”教师还是我国的“体育与健康”教师，均体现出体育教师对于新时代使命健康教育的责任与担当。基于此，采用文献资料、逻辑分析等研究方法，以准入条件、课程设置和毕业要求为切入点，对澳大利亚代表性高校的健康与体育教师教育项目进行调查和分析，在全面了解澳大利亚职前健康与体育教师培养概况的基础上，透析澳大利亚健康与体育教师培养的特点，以期为我国体育教师的培养提供新的启发和借鉴，为提高我国体育教师质量、推进新时代教师队伍建设助益。

一、澳大利亚健康与体育教师教育的历史嬗变

自1901年澳大利亚联邦政府成立以来，伴随社会、政治和文化的不断变迁，澳大利亚体育教师教育在继承与创新中曲折发展。纵观澳大利亚体育教师教育的发展历史，以不同时期澳大利亚体育教师教育的主要特征和重大事件为依据，结

---

① Tinning Richard. Rethinking the preparation of HPE teachers: Ruminations on knowledge, identity, and ways of thinking [J]. Asia-Pacific Journal of Teacher Education, 2004, 32 (3): 241-253.

② MCEETYA. Adelaide Declaration on National Goals for: Schooling in the 21st Century (1999) [EB/OL]. [2020-06-20]. http//www. mceetya. edu. au/pdf/reporta. pdf, 2020-05-09.

合澳大利亚高等教育发展的时代背景，将澳大利亚体育教师教育历程划分为以下5个阶段：

（一）萌芽期（20世纪初—20世纪20年代）

澳大利亚联邦政府成立初期，各州为了满足基础教育需要，纷纷开始建立师范学校，并要求扩大招生规模，以此来快速弥补教育师资的缺口，体育教师教育在建立师范学校的浪潮中得以发迹。然而，由于这一时期的教育制度及软硬件条件不健全，加之社会环境不稳定因素的影响，大多数师范学校开始利用“短期集训”或“培训”的“工厂化”模式培养体育教师，致使各州体育教师教育的学制、课程、要求等内容迥异，稂莠不齐。因此，这一时期虽然体育教师初步呈现出规模化培养趋势，但体育教师教育内容和形制尚未成型，此时澳大利亚的体育教师教育基本处于混乱、无序的状态。

（二）初创期（20世纪20年代—20世纪60年代）

20世纪20年代以来，社会政治经济的繁荣给予了澳大利亚教师教育极大的发展空间，各州的师范学校得以恢复和重建，教师教育制度逐步走向规范和完善。如，1925年维多利亚州出台了《教师法》，要求教师必须接受严格的师范教育并获得教育文凭后方可进入中小学任教①。1937年，墨尔本大学成为第一所开设体育教育专业课程的综合性大学，学制为一年，后又增加为两年，受到了社会和学界的广泛关注和欢迎，墨尔本大学也因此一度成为澳大利亚体育教师教育的中心②。此后，传统综合性大学开始纷纷效仿，体育教育专业课程数量剧增，但由于大部分大学并没有充分的教育资源，师范学校与传统大学联合培养体育教师逐渐演变为这一时期体育教师教育的主要方式。如，若想在昆士兰州获得从事体育教师的资格，则首先要完成一所教育学院的为期两年的普通教师培训课程，然后还需在昆士兰大学进行为期三年的夜校学习，最终才能获得体育教师文凭（Diploma）和从业资格。显而易见，这一时期体育教师教育的流程是相对复杂

① 张慧欣．澳大利亚职前教师教育内部质量保证体系演进研究［D］．石家庄：河北师范大学，2018.

② Australian Physical Education Association Queensland Branch. The Training of Teachers of Physical Education in Queensland［C］. University of Melbourne：The Seventh Biennial Conference，1968（1）.

的，其本质为以课程为基础的职业培训，且基本形成了师范学校与综合性大学联合培养的模式，这也为澳大利亚体育教师教育向大学化转变和学位教育发展奠定了初步基础。

（三）演化期（20世纪60年代—20世纪80年代初）

1964年，澳大利亚联邦政府组建的未来高等教育委员会发布了“马丁报告”（Martin Report），对澳大利亚高等教育的发展产生了深远影响。马丁报告提出，澳大利亚大学应停止提供“副学位（sub-degree）/文凭”课程，小学教师培训课程的长度应从2年增加到3年①。为了响应马丁报告的建议，师范学校逐渐转型为高等教育学院，综合性大学也纷纷开始将体育教育文凭课程升级为学位课程。截至1968年，塔斯马尼亚大学、昆士兰大学、悉尼大学等五所高校均在体育教育文凭课程的基础上增设了学位课程。由此，体育教育作为一门学科在澳大利亚高等教育中的地位得以确立，越来越多的大学开始提供体育教育学位课程，随之而来的20世纪70年代至80年代更被称为澳大利亚高等教育体育专业的“学位二十年”（Degree Decades）②。

然而，正是在体育教师教育学位化的过程中，体育教育学术地位长期低下的问题暴露无遗，体育教师教育开始逐步走向高等教育体育领域的“边缘”。一方面，为了争取体育在高等教育中的学科和学术地位，部分高校借鉴北美“俄勒冈州模式”将以科学为基础的运动人体知识体系作为体育教育学位的学科基础和重要砝码③。另一方面，随着运动、娱乐和锻炼的产业化和商业化，新兴体育行业对专业人才的需求量剧增，高校为了迎合社会发展需要转变体育教育的专业人才培养方向。因此，这一时期澳大利亚体育教师教育确立和巩固了自身在高等教育和学术领域中的地位，教育内容和形制也丰富多样，但其在体育领域中的绝对核心地位开始动摇和偏移，体育教师教育既面临着难得的发展机遇，同时也面临着严峻的挑战。

---

① Committee on the Future of Tertiary Education in Australia. Tertiary education in Australia [Martin report] [R]. Canberra, Australian Capital Territory: Government Printer, 1964.

② Moutray I. The development of physical education in the Australian Universities [D]. University of NSW, 1973: 221-231.

③ Senate of the University of Queensland. Details of the new BHMS and BHMS (ed.) [J]. Australian Journal of Health, Physical Education and Recreation, 1973 (12): 25-27.

(四) 成型期 (20 世纪 80 年代末—20 世纪末)

如前所述，20 世纪 70 年代至 80 年代是澳大利亚体育教育专业学位发展的"黄金期"，体育教育学位课程剧增，且形制多样。然而，这也从侧面反映出在体育教育专业学位化的初期，体育教师教育是一个管制松散、差异显著、变化迅速的领域。直到 1987 年，随着澳大利亚全国统一高等教育制度的建立，体育教师教育的主导格局才从这种多样化的发展中突显出来。1987 年，澳大利亚高等教育结构进一步改革，主要任务是结束由大学与教育学院并行的高等教育二元轨制，通过合并与重组建立全国统一的大学体系。这次改革对于高等体育教育领域的影响也是十分明显的，伴随着澳大利亚全国统一高等教育制度的建立，体育教师教育的主导格局从多样化的发展中逐步凸显出来。这一时期，澳大利亚大学中"人体运动研究""运动科学"或"运动学"等学院的数量从 1987 年之前的 3 个（昆士兰大学、西澳大学和伍伦贡大学）增加到 1996 年的 28 个，几乎没有学院愿意保留"体育教育"的头衔，学科内容也十分强调生物科学知识（如运动生理学、生物力学、功能解剖学）①。究其原因，在"人体运动研究"的专业模式下，办学单位更容易申请到政府的经费资助，教师也更容易在高校科学化的评价指标体系中获得学术和职称上的发展②。这一时期，体育教师教育被认为是"人体运动研究"的一个"教育学"分支，其学位主要为科学学院提供的应用科学学士学位，教育或教学知识在体育教育专业中的核心地位被运动人体科学知识所替代，体育教师教育质量令人担忧，这在澳大利亚 20 世纪 90 年代的"学校体育危机"中得到了充分印证③。

20 世纪 90 年代初，澳大利亚学校体育被认为正处于危机之中，这种担忧引起了澳大利亚联邦政府的高度重视，1992 年参议院专门组织了委员会进行全国范围的学校体育调查和评估，史称"1992 参议院调查"（1992 Senate Inquiry），调查结果证实了澳大利亚 90 年代的"学校体育危机"。调查结果表明，缺乏合格

① Macdonald Doune. The role of proletarianization in physical education teacher attrition [J]. Research Quarterly for Exercise & Sport, 1995, 66 (2): 129.

② Macdonald Doune. Knowledge, power and professional practice in physical education teacher education: A case study [J]. Salud Publica De Mexico, 1992, 83 (34): 670-677.

③ David Kirk Doune. The social construction of pedagogic discourse in physical education teacher education in Australia [J]. Curriculum Journal, 1997.

体育教师是导致学生运动技能和身体素质急剧下降的重要原因之一①。针对这一危机，参议院建议应首先制定详细的体育课程政策文件，此时又适逢《8个关键学习领域的国家声明与文件》的出台，这些文件和建议促使体育成为以“健康与体育”为标志的更广泛的学习领域②。1999年，“健康与体育”正式被确定为《关于21世纪学校教育国家目标的阿德莱德宣言》中的八个关键学习领域之一。由此，“体育”逐渐淡出官方和学术视野，“健康与体育”成为传统体育教育领域的唯一代名词，健康与体育教育课程政策成为21世纪健康与体育教师教育发展与改革的重要引领。总体而言，这一时期虽然教育教学知识在体育教育专业中的核心地位被运动人体科学知识所替代，但初步奠定了现代澳大利亚体育教师教育的基本雏形，对澳大利亚体育教师教育的发展产生了深远影响。

（五）改革发展期（21世纪至今）

20世纪末，批判教学法和批判教育学理论的兴起促使学校体育科研人员开始利用批判性、后结构主义和后现代理论来审视体育教育中的各种问题，其核心观点认为学校体育与年轻人生活的社会和文化环境脱节，故要求体育课程进行重新定位，以满足在快速变化的时代成长的后现代青年的健康与体育需求③。此外，批判性和后现代性理论同样影响着人们对于“健康”的理解，过去只注重生物医学定义的健康被“健康的社会观点”所取代，后者强调将健康置于社会和文化背景中，认为个体的健康不仅仅依赖于个体自身的行为和观念，更取决于社会和文化的包容性和支持性环境④。为此，许多健康与体育大纲和课程文件开始基于社会文化的视角进行建构。如，1999年的昆士兰健康与体育教学大纲和2014年澳大利亚正式出台的历史上第一个全国性健康与体育课程标准均以社会正义的多样性、公平性和支持性环境为原则，强调“健康与体育课程让学生参与批判性

① Australian Education Council. A statement on health and physical education for Australian schools［R］. Carlton, VIC: Curriculum Corporation, 1994.

② Lynch Timothy. Health and Physical Education (HPE): Implementation in primary schools［J］. International Journal of Educational Research, 2015 (70): 88-100.

③ Sydnor Synthia. Critical postmodernism in human movement, physical education and sport［J］. Journal of the Philosophy of Sport, 2000, 27 (1): 108-110.

④ Cliff Ken. A sociocultural perspective as a curriculum change in health and physical education［J］. Sport Education & Society, 2012, 17 (3): 293-311.

的探究过程，在此过程中学生们将批判性地分析和评估影响决策、行为与行动的环境因素，并探究包容性、权力不平等、假设、多样性和社会公正"①，由此可见，社会文化理念已深深融入健康与体育课程和教学。在此影响下，1999 年澳大利亚在《阿德莱德宣言》中正式将健康与体育列为 21 世纪学校教育关键的八大学习领域之一，并要求健康与体育教师提供包含体育活动、健康和个人、社会发展在内的高质量健康和体育课程。

然而，正是由于健康与体育课程的引入使得健康与体育教师教育领域的问题越来越突出，特别是接受人体科学知识本位教育的体育教师很难支撑健康与体育课程所凸显的社会文化价值观，甚至被描述为对社会问题不敏感、精英主义者、性别歧视者、"务实怀疑论者" 和反知识分子。为此，教师教育者试图通过批判教育学向健康与体育职前教师介绍社会批判课程的一些思想和原则，也有学校试图通过建构新的课程体系来培养具有"社会学想象力" 的毕业生，但没有得到热烈的响应和欢迎，其主要原因在于体育教师对于自身身体活动实践者的身份有着强烈的情感承诺，矫枉过正反而会给体育教师带来本体论安全的挑战②。总体而言，21 世纪澳大利亚健康与体育教师教育逐渐走出了唯运动科学知识论的囹圄，在后现代生活的不确定性和偶然性影响下趋于丰富和多元，但社会文化本位的健康与体育教师教育已初见端倪，极有可能成为未来澳大利亚健康和体育教师教育改革与发展的重要引领和主流趋势。

二、澳大利亚健康与体育教师教育项目的框架内容

现如今，澳大利亚健康与体育教师教育项目在办学方式和理念上极力彰显自身的办学特色，整合方式也灵活多样。因此，为确保澳大利亚高校健康与体育教师教育项目的代表性、客观全面反映澳大利亚高校健康与体育教师教育的整体概况，研究在遴选澳大利亚体育与健康教师教育项目的过程中主要遵循以下标准：

---

① Australian Curriculum, Assessment and Reporting Authority. The shape of the Australian curriculum: Health and physical education [EB/OL]. [2020-06-20]. https://acaraweb.blob.core.windows.net/resources/Shape_of_the_Australian_Curriculum_Health_and_Physical_Education. pdf.

② Tinning Richard. Rethinking the preparation of HPE teachers: Ruminations on knowledge, identity, and ways of thinking [J]. Asia-Pacific Journal of Teacher Education, 2004, 32 (3): 241-253.

①高校必须具备由澳大利亚教学与学校领导协会（Australian Institute for Teaching and School Leadership，AITSL）或所在州教师教育专业委员会认证的健康与体育教师教育项目；②以澳大利亚行政区域划分在各州或领地选取一所学校；③选取在 2020 年 QS 世界大学体育学科排名靠前的学校；④优先选取拥有悠久办学历史和较好社会声誉的健康与体育教师教育项目。综上，共选择以下六所学校的健康与体育教师教育项目（详见表 3-1）。

表 3-1　　　　**澳大利亚健康与体育教师教育项目基本概况**

项目名称	学校	所在区域	认证机构
健康、运动与体育教育（荣誉学位）（Health，Sport and Physical Education）（Honours）	昆士兰大学（UQ）	昆士兰州	昆士兰教师学院
健康与体育教育（Health and Physical Education）	悉尼大学（US）	新南威尔士州	新南威尔士教育标准局
健康与体育教育（Health and Physical Education）	迪肯大学（DU）	维多利亚州	维多利亚教学协会
健康与体育教育（小学 1-10 年级）（Primary，1-10 Health and Physical Education）	默多克大学（MU）	西澳大利亚州	西澳教师注册董事会
健康与体育教育（Health and Physical Education）	塔斯马尼亚大学（UT）	塔斯马尼亚州	塔斯马尼亚教师注册董事会
健康与体育教育（小学）（Primary，Health and Physical Education）	堪培拉大学（UC）	首都领地	教师质量协会

职前教师的培养是一个长期且连贯的过程，从对职前教师的入学选拔到专业的人才培养方式及内容，再到对专业毕业生的质量把控，一个逻辑清晰、衔接紧密的人才培养链条是保证教师教育质量的必备条件和基础。从可操作性定义来看，准入标准、课程设置和毕业要求分别代表了职前教师教育的“入口”“加工”“出口”的关键内容，基本涵盖了职前教师培养的整个过程。因此，研究从准入标准、课程设置和毕业要求这三个方面对比澳大利亚职前健康与体育教师教

育项目不仅有利于更加全面地呈现澳大利亚职前健康与体育教师教育的现实图景，同时也有利于更好地把握澳大利亚健康与体育教师培养的完整逻辑。

（一）准入标准

澳大利亚职前教师教育准入标准通常包含学术条件和非学术条件两个方面。学术条件主要参考学生高中时期的学习成绩或排名，其中以澳大利亚高等教育入学排名（Australian Tertiary Admission Rank，简称“ATAR”）最具代表性，相当于我国的高考成绩，ATAR 范围从 99.99 至 0，ATAR 越高即代表成绩或排名越靠前。除此之外，英语水平及相关专业的课程成绩要求也是高校在录取职前教师过程中所参考的能够反映学生学术成绩的重要指标。职前教师准入的非学术要求主要是指学生进入教师行业的动机、意愿、品行等，其考核方式多样，通常由州或学校组织实施。

1. 学术成绩要求

通过分析澳大利亚六所高校历年健康与体育教师教育项目准入学术条件（以 2019 年为例，详见表 3-2），总结得出澳大利亚职前健康与体育教师准入的学术要求具有以下共性规律：①学术成绩要求高，所有健康与体育教师教育项目准入的最低 ATAR 均高于学校招生的平均水平；②增设专业课程成绩要求，在 ATAR 的基础上，几乎所有健康与体育教师教育项目均提出了部分课程成绩要求以有针对性地遴选职前教师；③高度重视英语水平，专业要求中几乎所有健康与体育教师教育项目均对申请者的英语水平作出了相应要求和规定。此外，不同健康与体育教师教育项目在专业要求上也表现出一定的差异，如 DU、UC 强调申请者的数学成绩，UQ 则要求申请者必须具备理科（生物、物理和化学）修习背景。

表 3-2　　**健康与体育教师教育项目准入学术条件（2019 年）**

学校	最低分数（ATAR）	专业要求
UQ	82	12 年或与之相当的英语、数学及生物、物理、化学（三选一）课程学习
US	80	高中至少有三门课程成绩达到 Band 5s（新州高中课程成绩分为 Band1-Band6，Band6 为最高成绩等级）或与之相当的成绩，其中一门必须为英语

续表

学校	最低分数（ATAR）	专业要求
DU	70	参考高中数学成绩；第二外语英语的学习成绩至少为35分或其他英语学习25分（满分为50分）
MU	70	ATAR的英语课程成绩达到总分的一半以上（或与之相当的英语成绩）
UT	65	/
UC	60	修完英语和数学课程并到达及格水平

2. 非学术能力要求

由表3-3可以看出，澳大利亚健康与体育教师教育项目均采用一定的方式对申请者的非学术能力进行考核，其考核内容主要包括申请者从事健康与体育教师的兴趣及动机、沟通与协作能力、语言与解决问题能力以及个人品质与自我管理等，即集中体现了对申请者从事健康与体育教学的意愿与适合性的关注。从考核或评估的形式而言，六所高校大多以网络问卷调查自我报告或陈述的方式为主，同时也有学校采取了别样的考核方式，如DU基于计算机的个性特征测试和MU虚拟现实技术的应用，充分证明了高校对于教师教育申请者的非学术能力的高度重视。

表3-3 **健康与体育教育项目准入非学术能力评估框架**

学校	评估工具	评估形式	评估内容
UQ	网络问卷调查	个人报告/陈述	成为教师的动机和适合性、个人参与的学习和社团活动
US	网络问卷调查	个人报告/陈述	选择教师职业的兴趣、动机，领导与社团活动能力，自我时间管理与协调能力，解决问题的能力
DU	基于计算机的个性特征测试（computer-based assessment for sampling personal characteristics，CASPER）	场景问答（CASPer由8个视频场景和4个文本场景组成，每个场景后有三个开放式问题）	沟通、协作、道德、善良、解决问题、专业素质、公平、动力

续表

学校	评估工具	评估形式	评估内容
MU	虚拟现实技术（Sim-Lab 软件）	体验式教学	语言与词汇能力、应变能力、人际交往沟通能力、教学自我效能
UT	网络问卷调查	个人陈述/报告+多项选择	对《澳大利亚教师专业标准》的认识以及对所申请课程的理解和动机
UC	网络问卷调查	书面问答	成为教师的动机及愿景、参与的个人领导和社团活动、个人时间管理与解决问题的能力、团队协作能力

（二）课程设置

澳大利亚健康与体育教师教育项目课程门类众多、内容丰富，不同学校虽然在课程权重的表达与计算上有所差异，但从课程数量而言，每所学校所开设的健康与体育教师课程基本保持在 32～38 门，同时还规定了一定时间期限的教育见习、实习。通过分析课程目标、课程摘要、课程描述等内容，可将澳大利亚健康与体育教师教育项目的课程划分为以下类型：①教师教育类课程，即为培养健康与体育师资所开设的“教育类”课程，主要分为教育学类课程与专业教育教学理论课程；②通识教育类课程，主要指为提高受教育者社会知识与适应能力所开设的教育课程，包括文学素养、算术及科学知识普及类课程；③专业教育基础课程，分为体育专业课程与健康教育课程，体育专业课程主要包含运动力学、运动人体解剖与生理、体育心理学、体育文化、体育教练、身体活动、社区体育、体育理论等相关课程，健康教育课程主要包含健康理论知识、健康课程、身体活动与健康促进、饮食与营养、性与性健康等相关课程；④第二教学领域或其他教学领域课程，即除健康与体育教学领域之外的学科教学类基础课程，涉及数学、科学、英语、艺术等多个学科；⑤专业实践类课程，指健康与体育教育领域的实践课程，主要包括运动能力习得类实践课程和专业教育教学类实践课程。

由表 3-4 及综合分析所有课程内容后发现，澳大利亚健康与体育教师教育项目的课程设置具有以下特点：其一，教师教育类课程占比较高，且以教育学类课

表 3-4　**健康与体育教师教育项目课程设置概况**

学校	教师教育课程（%）	通识教育课程（%）	专业基础教育课程（%）		第二教学领域课程（%）	专业实践课程（%）	总学分（Unit/CP）①	教育见习、实习
			体育专业课程	健康教育课程				
UQ	14（21.9）	4（6.2）	24（37.6）	10（15.6）	4（6.2）	8（12.5）	64（U）	超过 100 天
US	72（37.5）	0（0）*	48（25.0）	30（15.6）	24（12.5）	18（9.4）	192（CP）	560 小时+140 小时的社区服务
DU	8（25.0）	0（0）*	10（31.25）	6（18.75）	6（18.75）	2（6.25）	32（U）	80 天
MU	30（31.25）	6（6.3）*	15（15.6）	3（3.1）	30（31.25）	12（12.5）	96（CP）	12 个月
UT	125（31.25）	25（6.25）	75（18.75）	50（12.5）	50（12.5）	75（18.75）	400（CP）	80 天
UC	51（53.13）	9（9.38）*	9（9.38）	9（9.38）	15（15.61）	3（3.12）	96（CP）	80 天

注：①Credit Point 为学分，Unit 为学习单元，二者均可代表课程权重；“*”表示该门类所包含课程《文学》与《算术》（或《文学与算术》）课程学分为 0。

程为主。澳大利亚健康与体育教师教育项目的教师教育类课程比重均达到20%以上，且大部分教师教育类课程并非仅局限于专业教育教学领域，而是以适用于所有学科教学领域的教育学类课程为主，涵盖教育教学原理、教材教法、课程教学与评价、教学准备与课堂管理、教育心理学、教师专业发展、全纳教育等多个方面。其二，通识教育类课程比例偏低，课程方向较为集中。澳大利亚健康与体育教师教育项目的通识教育类课程占比均低于10%，甚至有部分学校开设的通识教育课程不占学分或学分为零，此类课程主要为针对“初任教师文学与算术能力测试（Literacy and Numeracy Test for Initial Teacher Education Students，LANTITE）所开设的“文学”与“算术”（或“文学与算术”）类课程。其三，高度重视专业基础教育课程，健康教育课程内容覆盖面广。由上表可以看出，绝大部分健康与体育教师教育项目的专业基础教育课程占比能达到40%，其中以体育专业课程为主，健康教育类课程次之。诚然，健康教育类课程的占比并不十分突出，但其涉及内容十分广泛，包括营养、饮食、健康教育理论、健康教育课程与教学、健康促进、性与性健康、社区健康等多个方面。其四，均设第二或其他教学领域课程，课程教学强调基础性与实践性。澳大利亚职前健康与体育教师教育项目均要求学生在学习健康与体育学科专业知识的同时选修或必修其他一个或多个学科教学领域的课程进行学习，通常情况下为英语、数学或科学，且主要以学科基础和实践课程为主，如“初中科学课程”“数学教学实践”等。其五，教育实践时间充分，且贯穿学习始末。澳大利亚健康与体育教师教育项目均设置了较长时间的教育见习、实习，从学生入学的第一年开始至第四年毕业，学生的教育实践时间、机会和任务会随着学习和经验的不断积累而增加，直至最后一年完全承担一定时期的专业教学。

诚然，澳大利亚健康与体育教师教育项目课程体系存在一定的共性规律，但同时也表现出较为明显的差异和个性特征：

UQ 的专业基础教育课程体现出明显的自然科学主义倾向。UQ 十分重视专业基础教育课程，其内容以自然科学类课程为主，如运动解剖学、生物力学、运动生理学、运动生物学与营养科学、运动心理学等，此类课程在专业基础教育课程中占比高达64.7%，这也正呼应了 UQ 准入标准中对申请者理科教育背景的关注。

US 课程体系更加强调学生的服务研习（Service Learning）和社区参与。相较于其他健康与体育教师教育项目而言，US 开设了更多的社区体育与健康相关课程，如公民健康权利、社区卫生问题中的健康促进、专业参与与领导等。此外，US 在每学年均开设了“服务学习——社区参与”课程，学生需要完成共计 140 小时的服务研习和社区参与，进一步深化了学生社区体育与健康知识和工作能力。

DU 高度重视健康教育类课程。由表 2-4 可以看出，DU 的健康教育课程在健康与体育教师教育项目的课程体系中占比最高，达到 18.75%。此外，DU 健康教育课程内容的覆盖范围在六所高校的健康与体育教师教育项目中也是首屈一指，从学校健康教育教学到家庭、社区健康，从受教育者的营养、成长与发展到健康与人类发展，从青少年健康与体适能到性教育与关系教育，其对健康教育课程的重视程度可见一斑。

MU 的课程体系凸显全科教师教育理念。如前所述，澳大利亚健康与体育教师教育项目均开设了第二（或其他）教学领域课程，以此拓展体育与健康教师的教育教学能力和职业选择。不同的是，MU 并未像其他学校一样为学生提供一至两门学科的其他教学领域课程，而是提供了涵盖 1～10 年级（幼儿园及小学）全学科的教育教学必修课程，如英语与文学教学、科学教学、数学教学、艺术教学、人文与社会科学教学及跨学科教学专业实践等，其全科教师教育理念不证自明。

UT 更加注重专业实践类课程。从课程比重上来看，UT 的专业实践类课程占比最高，达到 18.75%，其课程内容主要包括运动技能学习、健康与体育应用教学等。此外，UT 并不局限于通过教育见习、实习来培养学生的实践能力，而是采用专业理论学习与教育实践相结合的教学方式，第一时间促进了学生专业理论知识与教育教学能力的转化，充分体现了其专业课程学习的实践性。

UC 十分强调教师教育类课程。在六所学校中，UC 的教师教育类课程占比最高且十分突出，达到 53.13%，课程内容涵盖教师专业发展、教育心理学、教学准备、教学评价、课程设计、课堂环境、课堂组织与管理、现代教学技术等多个方面。此外，UC 课程还十分注重培养学生的教育素养，专门开设了教育者的双语素养、教育者的文学素养、教育工作坊等课程，蕴含了较为深厚的教育学底蕴。

（三）毕业要求

澳大利亚健康与体育教师教育项目的毕业要求基本趋于一致，主要可分为硬性规定和软性要求两大类。硬性规定是指完成课程或学位所必须具备的条件，具体包括：①必须完成并通过相应学分或单元的课程学习以及规定时长的教育实践；②必须通过澳大利亚 LANTITE 测试；③在全面开始教育实习前，学生必须获得急救和心肺复苏证书，在开始可能涉及儿童或青少年的课程之前，学生必须获得并持有蓝卡（参加青少年工作的个人犯罪记录调查）。软性要求主要指教师教育机构所制定的课程学习成果标准，即描述了毕业生在完成课程时所应具备或展示的知识和能力。实际上，课程学习成果标准的主要目的是更好地引导学生在校及未来的学习和专业发展，并为雇主招聘提供一定的参考和指引。因此，并没有相对严格的程序和规范来检验毕业生是否达到了标准，也就是说该标准对于毕业生并没有制度上的约束，且从标准内容也可以看出（以 DU 为例，详见表 3-5），该标准的指标和条目较宏观，并不具备较强的可操作性和可测评性。

表 3-5　　**DU 健康与体育教师教育项目毕业生学习成果**

指标	具体描述
学科专业知识和能力	在健康、体育和其他教学领域获得广泛而连贯的理论知识
	将当代课程设计原则、教学法和评价法应用于健康与体育教学之中
沟通	使用一系列口头和书面交流技巧将知识和技能传递给学校课堂上和社区的其他人
科技素养	利用一系列技术收集、分析、综合和评估信息，以便在瞬息万变的全球环境中进行教学
辩证性思维	运用辩证性思维和分析能力，确定教学、学习和评估实践中不可预测的、有时是复杂问题的解决方案，以适应不同的环境和学习者
问题解决	展示识别学生知识储备、学习优势和劣势的能力，并制定一系列有效管理多样化课堂学习的策略
自我管理	了解反思性实践的重要性，以便为健康、体育和其他教学领域的学生规划和提供连贯的教学和学习体验
	在健康和体育教学环境中，在个人和协作专业实践中，以自主性和责任感做出完善的判断
团队协作	与同事、其他专业人士和更广泛的社区成员一起合作性地工作和学习
全球视野	培养对多元文化和包容性教学法的理解以保持教学伦理

三、澳大利亚健康与体育教师教育的特点

通过对比分析澳大利亚代表性健康与体育教师教育项目的准入标准、课程设置和毕业要求可以看出，不同健康与体育教师教育项目之间不仅存在一定的共性规律，同时彰显出一定的自身特色，基本涵盖了澳大利亚职前健康与体育教师教育的主要内容。在此基础上，进一步总结归纳澳大利亚职前健康与体育教师教育的特点，主要体现为以下几个方面：

（一）准入门槛高，学术成绩与非学术能力并重

澳大利亚教师教育项目对申请者学术成绩与非学术能力的考核要求源于2015年AITSL修订的《职前教师教育项目认证标准》（以下简称《标准》），《标准》明确要求所有进入教师教育项目的申请者必须具备“在未来专业教学实践中取得成功的学术和非学术条件”，与此同时，职前教师准入标准及遴选机制也是AITSL规定的教师教育项目专业认证过程中的重要评估指标之一①。可以看出，澳大利亚职前健康与体育教师申请者不仅需要在学术成绩上取得一定的成功，同时也应具备潜在的专业能力和基本的专业品行才有可能进入职前健康与体育教师之列，二者缺一不可。特别是对于申请者非学术能力的考核，澳大利亚教师教育机构采用自我报告、计算机个性特征测试、虚拟现实教学等多样的测评方式使申请者的内隐特质和行为得以外显，改变了以往单一采用学术成绩或排名来筛选申请者的评价方式，形成了包含专业知识、专业能力和专业品行在内的三维职前健康与体育教师选拔模式，极大地促进了澳大利亚职前健康与体育教师质量的提升，为职前健康与体育教师的成长与专业发展奠定了重要基础。

（二）强调多学科教学领域专业人才的培养，育人目标多元

澳大利亚健康与体育教师教育项目均设置了第二或其他教学领域课程，可以看出，办学机构的人才培养定位并非仅仅局限于体育与健康教育领域，而是着眼

① Australian Institute for Teaching and School Leadership United. Accreditation Standards and Procedures［EB/OL］.［2021-12-13］. https://www.aitsl.edu.au/deliver-ite-programs/standards-and-procedures, 2020-06-20.

于培养多学科教育教学专业人才，其一方面可以丰富职前健康与体育教师的教学经验，有利于学生以不同的教学视角更好地把握体育与健康教育；另一方面也可以提升毕业生自身的就业竞争力，拓展毕业生的就业前景。此外，澳大利亚健康与体育教师教育在强调培养多学科教学领域专业人才的基础上，注重拓展办学思路，构建多元人才培养目标体系，形成了独具特色的育人理念，这不仅有效地避免了健康与体育教师培养的同质化倾向，更彰显了多元且鲜明的办学特色。如，MU 的其他教学领域课程涵盖英语、文学、科学、数学、艺术等多个学科，这与其育人目标定位于 1~10 年级（幼儿和小学）全科教育息息相关；再如，UQ 专业基础偏重自然科学类课程且占比高达 64.7%，源于其所提供的学士荣誉学位（相当于本硕连读）更加注重培养学生的科研素养。

（三）以一般教育教学能力为核心，促进体育与健康教育的有效融合

澳大利亚健康与体育教师教育十分注重培养学生的教育教学能力。首先，澳大利亚健康与体育教师教育项目的理论课程中，设置安排了大量的教师教育类课程，其中并非仅仅局限于学科专业教学领域，而是以广泛的教育学类课程为主。其次，在教育实践环节，澳大利亚健康与体育教师教育项目提供了充分的教育见习实习机会和时间，并秉承“由易到难、由零星到系统”的原则有序地将教育实践分布于职前健康与体育教师教育的整个生涯，直至毕业前学生能够完全独自承担中小学教学任务。从澳大利亚健康与体育教师教育课程设置中可以看出，其课程方向非常集中，主要包括教师教育类课程、专业基础教育课程和其他教学领域课程三个门类，而专业基础教育课程与其他教学领域课程的性质也极其相似，均为学科基础知识课程。这一特点也反映出澳大利亚健康与体育教师教育的基本逻辑，即立足于教育教学领域，以学生的一般教育教学能力为核心，推进跨学科教学领域之间的互相融合，其中就包含专业核心课程的体育与健康教育内容。显然，澳大利亚健康与体育教师教育并不仅仅关注体育与健康教育在学科知识、践行路径、价值追求等方面存在的交汇点，而是更加强调体育与健康教育在教育教学领域的融合发展。

（四）丰富职业技能，注重对毕业生成长与专业发展的引导

如前所述，澳大利亚健康与体育教师教育项目要求毕业生必须获得急救与心肺复苏证书才可进入真实的教学环境，这一方面体现了澳大利亚学校对学生生命

安全的关注，另一方面也有效地提高了毕业生的就业竞争力，丰富了体育与健康教师的职业技能。显而易见，急救与心肺复苏知识和技能本就与体育与健康教育存在着密切联系，这种职业技能证书获取的方式能够更有效地提高学生的学习动力和积极性，促进学生的自我成长与发展。事实上，在不确定性较多的开放式体育教学环境下，未来体育与健康教师掌握丰富科学的急救与防护知识与技能，实际上也是教师对自我的一种保护和负责，因为此举可以有效防止体育教育教学过程中生命安全事故的发生。此外，课程学习成果标准的制定也同样体现了澳大利亚健康与体育教师教育项目对未来体育教师成长和专业发展的人文关怀与考量。对于体育教师而言，大学毕业并不意味着学习生涯的结束，教育是一门艺术，需要不断地学习不断地积累，需要不断地更新和创造，毕业代表着职前教师教育阶段的结束，同时也代表着新的学习阶段的开启。课程学习成果标准虽然不具备可操作性，但却在宏观上为体育教师未来的成长与发展指明了方向，弱化了标准的工具性，有利于提升毕业生的创造性和可塑性，更好地引领毕业生的成长与专业发展。

第四章　法国体育教师教育体系研究

法国作为世界上最早建立师范教育制度并拥有悠久教师教育历史的国家，多年来已形成了一套成熟的体育教师培养体系。其中，雷恩高等师范学院、里昂高等师范学院最具代表，其与巴黎高等师范学院、萨克雷高等师范学院一同构成了法国师范领域实力最为突出的“高师”集团，为法国乃至欧洲输送了大批优秀体育教师。

一、法国体育教师教育的改革与发展

作为世界上最早建立师范院校的国家，法国不仅拥有悠久的师范教育历史，还在当今建立了一套较为成熟、完善的职前教师教育体系。同时，受益于历代政府所不断进行的完善、改革，大量具有积极价值的培养经验蕴藏于法国职前教师教育的各个领域，对整个欧洲乃至世界的教师培养都提供了良好的借鉴参考。但事实上，通过梳理法国教师教育的发展历史，不难发现当下法国职前教师教育体系的建立经历了长时间的路径探索。直至20世纪90年代，法国职前教师教育仍遵循着“双轨制”的培养模式：各级教师的培育分别由两类差异鲜明的高等院校各自负责，同时教师资格获取方式以及考核制度也各不相同，混乱、纷杂的培养体系造成各类隐患潜藏于教师教育领域之中。在“双轨制”的弊端逐渐显露以及教育危机迅速蔓延的背景下，法国政府在后期开始着手建立全新的职前教师教育体系。最终，通过一系列针对性改革的实施，法国政府逐步将全体教师纳入统一、协调的培养模式之内，并以此建立了“一轨制”的职前教师教育体系。总体而言，“双轨制”向“一轨制”的转变不仅是法国职前教师教育体系发展进程中最为关键的变革，同时还推动了其他相关各个领域的调整，对后来法国职前教师教育体系的建立带来了深刻的影响。

(一)"双轨制"形成的背景

法国"双轨制"的高等教育体制肇始于法国政府抵抗传统教会对高等教育的封建统治，在中世纪至文艺复兴之前，教会对法国的大学施以了严苛的压迫，神学、宗教学占据了法国高等教育的主流地位，新哲学、自然科学等新兴学科难以获得正常的发展空间①。而为扭转高等教育的日趋保守、衰弱，法国政府寄希望于在传统大学之外，建立各类不受教会封建管理的新型高等院校（即现今精英院校的前身），从而弥补高等教育在新兴学科内的发展，并以此改善高等教育质量、迎合时代的进步需求。

16 世纪至 19 世纪，如法兰西公学院（1530 年）、法兰西文学院（1653 年）、法兰西碑铭学院（1663 年）、法兰西科学院（1666 年）等大批全新的高等院校在法国政府的扶持下诞生②，并在短时间内实现了迅速发展。在拿破仑第一帝国政府执政伊始，法国正式建立了统一的教育管理行政机构——帝国大学（L'Université impériale），对各类符合新潮教育思想的精英院校实行中央集权、分级管理，动用国家力量继续推动其快速发展。同时，法国政府摒弃了传统教会对高等院校所实行的严苛、封建管理，在教育领域给予其充分的学术自由、教学自由③④。在此影响下，各类新型院校在教学领域不仅拥有了极大的自主权，还因政府的重点扶持而迅速成长为不同领域内的精英院校。与之相对的，那些受传统教会所控制的大学院校，因自身受到政府的轻视且不符时代发展潮流而逐渐走向衰败，与政府新办院校间的差距愈加明显。两类院校相互间所形成的巨大反差，催化了法国"双轨制"的高等教育体制逐渐成形，而其最为鲜明的特征即是大众、平民性质的普通大学和专业、顶尖性质的精英院校（现也称为"大学校"）共同组成了法国的高等教育系统，前者负责大众知识的普及，后者则聚焦高新领域的研究，两者泾渭分明形成了极具特色的高等教育局面。

---

① Hastings Rashdall. The Universities of Europe in the Middle Ages [M]. Volume I. Oxford: Oxford University Press, 1977: 275-276.

② Pierre Fontes L'intégration des IUFM aux universités illustrée par un exemple [J]. Reflets de la physique, 2008.

③ （加）约翰·范德格拉夫等编著．学术权力——七国高等教育管理体制比较［M］．王承绪，张维平等译．杭州：浙江教育出版社，2001：55.

④ Fraser W R. Reforms and Restraints in Modern French Education [M]. London: Routledge & Kegan Paul Ltd, 1971: 27, 25, 44, 4.

（二）“双轨制”下的法国教师教育体系

在职前教师教育领域，受“双轨制”的影响，传统法国各个学段的教师分别由教育水平差异明显的教育机构各自负责培养：初等师范学校（Ecole normale d'instituteur）培养小学教师；地区教育中心（Centre pédagogique régional）培养初中及高中教师；国家师范实训学校（Ecole normale nationale d'apprentissage）培养职业技术中学教师（法国的职业技术院校属于私立精英院校），其中除初等师范院校外，另外两类均是法国具备浓厚精英教育特征的顶尖院校，并且中学教师大多为贵族、政要等上层阶级的子女，小学教师则来自普通平民。在此影响下，法国各个学段的教师在身份、待遇上差异巨大，同时因院校质量不一而造成了教师培养效果参差不齐。

而对于教师资格的获取，传统法国小学教师仅需通过法国的高中会考，再取得 BAC 毕业学历（类似于我国的高中毕业学历）后即可参与院校自主组织的教师选拔；而中学教师在通过高中会考后须继续完成本科阶段的进修，在获得本科学历之后，才能参加由国家统一安排的教师资格考试以获得中学教师资格。

（三）“双轨制”向“一轨制”转变的动因

事实上，“双轨制”的存在给法国职前教师教育领域带来了诸多的弊端，其不单单扰乱了法国各级教师的培养模式，还导致法国整体教师队伍质量一直陷于泥沼难以获得质的提升①。同时，法国政府赋予高等院校的自主权在后期导致各类院校逐渐挣脱了政府管辖，缺乏外部监督的院校教学开展、课程设置陈旧落后，教师培养质量与社会的快速发展严重脱轨。随着各类问题的不断累积，潜在危机逐渐由教育层面扩散至整个社会领域，在法国社会内部埋下了巨大的隐患。

首先，由于各级教师的培养分散于两类教学实力差异明显的高等院校，教师培养效果难以得到良好的保障。同时，“双轨制”的培养模式，造成法国对各学段教师的资格获取设置了不同的学历要求、考核制度。多种因素叠加下，法国教师队伍内部产生了明显的教师素养差异，法国基础教育质量也因此受到严重影响，青少年的文盲率、辍学率居高不下，法国民众对于教育领域逐日累积的不满

① Alain Bienayme. Systems of Higher Education: France [M]. New York: Interbook Inc., 1978: 126, 130, 132.

成为当时较为尖锐的社会矛盾①。

其次，历史上法国政府为抵抗教会统治而创立的新型院校，在教学开展、人才培养等各个领域享有充足的自治权。但随着时代的发展，此类新型院校拥有了过于权威的教学自主权，长时间缺乏有效的管辖与监督②，造成院校在职前教师教育过程中逐渐与社会需求、时代发展脱节，教师的培养质量与日俱减。此外，自治犹如法国高等院校外围的一堵“高墙”，免疫了政府各类改革、优化措施，政府职权在高等教育体制内作用甚微③④，而在院校内部，自治使得各个院系掌握了独立开展自身教学的权利，各学院间形成了巨大的沟壑，大学被拆分成零散的研究机构。院校内部各个学院的分离，造成人才培养质量进一步受到限制，完成学业的毕业生难以适应社会环境而造成了大量青年学生失业。尤其随着二战后法国“光辉时代”的来临，战后人口、移民人数激增，法国社会对于高质量教师的需求迅速增加，但由于教师培养质量难以满足法国社会的快速更迭，教师队伍出现了严重的紧缺状况⑤。

最后，受“双轨制”的影响，面对不断累积的危机法国政府却难以实施集中、有效的管理，各类相形分散的培养机构不仅大大增加了法国政府统一管理的难度，更使得改革措施难以全面地渗透至各个院校之中，法国政府的职权发挥实则受到了极大的限制性⑥⑦。多重因素的叠加，最终引发了针对高等教育领域

① Bourdoncle Raymond. Lessard Claude Note de synthèse [Qu'est-ce qu'une formation professionnelle universitaire ? Les caractéris-tiques spécifiques: programmes, modalités et méthodes de formation]: Qu'est-ce qu'une formation professionnelle universitaire? Les caractéris-tiques spécifiques: programmes, modalités et méthodes de formation [J]. Revue française de pédagogie, 2003.

② Habiba S Cohen. Decade of Change and Crisis: The New French Universities Since 1968 [M]. Boulder: Westview Press, 1979: 148, 391, 276.

③ Bon Annette, Chartier Anne Marie. De la recherche-action à la recherche universitaire: le rôle de l'INRP dans la recherche en IUFM (1990-2008) [J]. Le français aujourd'hui, 2019, N° 204 (1).

④ Deronne Christine. Postures énonciatives du scripteur: le cas du mémoire d'IUFM [J]. Pratiques, 2011 (149-150).

⑤ Clavier Loïc. Évaluer et former à l'IUFM. Quelles évolutions de 1990 à 2010 [J]. Spirale. Revue de recherches en éducation, 2012, 49 (1).

⑥ Kerr Clark. The Uses of the University [M]. Cambridge: Harvard University Press, 1982: 97.

⑦ Epistémon. Ces idées qui ébranlèrent la France, Nanterre [M]. Novembre 1967-juin 1968, Paris: Fayard, 1968: 28-29.

的抗议运动。1968 年 5 月，法国爆发了波及全国的学生抗议运动（又称“五月风暴”），而此事件给法国各界带来了巨大的冲击，甚至法国时任总统二战民族英雄戴高乐也因此在事后宣布辞职。教育质量的不断降低、青年学生的失业浪潮、社会各界的深刻质疑，促使法国政府对高等教育体制的改革迫在眉睫①。

（四）“一轨制”下的法国教师教育体系

为解决“双轨制”给教师教育领域带来的种种危机以及不断激化的社会矛盾，法国政府开始逐步实施各项改革措施以建立协调、统一的“一轨制”职前教师教育体系：首先，法国政府开始设立全国统一的教师培养机构：1990 年，法国政府开始在全国各个学区内分别建立了一所 IUFM 学院（instituts universitaires de formation des maitres，教师培训学院），其统一承担所在学区内各级教师的培养任务，而其他各类师范院校皆被取缔或划编于 IUFM 学院之中②。其次，法国政府制订了全国统一的资格考核制度。各级教师的资格获取均须参与由国家设置的资格考试，同时学生通过考试均可获取任意学段的从教资格，以往中学教师资格被垄断的境况被随之打破③。此外，法国政府对教师的学历要求做出了统一规定。只有在完成三年的本科学习后，才可申请进入 IUFM 学院以接受专业培训，整体教师队伍的学历门槛从而被统一划定为本科④。至此，法国教师的职前培养机构、学历准入门槛、资格考核制度皆得到明显的统一，以往“双轨制”而造成的混乱境况被逐渐消除，法国职前教师教育体系向“一轨制”迈出了坚实的一步⑤。

随后，为进一步提升整体教师队伍的学历层次及培养效果，法国政府于 2005

① Patricia A Klinck. French Teacher Training: A Proposal for a New Pedagogy [J]. Canadian Modern Language Review, 1985, 41 (5).

② Pierre Fontes. L'intégration des IUFM aux universités illustrée par un exemple [J]. Reflets de la physique, 2008

③ Lapostolle. Guy. Chevaillier, Thierry. Between Necessity and Constraints: The Reform of Teacher Training in France (1999-2007) [J]. Higher Education in Europe, 2008, 33 (4): 457-470.

④ Christine Musselin. The Long March of French Universities [M]. New York: Routledge Falmer, 2004: 32.

⑤ Bourdoncle Raymond Universitarisation [J]. Recherche & Formation, 2007.

年颁布了《面向未来学校的方向与计划法》，其宣布 IUFM 学院以独立学院身份加入其所在学区内的一所高等院校，并正式负责各级教师硕士阶段的培养，以往在 IUFM 学院所接受的专业进修与硕士学位的获取开始挂钩；随后，2010 年 9 月法国政府正式颁布法规，规定法国各级教师在完成本科三年的学习后均须向 IUFM 学院提交入学申请，在完成为期两年硕士阶段的进修后才能获取教师资格。法国各级教师的职前教育模式也被统一确定为：三年本科阶段学习外加两年硕士阶段进修（即“3+2”模式）。

在经历上述一系列变革后，法国职前教师教育体系正式由“双轨制”转变为“一轨制”，法国不同学段教师间的素质差异被极大消除，优质的院校教育资源也得到了合理的重新分配，教师教育质量的明显改善不仅缓解了法国的教师紧缺危机，还促使教师职位的认可度在社会中得以快速提高。而“一轨制”除了有利于增加教师教育过程中的一致性，还随之促进了法国教师资格考核制度走向成熟、严密，“双轨制”下纷乱庞杂的考试形式被规范性的全通统考所取代，后备教师人才的筛选从此有了更加强有力的制度保障①。

二、法国体育教师教育体系的框架内容

从第四任总统密特朗执政开始，法国历任总统在当政期间对国家教育均给予了极大的关注②，并在数十年以来对法国教师的教育体制、教育模式、教育机构以及资格考核制度进行了大刀阔斧的改革，一套成熟的体育教师教育体系在法国最终得以确立并沿用至今。而体育教师在法国教师教育体系改革之初便受到了法国政府的“特殊关照”，如建立单独的体育教师资格考核制度、设立针对体育学科的教师类别。于是，法国体育教师的职前教育在改革浪潮的“红利”以及法国政府重点关注的双重影响下，由 20 世纪的混乱境况迅速成型为一套严密、成熟的教育体系，并源源不断地向法国、欧洲（大量欧盟籍教师选择在法国接受师范教育）输送高质量的体育教师人才。

① Guy Lapostolle, Sophie Genelota, Bonfils Béatrice Mabilon. Transversal training within secondary teachers'training in the face of current reforms in France [J]. Journal of Education for Teaching, 2009, 35 (3): 205-224.

② Hugh McDonnell. François mitterrand and the gray zone of vichy [J]. French Politics, Culture & Society, 2019, 37 (2).

INSPÉ 学院（前身为 IUFM 学院）是现今负责法国教师培养的教育机构。直至 2021 年，法国政府依据学区分布在国内一共建立了 32 所 INSPÉ 学院①，其中法国仅有的四所国立高等师范学院：里昂高等师范学院（Ecole Normale Supérieure de Lyon）、雷恩高等师范学院（École normale supérieure de Rennes）、巴黎高等师范学院（École normale supérieure）、巴黎萨克雷高等师范学院（École Normale Supérieure Paris-Saclay）是各类 INSPÉ 学院中实力最为突出的院校，并联合组成了法国高等教育历史上最负盛名的“高师集团”（ENS-group）②③。其中，里昂高等师范学院与雷恩高等师范学院（后文简称“里昂高师”“雷恩高师”）下设了专门的院系负责体育教师的培养，因此下文将聚焦里昂高师与雷恩高师的体育教师教育体系，全面分析此两所高师院校在体育教师教育过程中所实施的具体措施，深入探究其中蕴含的积极培养经验。

（一）里昂高师的体育教师教育项目

2010 年，法国政府为提升法国大学的整体排名并对高等教育施以有效的改革，提出了“卓越大学计划”(Initiatives d'Excellence，后文简称“IDEX 计划”)。根据 IDEX 计划的要求，里昂高师于 2020 年全面合并入里昂大学（Université de Lyon），并与另外一所根据 IDEX 计划加入里昂大学的院校——里昂克洛德-贝纳尔第一大学（Université Claude Bernard Lyon 1，后文简称“里昂一大”）共同负责体育教师的培养。根据法国现行的教育法规，里昂高师体育教师的职前培养遵循“3+2”培养模式，即三年本科的学习外加两年硕士阶段的进修。其中三年本科阶段的学习由里昂一大主要负责，两年硕士阶段的培养由里昂高师负责。其具体培养过程为：在本科入学时，体育教师须进入里昂一大并选择 STAPS 专业（sciences et techniques des activités physiques et sportives，身体活动科学、技术专业）完成为期两年的体育专业课程学习。在本科第三年专业划分时，选择 STAPS 专业下属的 SSEP 专业（sciences du sport et éducation physique，

---

① Ministère de l'éducation nationale de la jeunesse et des sports. Les Inspé pour former les futurs enseignants［EB/OL］.（2019-08-10）［2021-12-11］. https：//www. devenirenseignant. gouv. fr/pid33962/les-espe-pour-former-les-futurs-enseignants. html.

② Université Paris-Saclay. Organisation et gouvernance［EB/OL］.（2017-10-04）［2021-12-11］. https：//ens-paris-saclay. fr/.

③ L'École normale supérieure-PSL. L'ENS - PSL aujourd'hui［EB/OL］.（2017-10-04）［2021-12-11］. https：//www. ens. psl. eu/l-ecole-normale-superieure-psl.

体育科技与身体教育专业）完成本科最后一年的进修；本科阶段结束后，体育教师提出硕士入学申请并通过各类考核以进入里昂高师，选择 MEEF 专业（Métiers de l'Enseignement et de l'Éducation et de la Formation，教学、教育、培训专业）进行硕士阶段的学习，同时在硕士第一年结束时参加 CAPEPS 考试（certifiat d'aptitudeau prlfessoratd' ducation physique at sportive，身体活动教师资格考试）以获取体育教师资格，在完成为期两年的硕士阶段学习后便可在法国及欧盟正式成为一名体育教师。

1. 入学标准

（1）本科阶段入学标准

里昂高师体育教师在本科入学时，院校首先会对个人历史档案进行核查，主要审查内容包括是否存在社会违法记录、学业不良历史（如留级、挂科、作弊、退学）等，并将综合前期各学段教师档案、就读院校所编写的学生评价①②，需要说明的是，若存在不良行为记录，在本科入学时仍有概率获取录取资格；随后，院校会评估体育教师的 BAC 考试成绩（法国高中会考），达到录取标准的体育教师即可获得入学资格③④。

（2）硕士阶段入学标准

在完成本科阶段的学习后，体育教师须向里昂高师提出入学申请。里昂高师同样会首先审查体育教师的个人历史档案，但与本科阶段的入学审核不同，体育教师若存在任何违法及不良行为记录，都将无法获得硕士阶段的入学资格；其次，体育教师须出示本科所选择的专业类别及进修的课程，绝大多数情况下必须具备 STAPS 专业以及 SSEP 专业的进修历史；最后，体育教师本科阶段的学业成绩将会是里昂高师重点审查的内容，在入学审查时里昂高师将优先考虑本科阶段

① Ménjs. L'inscription au lycée [EB/OL]. (2021-06-05) [2021-07-18]. https://www.education.gouv.fr/l-inscription-au-lycee-11597.

② Ménjs. L'orientation en 3e et l'affectation en lycée [EB/OL]. (2021-07-10) [2021-07-15]. https://www.education.gouv.fr/l-orientation-en-3e-et-l-affectation-en-lycee-9257#Affelnet: _l'application%20nationale%20d'aide%20%C3%A0%20l'affectation%20des%20%C3%A9l%C3%A8ves%20au%20lyc%C3%A9e.

③ Ménjs. Bac2021: un tremplin vers la réussite [EB/OL]. (2019-12-05) [2021-07-16]. https://www.education.gouv.fr/bac-2021-un-tremplin-vers-la-reussite-1019.

④ Ménjs. Bac2021: toutes les informations sur le contrôle continu [EB/OL]. (2020-09-15) [2021-07-17]. https://www.education.gouv.fr/bac-2021-toutes-les-informations-sur-le-controle-continu-5462.

未有留级或重修记录的候选人。除此之外，里昂高师还会组织一系列额外的文化加试（concour）以考核体育教师的个人文化素养，而此类考试的成绩也将成为重要的入学参考指标①。

2. 培养目标

（1）本科阶段培养目标

在推行体育教师“硕士化”以来，法国教育部门期望通过本科及硕士阶段的培养，使体育教师具备独立开展、设计并评估体育与健康教育活动的能力，并帮助有特殊需要的人群（残疾、运动障碍等）进行适应性的体育行为。在2020年11月，法国教育部门在上述原有的培养目标上补充了新的内容：“使体育教师拥有促进个人未来职业生涯成功的交叉技能以及形成个人批判性的思维。”里昂高师在其体育教师本科阶段的培养过程中与里昂第一大学存在紧密的教学合作，与里昂大学共同制定了体育教师本科阶段四个主要的培养目标，并下设了五项更为具体的内容以相互补充、具体阐明（如表3-1所示）②③。

表4-1 **里昂高师体育教师本科阶段培养目标**

主要培养目标	一、在不同的体育活动、实践中提供安全、科学的指导 二、实施适合青少年、公众的体育干预措施 三、具备参与多学科团队合作的能力 四、使用信息、通信等不同的工具与从业者进行交流
具体培养目标	一、培养分析体育活动的技能，知识体系、专业素养得到发展 二、培养利用多种教学技能开展教学的能力 三、培养体育活动的设计能力，成为一个地区的体育活动促进者 四、培养安全技能，确保教学开展中所有人员的安全 五、培养对开展研究生学习、进修MEEF硕士学位具有关键影响的技能

① Ménjs. Après la trois, qu'est-ce que peut faire [EB/OL]. (2019-08-10) [2021-07-15]. http://quandjepasselebac. education. fr/apres-la-3e-quest-ce-que-je-peux-faire/.

② Université Claude Bernard Lyon 1. Licences du domaine STAPS: Sciences et Techniques des Activités Physiques et Sportives [EB/OL] (2020-04-20) [2021-07-15]. http://offre-de-formations. univ-lyon1. fr/parcours-39/education-et-motricite. html# .

③ Université Claude Bernard Lyon 1. Bienvenue à l'UFR STAPS Lyon 1 [EB/OL]. (2020-09-18) [2021-07-20]. https://ufr-staps. univ-lyon1. fr/.

(2) 硕士阶段培养目标

在培养目标的设置上，法国政府给予了各类院校充分的自主权，在不与法国政府所制定的总体高等教育计划相冲突的情况下，可根据所在学区自身特有的经济、人文环境设置符合地区实际情况的培养目标内容。而里昂高师结合体育教师的职业特征，在硕士阶段针对四个素质领域设置了针对性的培养目标（如表4-2所示）①②。

表4-2　　里昂高师体育教师硕士阶段培养目标

专业技能	培养分析、评估和指导体育教学的专业技能并准备 CAPEPS 考试
科研技能	培养独立科研及继续攻读 STAPS 博士学位的个人能力
实践技能	培养在理论学习与实践教学间的专业平衡素质
跨学科合作技能	培养在多个学科环境中教学、合作的跨学科技术能力

3. 课程体系

在里昂高师体育教师的职前教育课程体系中，主要有三种类型的授课方式：CM 课程（Cours Magistral）、TD 课程（Travaux Dirigés）以及 TP 课程（Travaux Pratiques）③。其中，第一类 CM 课程主要进行理论知识的讲解，其课程教师讲授该课程所包含的基础理论知识并讲解课程所涵盖的相关概念，属于理论类课程。第二类 TD 课程类似于习题课程，亦是指导课程。其主要与 CM 课程相互配合共同完成某一知识板块的教学，TD 课程的负责教师将针对 CM 课程所讲解的理论知识，设置相应的练习内容，并进行随堂练习、开展习题讲解。第三类 TP 课程与第二类 TD 课程较为相似，也属于习题类课程。但 TD 课程的练习内容多限于课堂之内，而 TP 课程以进行课堂外的实践活动为主且练习形式更具多样性，更

---

① Université Claude Bernard Lyon 1. Masters de préparation aux métiers de l'enseignement, de l'éducation et de la formation [EB/OL]. (2021-05-10) [2021-07-20]. http://offre-de-formations.univ-lyon1.fr/mention-786/metiers-de-l'enseignement-de-l'education-et-de-la-formation---second-degre.html#.

② Université Claude Bernard Lyon 1. Masters de préparation aux métiers de l'enseignement, de l'éducation et de la formation [EB/OL]. (2021-05-10) [2021-07-20]. http://offre-de-formations.univ-lyon1.fr/parcours-1141/meef-education-physique-et-sportive.html#.

③ Greuter M, Mandry P. Bien choisir sa classe préparatoire [M]. Paris: L'Etudiant, 2008: 100. http://offre-de-formations.univ-lyon1.fr/parcours-1141/meef-education-physique-et-sportive.html#.

贴近于实操类课程。而对于体育教师而言，TP 课程以实践教学、理论验真以及科研实验等将理论应用于实践的活动为主，也正因课程内容的特殊性，体育教师在课程中的实践表现以及个人所撰写的课程总结报告是 TP 课程主要的课程考核内容。简而言之，CM 课程属于理论讲解课程、TD 课程属于习题练习课程、TP 课程属于实践操作课程，在体育教师的课程体系中，大量课程是由两种甚至三种的课程类型组成，既有理论讲解部分也存在习题练习、实际操作，但最终的课程评定结果均侧重于 TD 课程以及 TP 课程的个人实际表现①。

（1）本科阶段课程

法国教育部门给予高校较大的课程设置自由权，各类院校可自由选择教材和教学方式，甚至可根据院校特点、发展需要开设具有地方特色的课程，但总体上仍需遵循法国高等教育的发展方向②。根据不同学段划分，体育教师本科前两年的课程主要由公共基础课程及 STAPS 专业课程组成；在本科第三年选择体育教学专业后，教育类课程会加入课程体系之中③④（如表 4-3 所示）。

表 4-3　**里昂高师体育教师本科阶段课程**

课程时间	课 程 名 称	课程开展	课程学分	课程类型
本科 第一学期	功能解剖学 A 部分	里昂一大	3	CM 及 TD
	运动生理学 A 部分	里昂一大	3	CM 及 TD
	发展心理学	里昂一大	6	CM 及 TD
	体育专项-1	里昂一大	6	TD 及 TP
	运动深化-1（选修课程）	里昂一大	6	TD 及 TP

① Bourdieu P. La Noblesse d'État, Grandes écoles et esprit de corps [M]. Paris: Les Éditions de Minuit, 1989: 400.

② Ménjs. Orientation scolaire: cadre national de référence entre l'État et Régions de France [EB/OL]. (2020-07-10) [2021-07-15]. https://www.education.gouv.fr/orientation-scolaire-cadre-national-de-reference-entre-l-etat-et-regions-de-france-7322.

③ Université Claude Bernard Lyon 1. Description de la formation: STAPS: Education et Motricité; Education et motricité [EB/OL]. (2020-05-10) [2021-07-15]. http://offre-de-formations.univ-lyon1.fr/parcours-39/education-et-motricite.html#.

④ Université Claude Bernard Lyon 1. Licences du domaine STAPS: Sciences et Techniques des Activités Physiques et Sportives Poursuites d'études et débouchés [EB/OL]. (2020-05-10) [2021-07-15]. http://offre-de-formations.univ-lyon1.fr/parcours-39/education-et-motricite.html#.

续表

课程时间	课 程 名 称	课程开展	课程学分	课程类型
本科 第二学期	体育专业中的信息技术	里昂一大	3	TD 及 TP
	体育专业化的特殊培训	里昂一大	3	TD 及 TP
	功能解剖学 B 部分	里昂一大	3	CM 及 TD
	运动生理学 B 部分	里昂一大	3	CM 及 TD
	现实体育及体育机构历史	里昂一大	6	CM 及 TD
	运动深化-2（选修课程）	里昂一大	6	TD 及 TP
	运动深化-3（选修课程）	里昂一大	6	CM 及 TD
本科 第三学期	体育活动中的表达和沟通	里昂一大	3	TD 及 TP
	英语	里昂一大	3	CM 及 TD
	运动生物力学	里昂一大	6	CM 及 TD
	社会科学在体育中的应用	里昂一大	6	CM 及 TD
	体育专项-2	里昂一大	6	CM/TD/TP
	专业选择辅导：STAPS 下属各专业实践	里昂一大	6	CM/TD/TP
	职业技能补充课程	里昂一大	6	CM/TD/TP
	多学科团队工作方法	里昂一大	6	TD 及 TP
本科 第四学期	神经科学与运动控制	里昂一大	6	CM 及 TD
	体育活动中的行为解释	里昂一大	6	CM 及 TD
	群体心理学与行为动机	里昂一大	3	CM 及 TD
	运动深化-4	里昂一大	6	TD 及 TP
	专业选择辅导：STAPS 下属各专业实践	里昂一大	3	TD 及 TP
	专业发展的跨学科支持技能	里昂一大	3	CM/TD/TP
	英语	里昂一大	3	CM 及 TD
本科 第五学期	学校体育与 3~10 岁儿童相关的教育政策	里昂一大	3	CM 及 TD
	社会历史分析（选修）	里昂一大	6	CM 及 TD
	心理学（3~10 岁儿童、青少年、成年人）	里昂一大	3	CM 及 TD
	APSA 多学科教学法-1	里昂一大	6	CM/TD/TP
	英语	里昂一大	3	CM 及 TD
	实践课程：视频分析和课堂观摩（20 小时）	合作机构	3	TP
	实践课程：实习讲座、课堂观摩（60 小时）	合作机构	6	TP

续表

课程时间	课 程 名 称	课程开展	课程学分	课程类型
本科 第六学期	所属学区学校体育政策	里昂一大	1	CM 及 TD
	与 3~0 岁儿童相关的教育政策	里昂一大	1	CM 及 TD
	地方学校体育现状及形式	里昂一大	1	CM 及 TD
	社会历史分析（选修）	里昂一大	6	CM 及 TD
	学生发育研究（儿童、青少年、成年人）	里昂一大	3	CM 及 TD
	APSA 多学科教学法-2	里昂一大	6	CM/TD/TP
	实践课程：观摩不同学段的体育教学（160 小时）	里昂一大	9	TP
	实践课程：科研开展方法（撰写论证）（20 小时）	所在学区 里昂一大	3	TD 及 TP

（2）硕士阶段课程

在完成本科阶段的学业后，体育教师将继续完成为期两年的硕士阶段的进修，其硕士阶段的课程体系包含理论课程以及各类教学实践课程（如表 4-4 所示）①②。在硕士阶段，里昂高师体育教师的教学实习课程主要分为三种：观察实习（Le stage d'observation）、伴随实习（Le stage de pratique accompagné）、独立实习（Le stage en responsabilité）。同时，里昂高师会与体育教师实习所在院校联合组成实习评估团队，其评定方式主要分为"持续评估"（Contrôle continue）与"终结评估"（Contrôle terminale）。其中，实习评估团队会不定期、多次数地对体育教师的教学实习开展"持续评估"，包括抽查实习情况、检查实习小结、核查出勤记录、组织个人面谈等各种方式。只有通过"持续评估"的审核，体育教师才具备参与该学期或该学年末的"终结评估"；"终结评估"由笔试考核和综合评定组成，笔试主要考察体育教师对于教学方法、课程设计等教学领域知识的掌

① Université Claude Bernard Lyon 1. Masters de préparation aux métiers de l'enseignement, de l'éducation et de la formation: Année un [EB/OL]. (2021-03-05) [2021-08-25]. http: //offre-de-formations. univ-lyon1. fr/parcours-1141/meef-education-physique-et-sportive. html#.

② Université Claude Bernard Lyon 1. Masters de préparation aux métiers de l'enseignement, de l'éducation et de la formation: Année deux [EB/OL]. (2021-03-05) [2021-08-25]. https: //www. devenirenseignant. gouv. fr/cid98897/la-2e-annee-de-master-meef. html.

握，而综合评定主要审查学生撰写的实习报告以及整体个人实习表现，在得到里昂高师以及实习院校的一致认可后，体育教师才可获得对应的实习模块学分。三类教学实习课程均不可补考，未按要求完成任何类型的教学实习课程，体育教师均须在第二年对此类教学实习课程进行重新进修直至通过。对于体育教师而言，教学实习课程与毕业学分紧密相连，只有按要求完成各类教学实习课程才能如愿获得硕士学位（后文雷恩高师体育教师的教学实习课程与此相同）。此外，在硕士第一年课程结束时，全体硕士一年级学生将参加全国统一的 CAPEPS 考试，未通过者将转为进修其他培养方向的课程（如攻读博士、转为从政等，后文将不再介绍此类学生的课程体系）。而通过考试的学生将获取体育教师资格，在完成硕士第二年课程的进修后就将正式走上体育教师的岗位。

表 4-4 **里昂高师体育教师硕士阶段课程**

课程时间	课 程 名 称	课程开展	课程学分	课程类型
硕士第一学期	社会历史基础与体育教师认识论-1	里昂高师	6	CM/TD/TP
	体育教育中的科学技术知识-1	里昂高师	9	CM/TD/TP
	APSA 教学知识论-1	里昂高师	3	CM/TD/TP
	APSA 课程教学	里昂高师	3	CM/TD/TP
	跨学科研究方法理论	里昂高师	3	CM/TD/TP
硕士第二学期	教学背景的研究与分析	里昂高师	3	CM/TD/TP
	英语	里昂高师	3	CM 及 TD
	社会历史基础与体育教师认识论-2	里昂高师	6	CM/TD/TP
	体育教育中的科学技术知识-2	里昂高师	6	CM/TD/TP
	体育教学活动中的问题分析与补救	里昂高师	3	CM/TD/TP
	APSA 教学知识论-2	里昂高师	6	CM/TD/TP
	学生学习条件的分析（3~10 岁儿童、青少年、成年人）	里昂高师	3	CM/TD/TP
	体育教学中数字工具的掌握与应用	里昂高师	3	CM/TD/TP
	实习课程：观察实习（60 小时）	合作机构	3	TP
硕士第三学期	设计体育课程以发挥公共效用（反暴力、反歧视等）	里昂高师	3	CM/TD/TP

续表

课程时间	课程名称	课程开展	课程学分	课程类型
硕士 第三学期	设计体育课程以解决特定问题 （健康、发育、合作等）	里昂高师	3	CM/TD/TP
	APSA 课程教学知识深化	里昂高师	18	CM/TD/TP
	体育教学中数字工具的掌握与应用	里昂高师	3	CM/TD/TP
	英语	里昂高师	3	CM/TD/TP
硕士 第四学期	实习课程：伴随实习（100 小时）	合作机构	12	CM/TD/TP
	实习课程：独立实习（200 小时）	合作机构	12	CM/TD/TP
	实习课程：实习分析（讲座、会谈、总结）	合作机构	6	CM/TD/TP

（3）毕业要求

2001 年法国“高等教育与研究委员会”（le Conseil national de l'Enseignement supérieur et de la Recherche）颁布决议，规定法国本科、硕士、博士阶段的所有课程均对照“欧洲学分转化系统”（European Credit Transfer System，ETCS）实行课程学分制，即完成每一门课程后即可获得对应的 ETCS 学分。同时，根据 2007 年法国教育部颁布的 LRU 法令（Loi sur les Libertés et Responsabilités des Universités），里昂高师体育教师想要获取学士学位，在本科三年的学习中须修满 180 个 ETCS 学分，且每年修得的 ETCS 学分不得低于 60；而对于硕士学位的获取，除了要修满 120 个 ETCS 学分之外，还须通过各类教学实习课程的审核并按要求完成硕士毕业论文①。

（二）雷恩高师的体育教师教育项目

与里昂高师相同，雷恩高师同为法国“高师集团”成员院校之一，其将帮助学生进行跨学科学习、鼓励学生接触跨学科领域作为其办学特色之一，并培养了大批具备跨学科素养、掌握跨学科技能的优秀体育教师。雷恩高师体育教师教育同样遵循“3+2”的培养模式，但与里昂高师较不同的是，雷恩高师在体育教师本科阶段与硕士阶段的培养过程中，与其所在的布列塔尼学区内其他院校建立了更为密切的教育合作，并依托其他院校的教育资源共同完成体育教师的培养任

① Marc Pilkington. The French evolution: France and the Europeanisation of higher education [J]. Journal of Higher Education Policy and Management, 2012, 34 (1): 40-43.

务。具体而言，体育教师在雷恩高师与上布列塔尼—雷恩第二大学（Université Rennes 2-Haute Bretagne，后文简称“雷恩二大”）的共同培养下完成本科阶段前2年的学习，在第3年划分专业时选择体育教育专业完成本科最后一年的学习；在本科阶段结束后，体育教师将在雷恩高师、雷恩二大以及勒芒大学（Le Mans Université）的联合培养下完成两年硕士阶段的进修。

1. 入学标准

（1）本科阶段入学标准

雷恩高师体育教师的本科入学审核与上文里昂高师较为类似，院校会对体育教师的个人历史档案以及前期学业评价进行综合评定，随后对体育教师的BAC考试成绩进行评估。在此之后，通过上述审核步骤的申请人须参加由雷恩高师组织的入学考试，雷恩高师会根据考试结果进行择优录取并根据考试结果向申请人提供专业选择上的建议，而未通过考试的申请人可以选择参加辅导班（prépa）准备来年的入学考核①。

（2）硕士阶段入学标准

与里昂高师相同，在硕士阶段的入学审核中若体育教师存在任何违法记录、不良行为，都将直接影响其后续的录取结果；此外，体育教师须向雷恩高师提供详细的个人简历以及申请报告，并获得三位教师的推荐；最后，体育教师还须提供本科阶段的成绩单，并附上各个学期的个人成绩排名，雷恩高师将综合各项数据进行择优录取②。

2. 培养目标

（1）本科阶段培养目标

由于雷恩高师体育教师本科阶段的培养由雷恩二大与雷恩高师共同负责，培养目标的设置也由两所高校共同制定，其培养目标主要由3个方面组成（如表4-5所示）③。

---

① Université Rennes 2. Diplôme d'université（DU）［EB/OL］.（2021-01-10）［2021-08-25］. https：//www. univ-rennes2. fr/formation/inscriptions-candidatures/diplome-duniversite.

② École normale supérieure de Rennes. Devenir normalien-ne étudiant-e［EB/OL］.（2021-05-06）［2021-08-25］. http：//www. sciencesport. ens-rennes. fr/devenir-normalien-ne-etudiant-e/.

③ Catalogue Des Formation. Licence mention Sciences et techniques des activités physiques et sportives（STAPS）parcours Education et motricité（Rennes）［EB/OL］.（2018-01-27）［2021-10-01］. https：//formations. univ-rennes2. fr/fr/formations/licence-22/licence-mention-sciences-et-techniques-des-activites-physiques-et-sportives-staps-JIECTHR1/parcours-education-et-motricite-rennes-JIEE1U2W. html # subProgramContent86278aed-04a3-4c3a-a5b4-af3b53094364-1.

表 4-5　　雷恩高师体育教师本科阶段培养目标

主要培养目标	（1）通过本科阶段连贯的教育项目，并联合学校课堂外的教育独立团体、培养环境，围绕体育艺术活动对未来的体育教师进行素质教育，使其对未来教师职业或硕士阶段的学习以及 CAPEPS 考试作好准备 （2）获得与体育艺术活动相关的所有学科领域（科技、机构、历史学、心理学、社会学、生理学、生物力学、法律等）的深入知识 （3）辅以特定的培养干预，使其具备开展其他方向特别是学校领域的合作教学

（2）硕士阶段培养目标

雷恩高师体育教师硕士阶段的培养虽由雷恩二大、勒芒大学以及雷恩高师三所院校联合承担，但培养目标主要由雷恩高师独立制定，其培养目标也分为 3 个主要的方面（如表 4-6 所示）①。

表 4-6　　雷恩高师体育教师硕士阶段培养目标

主要培养目标	（1）使体育教师在体育学科教育领域具备高水平的教学并培养潜在的研究型博士 （2）通过硕士阶段的培养使体育教师掌握体育在社会和文化的各方面内容，并具备以体育教师身份融入法兰西国民教育系统的能力 （3）享受不同学科的教学工程以熟悉人文学科和社会学科领域的研究重点，使其硕士学位适用于多学科的教学研究

3. 课程体系

在体育教师本科及硕士阶段的培养过程中，由于雷恩高师与其所在学区内其他院校存在紧密的教学合作联系，在课程教授的过程中主要有三种不同形式：一是，独立授课，课程的教授由雷恩高师或雷恩二大独立负责，课程内容由一个独立的板块组成；二是，院校合作授课，雷恩高师依托其他院校的教育资源共同完成课程的教授，此类课程通常由多个教学板块组成，且课程板块会依据不同院校所拥有的优势教育领域进行针对性的安排，如某一课程内的教学、教育领域内容

① Cursus du magistère. Magistère Sciences du sport et éducation physique [EB/OL].（2018-01-30）[2021-10-01]. http：//www. sciencesport. ensrennes. fr/versionfrancaise/navigation/formation/magistere-sciences-du-sport-et-education-physique-282401. kjsp？RH = 1204797173122.

会由擅长师范领域的雷恩高师负责，而拥有特色理工学科教育资源的勒芒大学则负责课程内理工学科内容板块的教授；三是，院校与实验室合作授课，雷恩高师与 M2S 实验室（Movement, Sport and health Sciences laboratory，运动、体育、健康科学实验室）和 VIPS2 实验室（Présentation de Violences, Innovations, Politiques, Socialisations et Sports，暴力、创新、政策、社会、体育实验室）共同负责某些课程的开展，同时某些教学实践、科研实践也会依据两所实验室所擅长的领域相应的展开①②。(如表 4-7 所示)

表 4-7 雷恩高师合作院校及机构

院校及机构名称	院校及机构性质	院校及机构擅长领域
雷恩二大	综合性大学	社会科学、人文科学； 心理学、历史学； 语言及地区文化学； 体育活动及运动研究
勒芒大学	综合性大学	商科及管理学； 数学、材料科学、计算机信息学； 生命科学、力学； 体育活动管理
M2S 实验室	科研机构（由临床医生、科研人员等组成）	细胞生物学、生理学、生物力学、信息学； 研究体育活动对人体健康和运动表现的影响； 预防健康障碍及慢性、高危疾病的体育对策； 体育活动中的生理学、病理学研究； 历史学、社会心理学、管理学、社会学
VIPS2 实验室	科研机构（由政府人员、科研人员等组成）	体育干预、政策法律研究、体育文化创新； 通过体育分析社会化进程及连带社会影响； 法国及世界政治行动对体育领域产生的效应

① M2S Laboratory. A multidisciplinary approach for health and performance [EB/OL]. (2018-01-20) [2021-10-05]. http://m2slab.com/.

② Université Renne 2. Présentation de Violences, Innovations, Politiques, Socialisations et Sports [EB/OL]. (2020-10-21) [2021-10-05]. https://intranet.univ-rennes2.fr/vips2.

（1）本科阶段课程

在本科前两年，体育教师将与 STAPS 专业内其他学生学习相同的课程；在第三年进行方向选择后，体育教师将针对性地学习体育教育方向的课程。在本科第五、第六学期，雷恩高师还设置了补充类课程，以丰富、完善体育教师的课程学习①②（如表 4-8 所示）。在本科第三年进行专业划分后，体育教师需要完成观察实习课程，其分为现场教学观摩与线上教学观摩。而为扩充教学实习资源，法国政府为体育教师提供了丰富的线上实习课程资源，如国家远程教育中心（CNED）、国家数字教育资源库（BRNE）等，法国体育教师可通过此类渠道线上学习有关实际教学的课程内容，并线上观看在职教师授课视频③④。

表 4-8　**雷恩高师体育教师本科阶段课程**

课程时间	课 程 名 称	课程开展	课程学分	课程类型
本科 第一学期	专业技能课程 （户外运动、羽毛球、皮划艇等）	雷恩二大	10	CM 及 TD
	跨学科课程 （生命科学、人文与社会科学）	雷恩二大	14	CM 及 TD
	跨学科课程及应用理论 （体育资源利用方法等）	雷恩二大	2	TD
	通用课程（语言）	雷恩二大	1	CM
	自选课程（语言）	雷恩二大	3	CM

① ENS. Licence 3 education motricité [EB/OL].（2017-12-06）[2021-10-07]. http://www. sciencesport. ens-rennes. fr/version-francaise/navigation/formation/licence-3-education-motricite-287442. kjsp? RH=1197900754792.

② ENS. Premier année Magistère Sciences du sport et éducation physique [EB/OL].（2017-12-05）[2021-10-07]. http://www. sciencesport. ens-rennes. fr/version-francaise/navigation/formation/1re-annee-magistere-sciences-du-sport-et-education-physique-287441. kjsp? RH=1197900754792.

③ Ménjs. Conduire ma classe à distance avec le CNED [EB/OL].（2021-08-20）[2021-08-25]. https://eduscol. education. fr/2671/conduire-ma-classe-distance-avec-le-cned.

④ Éduscol. D'autres ressources numériques pour la continuité pédagogique [EB/OL].（2021-07-20）[2021-08-25]. https://eduscol. education. fr/2016/d-autres-ressources-numeriques-pour-la-continuite-pedagogique.

续表

课程时间	课程名称	课程开展	课程学分	课程类型
本科 第二学期	专业技能课程 （户外运动、羽毛球、皮划艇）	雷恩二大	10	CM 及 TD
	跨学科课程 （生命科学、生物力学、心理学等）	雷恩二大	12	CM 及 TD
	跨学科课程及应用理论 （体育资源利用方法等）	雷恩二大	4	TD
	通用课程（语言）	雷恩二大	1	CM
	自选课程（语言）	雷恩二大	3	CM
本科 第三学期	专业技能课程 （户外运动、羽毛球、皮划艇等）	雷恩二大	10	CM 及 TD
	跨学科课程 （人体解剖学、人文与社会科学）	雷恩二大	14	CM 及 TD
	跨学科课程及研究方法 （体育与艺术资源运用）	雷恩二大	2	TD
	通用课程（语言）	雷恩二大	1	CM
	自选课程（语言）	雷恩二大	3	CM
本科 第四学期	专业技能课程 （户外运动、手球、柔道、羽毛球、皮划艇等）	雷恩二大	8	CM 及 TD
	跨学科课程 （生命科学、人文与社会科学）	雷恩二大	10	CM 及 TD
	跨学科课程及研究方法 （数据收集处理及翻译）	雷恩二大	7	CM 及 TD
	观察实习	雷恩二大	2	TP
	伴随实习	雷恩二大	3	TP
本科 第五学期	体育教学和艺术活动 （APSA 专业理论与实践）	雷恩高师	8	TD
	跨学科课程 （人文与社会科学、生物力学）	雷恩高师	12	CM
	教师职前课程 （研究技能、教学领域的熟悉）	雷恩高师	7	CM 及 TD

续表

课程时间	课 程 名 称	课程开展	课程学分	课程类型
本科 第六学期	体育教学和艺术活动 （APSA 理论与实践）	雷恩高师	8	TD
	跨学科课程 （生命科学、人文与社会科学）	雷恩高师	12	CM
	教师职前课程 （研究技能、教学领域的熟悉）	雷恩高师	7	CM 及 TD
补充类课程 （第五学期）	融入教育体系的体育常识	雷恩高师	4	CM
	英语	雷恩高师	3	CM
	跨学科研究领域、方法、技术的选择与应用 （生命科学、人文与社会科学、新兴学科）	雷恩高师	6	CM 及 TD
	教学实习课程：观察实习（100 小时）	雷恩高师	2	TP
补充类课程 （第六学期）	融入教育体系的体育常识	雷恩高师	4	CM
	英语	雷恩高师	3	CM
	跨学科研究初次实践 （生命科学实验与阐明、人文社会学科的问题反思）	雷恩高师	6	CM 及 TD
	教学实习课程：伴随实习（100 小时）	雷恩高师	2	TP

（2）硕士阶段课程

在两年硕士阶段的培养中，理论课程的学习集中在前两个学期，第二年体育教师主要完成教学实践类课程。此外，体育教师硕士阶段的部分课程由雷恩高师、雷恩二大、勒芒大学以及 M2S、VIPS2 实验室共同负责教授，此类课程由多个不同的教学板块组成，且课程安排会依据各所院校自身所在的教学优势领域进行“分工教授”①（如表 4-9 所示）。

① ENS. Master 1 Sciences et techniques des activités physiques et sportives（DISC）[EB/OL].（2017-10-05）[2021-10-07]. http://www.sciencesport.ens-rennes.fr/version-francaise/navigation/formation/master-1-sciences-et-techniques-des-activites-physiques-et-sportives-disc-284999.kjsp?RH=1197900754792&ONGLET=1#presentation-stages.

表 4-9　　**雷恩高师体育教师硕士阶段课程**

课程时间	课 程 名 称	课程开展	课程学分	课程类型
硕士 第一学期	体育运动及体育文化	雷恩高师独立课程	6	CM 及 TD
硕士 第一学期	英语	雷恩高师独立课程	3	CM
硕士 第一学期	合作研究与跨学科研讨（含三个板块）	跨学科研究简介—雷恩二大 校园研究简介—雷恩高师 研究开展、研究选择—勒芒大学	3	TP
硕士 第一学期	公共体育机构（含三个板块）	法国体育运动及体育文化—雷恩二大 学校体育现状及分析—雷恩高师 体育机构利润及营销—勒芒大学	3	CM
硕士 第一学期	跨学科课程（含三个板块）	教育系统中的体育知识—雷恩二大 学生转型的科学基础—雷恩高师 运动中的形体学、生物学—勒芒大学	6	CM
硕士 第一学期	人文、理工学科研究范式（含两个板块）	人文学科的研究范式—雷恩二大 理工学科的研究范式—勒芒大学	3	CM
硕士 第一学期	教学实习	法国；实验室（M2S、VIPS2）	6	TP
硕士 第二学期	生命科学与健康科学（含三个板块）	进行运动干预的工具和方法—雷恩高师 运动生物力学、运动生理学—勒芒大学 身体活动流行病学—M2S 实验室	6	CM 及 TD
硕士 第二学期	合作研究与跨学科研讨（含三个板块）	跨学科研究简介—雷恩二大 校园研究简介—雷恩高师 研究开展、研究选择—勒芒大学	3	TP
硕士 第二学期	公共体育机构（含三个板块）	法国体育运动及体育文化—雷恩二大 学校体育现状及分析—雷恩高师 体育机构利润及营销—勒芒大学	3	CM

续表

课程时间	课 程 名 称	课程开展	课程学分	课程类型
硕士 第二学期	跨学科课程 （含三个板块）	教育领域的熟悉与接触—雷恩二大 体育课程的设计与科学化—雷恩高师 运动中的形体学、生物学—勒芒大学	6	CM
硕士 第二学期	体育教育领域研究开展（含三个板块）	法兰西共和国认识论—雷恩二大 研究方法—勒芒大学	3	CM
硕士 第二学期	教学实习 （含三个选择）	法国实验室（M2S、VIPS2）	6	TP
硕士 第二学期	英语	雷恩高师独立课程	3	CM
硕士 第三学期	观察实习（100 小时）	法国、实验室（M2S、VIPS2）	15	TP
硕士 第三学期	伴随实习（150 小时）	法国、实验室（M2S、VIPS2）	15	TP
硕士 第四学期	独立实习（150 小时）	法国、实验室（M2S、VIPS2）	15	TP

4. 毕业要求

与里昂高师的毕业要求相同，雷恩体育教师在本科阶段须修满 180 个 ETCS 学分，在硕士阶段须修满 120 个学分。在教学实习课程方面，雷恩高师也制定了上述里昂高师所设置的三种不同类别的实习课程，且采用相似的评定体系。但由于雷恩高师 M2S 实验室和 VIPS2 实验室存在密切教学合作，雷恩高师的体育教师也可以选择一部分时间在上述两所科研机构进行教学实习，但绝大多数的实习教学仍需在中小学内进行。

三、法国体育教师教育的特征

受益于法国悠久的师范教育历史及历代政府对其不断的完善，现如今的法国体育教师职前培养体系为法国教育系统输送了一大批优质的体育教师人才，同时形成了鲜明的自身特色。

（一）入学审核关注“人文素养”“个人品德”

在本科阶段入学审查时，法国体育教师的 BAC 考试成绩决定其是否能加入心仪的院校，而若想在实力更为突出的院校就读，须接受为期两年甚至更长的文化课培训，再参加这类院校单独组织的文化测试以获取录取资格；在硕士阶段入学时，法国体育教师本科阶段的文化成绩同样是重点的审核内容，存在留级甚至重修都会对其入学产生直接的影响。而与此同时，无论在哪个学段的入学审核环节，均未设置专门的“体育技能”考核以及相关的体育专业要求。此一正一反所形成的鲜明对比，彰显出相较于体育技能水平，法国体育教师的自身文化素养是法国教育部门更为关注的领域，且文化素养所受到的重视在各个不同的学段形成了一致的保持。除此之外，法国政府还将体育教师的个人档案纳入入学考核范围，任何违法、重大违纪以及不良公民记录都将影响入学结果，其旨在通过审核个人历史背景，从“源头”上筛选品行端正、作风上佳的教师候选人，为培养今后具备优良“师德”的教师团队打下基础。

（二）培养目标强调“阶段重点”“跨学科素养”

在法国体育教师的本科阶段培养中，培养目标多关注于帮助体育教师筑牢自身知识基础、提高专业素养，并促使体育教师对体育以及其他学科形成全面的掌握；而硕士阶段的培养目标在本科阶段的基础之上，紧密结合实际教学的需求更为凸显专业性特征，如培养体育教师形成独立的教学研究能力并提升自身科研素养；其次，培养体育教师具备良好的理论结合实际能力以提升实际教学水平；最后，还涉及培养体育教师具备掌握良好的合作、沟通能力，以旨在为体育教师今后走上教师岗位时与其他学科教师开展密切的合作奠定基础。不难看出，在法国体育教师不同的培养阶段中，培养目标有着明显的差异：本科阶段主要聚焦于打牢体育教师坚实的基础能力，而硕士阶段则关注于塑造对于实际教学起着至关重要的专业素养，如科研能力、实际教学能力。两个学段也相辅相成构成良好的内在衔接，本科阶段的培养旨在塑造体育教师坚实的专业基础，为后期开展个人研究、实际教学提供完备的保证；而硕士阶段的各项培养目标，是基于本科阶段个人基础能力的进一步提升以及与实际教学需求的紧密结合。两个培养阶段的“通力合作”，保证了不同阶段合理分担着各自的培养任务，同时遵循“潜在”的培养顺序，系统地提升着体育教师的自身素养。

此外，法国教育部门尤为注重培养教师的“跨学科素养”，如在本科阶段的培养目标中提及“通过对不同的学科学习，启蒙其发现在体育实践中所发挥不同作用的因素”“拥有对于个人未来职业生涯成功起至关重要作用的交叉技能”；在硕士阶段的培养目标中明确强调要培养体育教师具备“在多个专业环境中教学、合作的技能”。旨在通过更广泛的课程学习，帮助体育教师了解、挖掘在体育教学乃至体育活动中发挥着不同作用的各类因素，并促使体育教师熟悉、掌握其他学科领域的知识内容，以丰富体育教学、完善自身的实际教学素养。而此举不仅极大地助力体育教师突破专业限制，为课堂教学中融合其他领域的有价值内容提供知识保障，还通过培养“跨学科素养”反向哺育体育教师自身的能力羽翼，使其知识体系更为丰富、综合素养更为完善。

（三）理论课程注重扩充知识体系、培养跨学科素养思维

受到培养目标中有关培养“跨学科素养”内容的引导，以及为了培养体育教师具备与其他学科教师开展合作的能力，法国教育部门十分注重通过在培养过程中渗透“跨学科”课程，从而拓宽体育教师的知识基础。如在本科阶段设置“计算机科学”、神经科学以及其他心理学、社会学课程，旨在通过融入与体育学科有着紧密联系的其他学科领域课程，促使体育教师了解、熟悉更多学科的知识内容，完善其自身的专业知识体系；“专业补充课程（急救医学、食物健康学、营养学）”“基于心理学的学科教学方法”“基于生理学的学科教学方法”等，此类课程内容本身即与其他学科知识进行结合，其旨在帮助体育教师通过课程学习，提前知晓与体育教师有着密切关联的学科内容，并在学习过程中通过课程内容潜移默化地影响，促使体育教师在面对体育领域问题时形成将体育学科知识与其他领域内容相结合的“跨学科思维”；硕士阶段设置的“跨学科知识的学习与应用课程”“跨学科实践教学课程”等，其不单单传授跨学科的知识内容，更是为了向体育教师教授如何利用跨学科知识、如何挖掘潜在的关联领域，帮助体育教师不仅能掌握跨学科内容，还能充分地发挥主观能动性将跨学科知识应用于自身的专业领域，掌握良好的“跨学科技能”。

（四）实习课程设置“由易至难”“理实结合”

在法国体育教师的职前培养过程中教学实习类课程有多种开展形式，其大致

可以分为三类：以积累教学经验、观摩教学活动为主要目的的观察实习；以逐步接触教学、熟悉实际教学为主要目的的学徒制实习（即伴随实习）；以承担教学任务、独自开展教学为主要目的的独立实习，且这三类形式的实习课程会遵从“渐进式”的顺序出现在法国体育教师的职前培养过程中。法国教育部门首先会安排观察实习课程，并且除了传统的实地课程观摩以外，如国家远程教育中心（CNED）、国家数字教育资源库（BRNE）等网络渠道为体育教师提供着丰富的线上实习课程资源，其不仅包含线上录制的在职教师教学视频，还涉及教学方法、疑难讲解等实习指导课程，此举旨在帮助体育教师获取对于真实教学的直观感受并积累教学经验，促使其通过观摩、总结在职教师的教学开展，对后续将要接触的真实课堂形成初步的熟悉；而在观察实习课程结束之后，体育教师将接触有实习负责老师参与、指导的学徒制实习，其旨在帮助体育教师更好地适应由学生向教师的身份转变，并在实习过程中给予体育教师及时的指导，解决其作为初期教师会面临的种种教学问题，通过一种“帮扶”的形式推动体育教师实现自身教学素养、专业能力的逐步提升；最后，体育教师才会接触对于个人教学能力要求最高的独立实习，但受益于前期观察实习与伴随实习阶段所形成的对于真实课堂的熟悉以及相关教学经验的积累，不仅将大大减少体育教师自身的种种不适，同时还为体育教师提供了将前期所掌握的知识、积累的经验独立应用于课堂之中的良好机会。可以看出，法国教育部门通过将“循序渐进”的理念衔接不同形式、不同阶段的实习课程，巧妙地缓和了体育教师在身份转变初期会面临的教学困境，还在“由易至难”的课程变化中实现了体育教师教学能力的逐步提高。

同时，法国教育部门通过充分利用线上课程资源，在体育教师完成各类教学实习课程中会兼顾其对于理论课程的同步学习，如为保证正常理论课程的学习，在观察实习阶段提供丰富的线上课程资源，以减少因往返不同院校而产生的不利影响；在体育教师需亲自前往实习院校的伴随实习、独立实习阶段，法国教育部门开发了 Canopé、Etncel 等线上教学平台，以保证体育教师可通过线上课程保持对于理论课程的持续学习。而此举也有利于减少实践教学与理论学习割裂的现象，并营造“做中学、学内思”的实习氛围以加强实践与理论的结合，促使理论知识能最大程度地指导体育教师的教学活动。

（五）教学开展奉行“强强联合”、优势互补

法国各类院校在体育教师的培养过程中，尤为注重利用、整合优质的教育资

源开展“联合培养”，使体育教师能在各方面实现最大限度的自我成长，如除了上文所提到的“里昂”高师、巴黎“高师”以外，另一所法国“高师”集团成员——雷恩高等师范学院（École normale supérieure de Rennes）（后文简称雷恩高师），也是积极与所在的学区内其他院校展开密切联合培养的典范，其主要表现为在不同类别的课程上采取广泛、积极的合作：教育类课程及教学实习会由在教师教育领域较为擅长的雷恩高师负责；对于体育专业类课程，一部分由雷恩高师教授，另一部分课程则由擅长体育科研、运动实验的M2S实验室（Le laboratoire Mouvement，Sport，Santé，活动、体育、健康实验室）和擅长人文、社会科学领域的VIPS2实验室负责；而通识类课程则会依托于擅长人文专业的雷恩第二大学（Université Rennes 2-Haute Bretagne）与擅长理工专业的勒芒大学（Le Mans Université）进行课程教授。此种将培养课程“分校而授”不仅旨在合理利用不同院校的优势教学领域，打造多校合作的培养模式，更是为了减少因单一院校教学资源有限而存在的教学限制，尽可能地保障各类课程质量，并借此通过各方面知识、能力的优化积累实现体育教师自身素养的提高，从而达到培养效果的提升。

第五章　新加坡体育教师教育体系研究

新加坡一直秉持教育强国理念，大力发展教育事业。近几年在《全球竞争力报告》（Global Competitiveness Report）中，新加坡高等教育与培训的测评一直位于世界前列。新加坡教育部强调高质量的教师及一流的教学水平是新加坡教育获得成功的关键因素。而新加坡国立教育学院中体育与运动科学部的体育教育师范专业作为新加坡学校体育师资唯一来源渠道，长期致力于高质量体育教师的培养，独具特色。

一、新加坡体育教师教育发展历程

教育是民族发展之希望，它与国家政治、经济、文化之间密切相关，新加坡教育亦一直强调高质量的教师队伍是教育系统有效发展的质量保障这一教育理念，且在2012年官方发表的《向东南亚最好的学校学习》的报告中指出，"聚焦职前教师教育、发掘教师的研究潜力、帮助教师树立职业规划是新加坡教育成功的必要条件①"。体育教师作为学校体育工作的组织者与实施者，其专业程度亦直接影响学校体育的开展成效和学生的体育意识与技能的形成。在新加坡建国风雨历程中，体育教师教育随政治、经济等因素的变化发生变革，主要经历了艰难起步阶段、专业化发展阶段、质量提升阶段三个阶段。

（一）艰难起步阶段（殖民时期—1983年）

在19世纪时期，新加坡并未创办任何一所独立的师范院校。1906年第一个师范班于莱佛士书院建立，旨在培养英校小学教师，由于新加坡是一个多民族国家，华文、印文、马来文小学教师也随之由不同教育机构建立师范班以培养。但

① 刘哲．新加坡中学职前教师教育课程研究［D］．上海：上海师范大学，2016.

这些师范班的开设缺乏连续性，时开时停，教学效果不佳从而导致师范教育发展缓慢①，1945 年新加坡被日军攻占，师范教育发展最终被迫停滞。“二战”结束后，为从根本上提升综合国力、建设强国，新加坡实行“教育救国”战略，推出“十年教育计划”，同时由于出生率剧增，教师需求量达到前所未有，于是在 1950 年新加坡建立首间教师培训学院（Teachers' Training College，TTC），以低标准、速成班的办学形式以应时需，此时却并未建立体育学院（系）也无体育教育师范专业。随着教育的不断发展，教师需求逐步稳定，教师培育也从“定量”向“定性”过渡，在 1970 年教育部部长林金山要求建立一所将所有师范课程集中在一个统一、自治的法定的教师学院中以提高教师培养质量的提议下，1973 年，新加坡大学教育系、TTC 与新加坡教育研究室三所教育机构进行合并，建立一所新的、新加坡唯一的师范学院（Institute of Education，IE）负责培养除高等教育外的一切师资，其中体育教师教育课程是以培养中级教师为目的的 1 年制体育教育文凭课程，此乃新加坡体育教育师范教育走向新世纪的开端。

（二）专业化发展阶段（1984—1990 年）

面对学校中小学生、儿童、新入伍军人肥胖率逐年攀升及现役军人和预备役军人战斗力下降的现象，新加坡教育部及国防部表示十分担忧，并提出以通过强化学校体育途径全面提高国民身体素质，建设一个强健、健康的社会。良好的学校体育成效取决于是否具备专业的、训练有素体育教师，于是在 1984 年 7 月建立了新加坡第一所专业的体育学院（College of Physical Education，CPE），从此体育教育师范教育进入专门化阶段。CPE 开设初期旨在为中学及初等学院培养合格的体育教师，提供在职培训以及为期 2 年的全日制职前培养体育文凭课程，在职前培养课程设置上，学生除了要学习基本运动技能外，也要学习“运动生理学”“生物力学”“运动心理学”“成长与发展”以及“运动医学”等科学理论知识，根据新加坡档案局数据显示，实践教学课程比重为 20%。虽然建校初期与拉夫堡大学构建紧密合作关系，拉夫堡大学为体育学院的专业发展提供全面的咨询和教师员工借调服务，但体育学院发展仍较缓慢，建校第一年有 47 名学生入学，3 年之后仍只有 116 名在校生，其中职前培养课程的学生 70 名②。随着体育设施、

① 黄明编．新加坡双语教育与英汉语用环境变迁［M］．厦门：厦门大学出版社，2012.

② 曹云华著．新加坡的精神文明［M］．广州：广东人民出版社，1992.

教学师资不断扩充与完善，1989 年体育学院推出小学体育教师文凭课程。这个阶段体育教师培养趋向于专业化发展，体育教育师范教育培养体系也逐步更新、趋于完善。

（三）质量提升阶段（1991 年至今）

从 TTC 建立至 1990 年，新加坡师范教育体系已愈发成熟，但仍需进一步扩大化及多样化。基于此教师教育背景，新加坡政府在《20 世纪 90 年代教师教育与培训的建议性报告：问题与策略》的报告指出要提升教师教育的学位水平，提供四年制本科学历教育计划①。为响应政策的号召及顺应世界师范学院大学化趋势，IE 与 CPE 于 1990 年对现有的文凭课程进行了升级，第一次开设为期一年的研究生教育文凭课程。1991 年 IE 与 CPE 合并组成为国立教育学院（National Institute in Education，NIE），NIE 虽是新加坡南洋理工大学的一个独立学院，但享有自治权力，同时它也是新加坡教育部唯一认定的专业师范学校。同年 NIE 设立体育学院（School of Physical Education），用以承担全国体育教师的培养和培训工作，并从 1991 年开始提供 4 年制的学位课程，学位课程质量由英国大学专业顾问进行审查②。经过 9 年的教育发展，中小学对体育教师质量提出更高要求，体育学院为满足社会人才需求，除教授基本运动技能及教学技能外，愈发注重对体育教师的科学及学术素养的培养，并于 2000 年正式更名为体育与运动科学部（Physical Education and Sports Science，PESS）。PESS 的开展使命是培养具备体育教育领域的专业能力与知识，并能够在体育行业作出贡献的体育教师。PESS 职前培养包括授予理学学士学位的本科课程、体育文凭课程与体育研究生文凭课程，这些课程的开设可满足新加坡中小学校对体育教师的基本要求，使体育教师有效胜任学校体育工作。

二、新加坡体育教师教育体系的框架内容

科学、合理的体育教师教育体系是落实国家提出建设专业化教师队伍政策的

① 祝怀新编著．封闭与开放 教师教育政策研究［M］．杭州：浙江教育出版社，2007.

② National Institute in Education. HISTORY［EB/OL］．［2020-10-26］．https：//www. nie. edu. sg/about-us/corporate-information/.

具体路径，亦是体育教师教育过程中切实实施具体培养措施的根本依据及行动主线。PESS 体育教师教育体系有着丰富的内涵，体现于入学制度、人才培养目标、课程体系及毕业要求等诸多方面。

（一）新加坡体育教师教育入学制度

在“教育强国”理念指导下，新加坡教育部深知提高教育质量的核心乃是教师质量的迅猛提升。在教师职前培养上秉持“精英筛选、严进严出”原则，采取带薪委托培养措施，遴选有较大意向成为中小学体育教师的申请者进入 PESS 学习，申请者提交入学申请与证明材料后再经过三轮筛选才有可能获得录取资格，申请过程中除基本资料填写外，申请者须围绕教师教育主题撰写一篇 500 字的文章并附上申请文件中要求的相关证明材料（具体见表 5-1、表 5-2）①。学历筛选环节要求申请者必须具备新加坡剑桥普通教育高级证（Singapore-Cambridge General Certificate of Education Advanced Level ，GCE “A” level）、新加坡五大理工学院之一颁发的文凭证书、国际文凭组织颁发的国际文凭、新加坡国立大学授予的高中文凭及其他同等学力五大文凭之一，方能进入下一环节②，值得注意的是，因新加坡是一个多民族的国家，英语、汉语、马来语、泰米尔语一同列为官方语言，新加坡政府强调新加坡公民对多门语言的掌握，因此在 GCE “A” level 测试中，要求除英语外的第二语言（汉语/马来语/泰米尔语）的成绩不得低于 D 等级（平均水平，相当于百分制：50～60 分）。若申请者不满足第二语言要求，仍可继续递交入学申请，申请成功后将以临时录取方式进入大学学习，要求申请者在本科四年学习期间，必须满足第二语言最低要求后才具有毕业资格。其次是适用性测试（综合能力面试），该环节是由教育部与国立教育学院共同组织，用以评估申请者是否具备在大学学习、接受教师教育培训的基本能力，以及评判其是否合适从事体育教师职业以及未来的职业发展潜力。该测试包括初试与复试两大环节，初试环节中申请者需经历笔试、简要自我陈述及小组讨论等考察步骤；

① Ministry of Education，SINGAPORE. Bachelor of Arts (Education) and Bachelor of Science (Education) Teaching Scholars Programme [EB/OL]. [2020-10-26]. https：//www. moe. gov. sg/careers/teaching-scholarships-sponsorships/bachelor-arts-science/apply.

② Ministry of Education，SINGAPORE. Bachelor of Arts (Education) and Bachelor of Science (Education) Teaching Scholars Programme [EB/OL]. [2020-10-26]. https：//beta. moe. gov. sg/careers/teaching-scholarships-sponsorships/bachelor-arts-science/.

复试环节则包括体检、面试、心理测验、在校体育活动经历评估等。第三环节则是 NIE 组织的体育水平测试（Physical Proficiency Test，PPT），主要评估申请者的爆发力、协调性、灵敏性及基本运动技能，进而判断其是否具备成为一名合格体育教师的身体条件及潜力①。PPT 测试包括敏捷跑、体操、羽毛球、控球比赛及游泳五个内容②。敏捷折返跑要求男性不高于 18.1 秒，女性不高于 21.7 秒，主要评估申请者的敏捷性；体操项目的必考内容包括前滚翻、后滚翻、燕式平衡，同时申请者需从头手倒立、倒立、侧手翻中任选一项进行测试；羽毛球项目主要评价申请人在手持运动器械时的手眼协调能力，并要求其具备一定羽毛球竞赛能力；控球比赛则考验申请者的传球和接球的控球能力；游泳则要求申请者从仰泳、蛙泳、蝶泳、自由泳中任选一种泳姿在公认泳道中连续游 25 米（不做速度要求）。经过三轮筛选后，采用择优录取方式，最终仅约 20%的申请人被教育部录取，获得进入 PESS 就读资格③。

表 5-1　　**教师教育项目入学申请表——主题写作**

1	你遇到的具有挑战性的事情或者经历是什么？你是如何克服和从中恢复过来的？
2	如果你将与首相会面，你将会告诉他什么？
3	谁是你的榜样，为什么？
4	你希望 15 年后的新加坡是什么样子？
5	你的生命中有哪件事情对你影响至深？

表 5-2　　**教师教育项目入学申请证明材料表**

请勾选（✓）	证明材料	如若不能提供证明，请说明理由
1	GCE“A”级证书（包括项目工作和母语语言成绩）/理工文凭/国际学士学位文凭/新加坡国立大学高中文凭	
2	GCE“O”级证书（包括申请人的母语语言成绩）	

① 李世宏．新加坡高校体育考试简介［J］．中国学校体育，2009（10）：73.

② Physical Education and Sports Science. Physical Proficiency Test［EB/OL］．［2020-10-26］．https：//www. nie. edu. sg/our-people/academic-groups/physical-education-and-sports-science.

③ 李诚涛．新加坡教师职前教育的特色［J］．职业时空，2008（6）：96.

续表

请勾选（✓）	证明材料	如若不能提供证明，请说明理由
3	大专/ 中专感言	
4	大专 / 中专联合课程活动（Co-Curriculum activites，CCA）记录	
5	中学证明	
6	中学 CCA 记录	
7	大学成绩单*	
8	国民服役（National Service，NS）证书*	
9	NS 成绩单和推荐书*	
10	新加坡公民证书（如果您不是出生的新加坡公民）	
备注	您提交以支持您的申请的任何其他文件（例如大学 CCA 记录）	

注：* 如果有此类证明材料，可提供

（二）新加坡体育教师培养目标

在回顾以往教师培养历史的基础上，为有效应对 21 世纪人才培养挑战与促进教师成为专业教学人员。新加坡教育部与国立教育学院共同提出了高质量的 21 世纪教师教育模式（Teacher Education Model for the Twenty-First Century，TE^{21}）（具体如图 5-1 所示），该模式主要强调教育部、NIE 与中小学三者的通力合作的伙伴关系，以及注重理论与实践的紧密联系，其根本目标在于培养“自主而有思想的教师”。为实现培养“自主而有思想的教师”这一前瞻性目标，国立教育学院从 21 世纪教师专业技能需求角度出发，强调以价值观为核心驱动力、知识与能力为两翼，三者共同发展的培养理念，具体提出了 V^3SK（Values，Skills，Knowledge）的培养目标模式（具体如图 5-2 所示）①。该培养目标认为价值观作为教师使命与发展核心，职前教师需秉持以学习者为中心、教师身份认同与服务于职业与社区等三种价值观。以学生为中心的价值观强调职前教师应具备同情心、相信所有学生都有学习的能力，并致力于培养每个学生的潜力与重视学生的多样性；教师身份认同价值观认为职前教师除应具备专业能力与职业道德外，仍

① 王晓芳，周钧，孔祥渊．新加坡师范生公费教育内部质量保障机制探究［J］．外国教育研究，2019，46（8）：97-115.

需具备追求发展、追求高标准以及终身学习的优秀意志品质并在工作中表现出激情和相应的适应性与弹性；服务于职业与社会价值观则强调职前教师不仅要有浓厚的职业荣誉感，仍应具有强烈的社会责任感与服务意识，并不断致力于寻找榜样与成为榜样。此外，新加坡亦强调精通“课程”等十项知识领域与掌握“教学技能”等十种专业技能是成为21世纪卓越教师的必要条件。

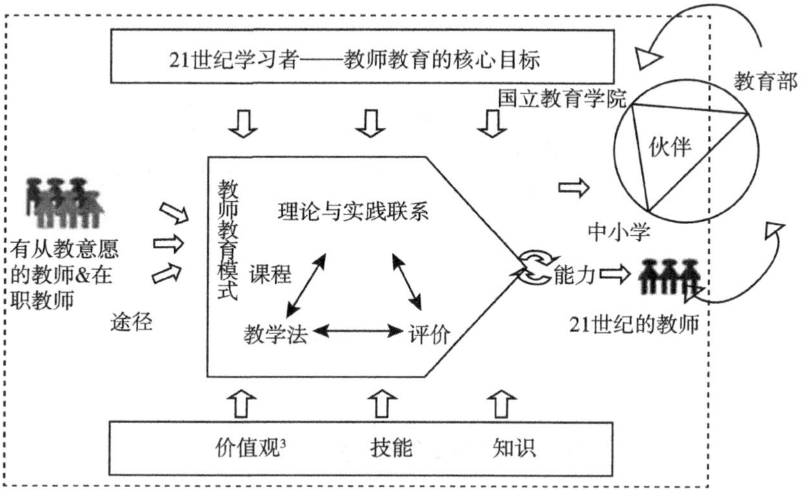

图 5-1　新加坡 21 世纪教师教育模式图

PESS 作为新加坡中小学体育教师培养与培训的唯一官方机构，其职前培养层次包括专科、本科与研究生三个层次。以本科培养层次为例，其体育教师职前培养实行的是4年制培养模式，毕业时授予理学学士学位证书；PESS 以新加坡教师培养项目中囊括基本价值观、专业技能与知识领域的核心培养目标（V^3SK 模式）为体育教师职前培养目标制定蓝本，并结合中小学体育教师的职业属性，提出为体育教师提供必要的价值观、技能与知识，使其具备体育方面的研究能力及专业教学能力，能够成为在体育教育及学科相关的工作领域中脱颖而出的、满足社会与职业需求的优秀中小学体育教师的培养目标。此外，为使体育教师具备接受未来挑战的知识与能力以及满足21世纪全球化的能力要求，PESS 拒绝对体育教师进行单一能力的培养，对其多学科素养和批判性与创造性思维作出要求。因此体育教师职前培养计划中除提供体育领域的理论与实践课程外，亦注重培养体育教师能在中小学教授其他学科的知识与技能。

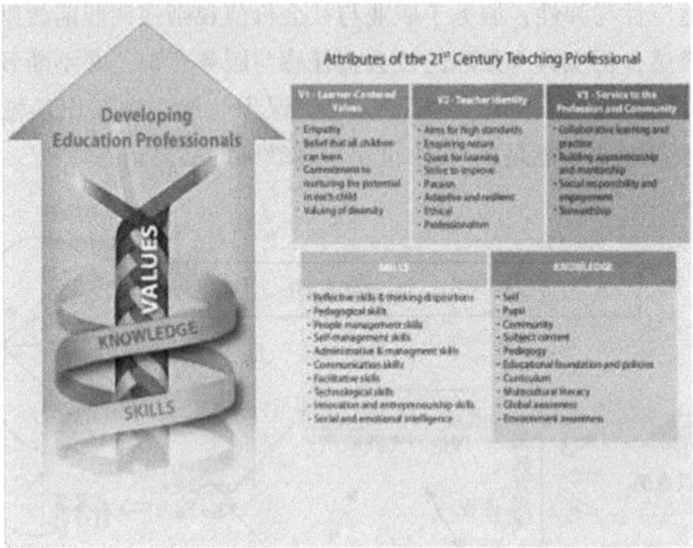

图 5-2　价值观、技能和知识（V^3SK）目标模型图

（三）新加坡体育教师教育课程体系

为更好地满足行业需求，PESS 分别设置了小学及中学阶段的人才培养方案。在课程设置中（具体如图 5-3 所示），两套培养方案将学位课程分为教育研究（Education Studies，ES）、学术科目（Academic Subjects，AS）、课程研究 1（Curriculum Studies 1，CS1）、课程研究 2（Curriculum Studies 2，CS2）、学科知识（Subject Knowledge，SK）、语言强化与学术论述技巧（Language Enhancement and Academic Discourse Skills，LEADS）、必修课（Essential Course，EC）、普通选修课（General Electives，GE）、教育实习（Practicum）9 个课程模块，每个课程模块下又可细化成核心课程、规定选修课程及普通选修课程三种课程性质。体育教育专业课程由学术科目（AS）及课程研究 1（CS1）两部分组成，在小学培养方案中学分比例高达 46.1%，AS 模块主要用于介绍体育学科的发展、基本概念及相关的原理知识，如“体育概论”“解剖学与生物力学基础”“体育社会史”等；CS1 课程旨在培养学生的运动技能及教学技能，课程设置有“篮球”“足球”“羽毛球”“体操”“体育教学方法与策略”等。教育研究用于介绍教育学原理、学生身心发展规律、心理学及信息技术在教学中的使用等，是人才培养方案中的主干

课程，学分比例不低于 10%。教育实习作为核心课程，中小学培养方案中实践教学课时及学分分布均相同，共 18 个学分。CS2 是为了使体育教师能在中小学教授其他科目而设置的跨学科教学课程，学生可自由选择文科或理科方向。学科知识（SK）则是进一步补充及加强 CS2 中所选科目的广度与深度，中学培养方案中跨学科教学课程共 60 个学分，其中 12 个学分课程位于 AS 模块。

学段	学年	课程类别及学分								
		教育研究	学术科目（AD）	课程研究（CS1）	课程研究（CS2）	学科知识（SK）	语言强化与学术论述技巧	必修课程	普通选修	教育实习
小学阶段	1	5	7	12	3	2/4*	5	/	/	0
	2	10	5	13	3	2	/	3	/	3
	3	4	12	4	3	3	/	/	3	5
	4	1	5	2	3	2	/	/	/	10
	小计	20	29	31	12	9/11*	5	3	3	18
	比例	15.3%	22.3%	23.8%	9.2%	6.9%	3.8%	2.3%	2.3%	13.8%
中学阶段	1	5	19#	12	/	/	5	/	/	0
	2	9	5	13	12	/	/	3	6**	3
	3	4	18	4	12	/	/	/	/	5
	4	1	5	2	24	/	/	/	/	10
	小计	19	47	31	48	/	5	3	6	18
	比例	10.7%	26.5%	17.5%	27.1%	/	2.8%	1.6%	3.3%	10.1%

注：* 学分总量由具体课程而定；** 6 个学分在第 2~3 学年修完；#包括其他专业 12 个学分；以上数据来源于 NIE 2020—2021 年本科人才培养方案

图 5-3　PESS 体育教师职前培养课程设置及学分比例图

从概念释义视角来看，课程即课与程，课程之程是至关重要的立人之程①。PESS 体育教师职前培养的所有课程设置均是以“课程立人”为开展依据，在坚定“知识育人”的教育理念与课程开课思想基础上，结合体育教师教育能力与专业能力两大能力特征，将课程体系划分为不同的课程模块，从而更好、更具针对性地解决“培养什么样的体育教师、怎样培养体育教师”这一根本问题。

1. 教师教育课程模块

教育课程内容是使体育教师了解及掌握在教学过程中关键的教育理念及原理知识，这些教育理念和原理知识是在中小学有效教学和反思实践中所必需的，可

① 黄积才．课程之程：建构立人路径架构体系［J］．教育理论与实践，2020，40（29）：32-35.

为往后的教师职业生涯发展打下坚实的基础。在此课程模块中（具体如表5-3所示），时间上，教育研究贯穿于整个体育教师职前培养过程中。结构上，中小学体育教师均需根据自身专业特点选择12门教育课程，其中包括核心课程及规定选修课程，学分位于0~3分。内容上，除了常规的“教育学”“教育心理学”课程外，体育教师仍需掌握教学领域其他广泛知识与技能，如“新加坡教育的社会背景”使体育教师对其工作的社会环境有一定清晰认知，了解推动教育改革的主要政策方向以及如何在教育环境中与利益相关者建立有意义的伙伴关系，采取讨论的方式使体育教师了解教育背景和教师个人成长与专业发展的相关性，从而促使其快速融入此教育环境从而提高专业发展；“小学阶段的教学管理”“中学阶段的教学管理”培养体育教师通过课堂管理办法管理学生学习及行为的知识与技能，建立一个安全、包容和支持的课堂环境且能满足学生差异化的学习需求；“评估学习与表现”则是培养体育教师正确评估学生技能掌握、进步的知识与技能，该课程除传统的纸笔测试方法外，还有基于绩效的真实评估程序以评估方式促进学习；“语言强化与学术论述技巧”课程于第一学年中分解成“学术话语技巧”与“教师沟通技巧”两门子课程，其旨在通过理论与实践课程形式为体育教师提供必要的口语与学术技巧，以便其在体育教学中与学生、家长、同事有效沟通，在学术研究上具备批判性思维及科学的论述手法。此外，21世纪时期数字媒体、通信技术迅猛发展，新加坡体育教师需具备在教学过程中融合信息化技术的能力，“有意义的技术学习”及规定选修课程“网络一代的数字素养”“数字及媒体素养”“通过电脑编程及应用程序培养的计算机素养”正是对体育教师信息化教学能力的培养与加强，体育教师可于此类课程中探索多样的数字技术以发展往后学习、工作与生活中所需的信息知识与技能。教育研究模块注重对体育教师提供基于价值观的全面教育（Values-based Education，VBE）。在第一学年阶段体育教师需完成为期一年的“团体服务学习”（Group Endeavors in Service Learning，GESL）课程，该课程秉持“尊重”“有意义的服务”“社区声音”“职前教师声音”“学术连接”“互惠互助”等六大课程要素，将职前教师置于能够探索与教育相关的社会问题的独特学习环境中，以便他们更好地了解作为教育工作者将面临更广泛的社会背景和责任。该课程旨在通过了解社区需求帮助体育教师建立积极的价值观与良好的社交技能，以及培养其关爱他人、尊重民族与文化的多样性、团队协作与无私奉献等优秀品质。在第三学年需与合作导师共同完成一个与教育主题相关的“课题研究”，助力学生形成批判性思维及掌握与教育主题相关的科学研究方法，熟知如何设计研究方案以及收集、分析、解释各种教育专业领域数据。

表 5-3　　**教师教育课程模块课程分布表**

年份	课程编码	名称	课程类别	学分	前提条件
1	AED00A	专业实践与探究 I	核心	0	—
	AED10A	教育心理学：教与学的理论与应用 I	核心	2	—
	AED10B	团体服务学习	核心	1	—
	AED10E	新加坡教育的社会背景	核心	2	—
2	AED20A	小学阶段的教学管理	核心	2	—
	AED22A	中学阶段的教学管理 I	核心	2	—
	AED20B	教育心理学：教与学的理论与应用 II	核心	1	AED10A
	AED20C	有意义的技术学习	核心	2	—
	AED20D	评估学习与表现	核心	1	—
	AED23K	网络一代的数字素养	Pres	3	
	AED23L	数字素养和媒体素养	Pres	3	
	AED23M	通过编码和应用程序培养计算机素养	Pres	3	
3	AED30D	在小学阶段支持多样性	核心	1	—
	AED30B	中学阶段的教学管理 Ⅱ	核心	1	—
	AED40A	教学研究#^	核心	3	—
	AED430	研究课题#^	核心	3	—
4	AED00B	专业实践与探究 Ⅱ（小学）	核心	1	—
	AED02B	专业实践与探究 Ⅱ（初中）	核心	1	—

注：#职前教师必须学习 AED40A，但 NTU-NIE 教学者（TSP）项目的职前教师为学习 AED430；

^AED40A 和 AED430 跨度两个学期；Pres：规定选修课程

2. 专业课程模块

专业课程是区别于其他学科的主要课程，专注于研究体育教师与中小学有效教学的教学方法，同时也是体育教师掌握专业知识及形成专业技能的重要途径。

在PESS体育教师职前培养过程中，体育教育专业课程由学术科目（AS）与课程研究1（CS1）两部分课程内容组成，AS模块涵盖体育教育领域的基本原理及相关基础理论知识，使体育教师成为中小学具备研究能力的优秀体育教师及体育相关工作领域人才的必备基础。“体育概论”使学生了解体育哲学、发展历史、文化、作用及社会基础等多方面知识，对体育有一定清晰认知；“生长与运动发展”与“解剖学与生物力学基础”使体育教师能够通过解剖学及生物力学知识对学生体育活动进行定量及定性分析，通过理论讲解和实验操作的方式促进体育教师熟练掌握影响身体生长与运动发展因素、人体骨骼关节以及产生运动的肌肉结构、控制人体运动的基本机械概念和原理等相关专业知识；心理学知识的学习可以使体育教师掌握影响学生参与体育活动的心理变量，知悉体育锻炼者所处的环境对参与体育锻炼的影响，从而更好地提高学生体育锻炼兴趣、养成体育锻炼习惯，“运动心理学”则通过让体育教师了解意识控制、无意识控制与运动表现之间的联系，进而更深入地探究运动表现及动机之间关系的知识，有助于学生运动技能、竞赛水平的提升，以及终身体育锻炼意识的形成；“运动生理学”等与生理知识相关课程旨在让体育教师能够设计出安全、有效的体育教学计划及制定针对性的运动训练计划；教学评价作为体育教学中重要环节，“体育评估”为体育教师提供在教学过程中如何正确评估的基本理念、原则与评估策略，使其能够成为中小学生学习体育运动中有效的评估者与记录者。“生物力学中的定量方法”运动应用生理学”“体育应用心理学”及“体育学术活动”等课程在于培养体育教师掌握实验仪器的使用方法、科学研究/实验方法、实验数据的获取与分析等基础研究能力，在学习期间体育教师有机会使用步态分析系统、仪表跑步机、等速测力仪、运动分析系统、肌电图和压力系统等机械仪器分析运动动作，并通过科学安全的方法纠正错误；“体育学术活动”则是对体育教师研究能力系统培养的主要课程，体育教师需独立承担一个学术研究项目，对此进行深入研究、调查与实验，最终得出研究结果并提交相应报告。“体育组织管理”“体育赛事与设施管理”则是对体育教师其他领域能力的培养课程，要求体育教师对体育组织的性质、结构、决策制定与体育组织管理等各种问题有广泛且清晰的认知，此外，体育教师亦需学习如何对体育设施/场馆进行正确规划、设计、建造、维护，掌握经营体育场馆时的风险管理与安全规划策略并要求具备制定成功的体育赛事促销与赞助计划书的能力。

CS1课程内容在于培养体育教师专业运动技能及教学技能，使其成为具备体育教学能力的专业中小学体育教师。此部分内容是以新加坡中小学体育课程标准中规定的教学内容为基础，新加坡教育强调以小学体育课程为起点，培养在运动能力方面表现出高效、多能的运动能力者，规定开设田径、舞蹈、体操、户外教育、健康体适能、体育游戏、游泳（六年级完成）等必修课程；中学体育课程着重于培养学生参与体育活动的自信心、自我效能感与终身体育锻炼意识，以及具备参与休闲和/或有组织的竞争性体育活动的能力，教育部要求中学应为中学生提供不少于六种体育运动项目：包括但不限于羽毛球、排球、篮球、足球、旱冰、垒球、极限飞盘、英式篮球、户外教育、健康体适能等①。为提高体育教师的教学能力及于中小学体育课程中教学的有效性，CS1 中开设了“体育教学方法”“体育教学策略”和“青少年体育运动损伤预防与管理”等课程，通过讲座、探究问题、小组合作、微型教学（微课）与布置实践作业等多种教学方式促进体育教师掌握体育教学知识与技能。在“篮球”“足球”“舞蹈”等技术课的学习中，教师教育者不仅重视提高体育教师的运动技能水平，也注重对体育教师的竞赛能力、教学能力的培养，充分给予其展示自身运动技术与竞赛能力的机会，并着重介绍如何实施有效技术、技巧、战术等内容，此外，恰当的教学风格、教学方法、教学策略以及评估工具与信息技术的使用亦是技术课程的教学重点。

表 5-4　**体育教师专业课程统计表**

课程模块	学年	课 程 名 称
学术科目（AS）	1	“体育概论”“生长与运动发展”“解剖学与生物力学基础”
	2	“体育活动中心理学与运动学习基础”“运动生理学”
	3	“运动生理基础”“生物力学中的定量方法”“运动心理学”“体育社会学”“体育组织管理”“运动控制与学习：理论与实践”“人类运动的神经肌肉控制”“运动应用生理学”“运动生物力学”“体育应用心理学”“体育社会史”“体育赛事与设施管理”
	4	“体育评估”“体育学术活动”

① Ministry of Education, SINGAPORE. 2014 PHYSICAL EDUCATION TEACHING & LEARNING SYLLABUS (Primary, Secondary and Pre-University) [EB/OL]. [2020-10-26]. https://www.moe.gov.sg/-/media/files/primary/physical_education_syllabus_2014.pdf? la = en&hash = 18397ED1BA8CBEB90F178BCA436E65A2C579EA49.

续表

课程模块	学年	课 程 名 称
课程研究 1（CS1）	1	"体育游戏""篮球""基本运动技能""课程体操""足球""户外教育理论与实践"
	2	"舞蹈""垒球""田径""健康体适能""旱冰""排球""青少年体育运动损伤预防与管理"
	3	"羽毛球""体育教学方法"
	4	"体育教学策略"

3. 教育实习课程模块

教育实习不仅是新加坡 21 世纪教师教育计划中的核心课程，亦是新加坡体育教师学位课程中的重要组成部分，致力于通过有计划和结构化的实习以培养"自主而有思想"的教师，秉持"为教学而学习以及从教学中学习"的实习原则，旨在帮助体育教师在中小学指导教师、学校协调员和高校指导教师的指导和监督下，将理论付诸实践并磨炼自身教学技能，从而获得中小学实际教学经验为职业生涯做好准备。教育实习课程结构上由学校体验（School Experience，SE）、教学助教（Teaching Assistantship，TA）和教学实习 1（Teaching Practice 1，TP1）及教学实习 2（Teaching Practice 2，TP2）四阶段组成（具体见表 5-5）。教育实习课程具有连贯性及发展性，在实习时间安排上，其借鉴了斯坦福大学教师教育模式，实现大学课程与教学实习的衔接，鼓励实习生尽可能多地参与各种教学活动，在参与时间上充分保障教学实习的质量①，四个阶段平均贯穿于整个职前培养过程中；学时及学分分配上呈递增趋势，由最初 2 周的学校体验到最终 10 周的教学实习 2，学分设置也从 0 增加至 10 分。实习内容上也由简到繁，每一阶段的实习内容都是在上一阶段的基础上逐步扩大范围及提高难度。学校体验（SE）阶段要求体育教师分别于小学、中学进行课堂观察，观察期间需注意中小学生差异，并将所观察的事物与学习结束的相关理论知识相互联系形成反思并记录下来。教学助教（TA）阶段则需在观察学习的基础上，逐渐着手帮助实习合

① 王晓芳，周钧．新加坡师范生教育实习质量保障机制研究［J］．比较教育研究，2019，41（5）：76-82.

作教师（Cooperation Teacher，CT）管理学生、准备课堂资源等辅助工作，并在第3~5周期间与合作教师一起准备课堂计划，且教授其中一部分。教学实习1（TP1）阶段实习生将正式进入初步教学阶段，实习生不仅可以管理学生，也可对学生进行一些技术指导。在此阶段，实习生需在CT的帮助下进行一次完整独立的授课。最后一阶段是教学实习2（TP2），这阶段的教育实习对实习生要求更高，不仅需要实习生能够独立授课而且需要参与学校的各项事务中①。

表5-5　　**PESS职前教育培养模式中教育实习情况统计表**

培养	实习类型	课程类型	前提	分数	学期	学时	学分
本科（4年）	学校体验（SE） 非最终实习	核心	—	—	第3学期前	2周	—
	教学助教（TA） 非最终实习	核心	通过 SE	通过/失败	第5学期前	5周	3
	教学实习1（TP1） 非最终实习	核心	通过 TA	通过/失败	第7学期前	5周	6
	教学实习2（TP2） 最终实习	核心	通过 TP1	优秀/良好/ 通过/失败	第8学期	10周	12

教育实习的开展由国立教育学院、新加坡教育部及中小学校三方共同合作执行，教育部统筹规划，高校及中小学校具体实施。在实行过程中，高校指导员及中小学教师之间不仅各司其职又协同合作，双方合作建立实习标准，共同商讨实习细节，联合把控教育实习结果，从而保障教育实习环节有效实行。教育实习阶段有三位实习指导教师，即高校指导教师、学校协调员及学校指导教师（合作教师），PESS对三者的任职及职责方面都有明确要求，在任职方面，高校指导教师需要满足以下条件：一是体育课程研究的专家；二是对教育研究有所钻研，如教育心理学、社会背景及评价理论等；三是体育教材教法教师，主要教学内容为从学科和教育学的角度帮助实习生对教育实习有更深入的理解，同时教授教学理论

① NIE. Practicum Handbook 2020 [EB/OL]. [2020-10-26]. https://www.nie.edu.sg/teacher-education/practicum/templates-and-downloads.

及教学方法、技术为实习生的教育实习打好坚实基础。学校协调员是由实习学校校长直接任命，一般是由有丰富教学经验的优秀体育教师担任。学校指导教师则是由学校协调员委派优秀的体育教师担任。职责方面，高校指导教师对实习生而言，不仅需帮助实习生解决无论是实习还是生活中的疑惑并提供指导，亦需观察评价其课堂成绩验证其实习成绩，并对需要审核的实习生向教育实习办公室提出审核申请。从实习学校角度来看，需要与学校协调员、学校指导教师、实习生建立可以接受的评价标准，并解释实习政策目标与评价方法以促进实习的有效进行。学校协调员需要全面负责实习生在本校关于实习的相关事务，实习期间全程监督实习生及其指导教师教学实况及观察实习生整体表现，并与高校指导教师定期沟通汇报实习生的实习状况。学校指导教师在实习期间与实习生接触最为频繁，其职责也更为具体，首先需要向实习生介绍学校、班级等基本情况；其次协助实习生进行课程观察及课堂准备；从独立教学阶段开始，需要指导实习生如何管理课堂及课堂教学，并对实习生进行课堂观察及教学能力评价，且需在 TP1 阶段单独观察实习生完整课堂至少 2 次，TP2 阶段至少 6 次。在实习期间，三位指导教师不仅需要各司其职完成本职工作还需协同合作保障教育实习的有效执行。教育实习课堂观察方面明确要求在 TP1 和 TP2 阶段三者共同观察每位实习生的课堂次数分别为 1 和 2 次；在实习评价方面由三者共同决定评价标准，且实习生最终实习成绩需要全部无异议才能被确定，确保成绩的信度和效度。

新加坡严格把控教育实习质量，构建了以证据为本与聚焦于体育教师专业成长的教育实习评价体系①。PESS 围绕教学能力与专业态度两方面制定了完整的教学能力评价表（Assessment of Performance in Teaching ，APT）对实习生进行评价②。APT（如表 5-6 所示）主要用于诊断实习生课堂教学的优劣，并为其提供形成性及总结性评价。其中教学能力维度包含课堂准备、课堂实施、课堂评估与反馈、积极的课堂文化四个子维度；专业态度维度包括“以学生为中心”的价值观、符合教师身份以及服务学校的意识。指导教师通过 APT 评价实习生的课堂教学工作，并对每一项评价内容给予评分，教学能力评价分为 5 个等级，即不具备、新兴的、满意的、熟练的、优秀的。专业态度方面评价分为 4 个等级，即不

① 王晓芳，周钧，孔祥渊．新加坡师范生公费教育内部质量保障机制探究［J］．外国教育研究，2019，46（8）：97-115.

② NIE. NIE Practicum Assessment of Performance in Teaching（APT）［EB/OL］．［2020-10-26］．https：//www. nie. edu. sg/teacher-education/practicum/templates-and-downloads.

可接受的、可接受的、良好的、优秀的。教育实习的最终成绩分为 4 个等级，即优秀、良好、通过、失败，其主要依据教学能力及专业态度的综合成绩来确定。以优秀为例，需要在教学能力方面的评分大部分为“优秀”，少部分为“熟练”；专业态度方面的各项评分不得低于“良好”。PESS 亦搭建了多元主体参与的实习评价体系，每个实习阶段的最终成绩都是在“实习评价”会议上决定的，该“实习评价”会议由实习学校校长担任组长，高校指导教师、学校协调员及学校指导教师共同参与，秉着充分协商、程序公平正义的原则，全员无异议才能确定实习生最终成绩。此外，PESS 为严格把控实习质量，以 APT 为审核工具增加了教育实习审核程序，这项程序主要针对优秀或可能失败的实习生，审核员是由教育实习办公室任命的经验丰富的教师或者是当地中小学体育教师专家担任。教学实习 1 阶段审核针对于各项能力低于平均水平的实习生，如教学能力差、教学态度不端正——不听建议、不作教学准备、行为举止不符合教育规定的实习生需被审核。在教学实习 2 阶段需要审核的不仅是可能失败的案例，对教学能力强、教学态度积极向上且有可能获得优秀评分的实习生也需经过专家审核，以确定最终教育实习成绩。

表 5-6　　**APT 课堂观察具体评价内容表**

主题	维度	具体内容
教学能力	课堂准备	确定适当的课程目标、选择适当课堂顺序与内容、确定适当的教学策略、确定适当的器材、选择适当的问题导入、考虑学生实际情况、挑选适当的教学环境及场地、安排恰当的练习顺序
	课堂实施	恰当介绍学习内容、激发并维持学习者的兴趣、鼓励学生参与、清晰的技术示范、使用问题启发教学、灵活安排练习内容、恰当使用语言提示、促进个人及合作有效练习、合理利用教学资源、合理结束课程、有效的课堂总结
	课堂评价与反馈	检查学习进度并提供反馈、设置有意义的练习任务
	积极的课堂文化	建立互动及融洽的关系、建立课堂期望与教学常规、强化期望及教学常规、维持积极的课堂纪律、创造一个安全、鼓励信任和尊重的环境、赋予学习者自主权利

续表

主题	维度	具体内容
专业态度	“以学生为中心”的价值观	关心爱护学生、对学生有高期望、激励学生对体育课的兴趣、尊重学生个体差异性
	符合教师身份	有职业操守、能够适应不同的教学环境、吃苦耐劳、虚心接受反馈、善于反馈、按时上课及参与学校活动、及时完成并提交教学任务、准确记录学生教学进度、尊重文化多样性、展现专业形象
	服务学校意识	主动参与、与同事相处融洽、支持学校活动与计划

（四）课程评价及毕业要求

在21世纪教师教育模式提出的背景下，新加坡非常重视教师职前培养课程评价，从多角度出发对体育教师职前培养全程实行阶段性与跟踪性评价。结合NIE TE[21]报告中的主要建议，NIE于2010年实行了电子档案袋评价法（e-Portfolio），主要反映体育教师的过程性表现水平，旨在加强理论与实践的联系，并通过帮助体育教师整合绘制他们在PESS中的发展以及在学习中所形成的知识、技能和态度，从而将他们培养成“自主而有思想”的教师。从2014年7月起，e-Portfolio课程更名为“专业实践与探究”（Professional Practice and Inquiry，PPI），同时将术语“e-Portfolio”更名为“Digital Portfolio”，并授予1个学分以强调该评价的重要性从而提升师生对此评价的重视程度。PPI数字档案袋（PPI Digital Portfolio）评价方法以Look Back（反思）、Look Ahead（目标）、Look Around（分享）为评价宗旨，助力于体育教师进行自我管理、反思实践、建立联系、展示自我、终身学习①。PPI数字档案袋由学习档案袋（Learning Portfolio）、展示档案袋（Showcase Portfolio）与教学档案袋（Teaching Portfolio）三个部分组成（具体如图5-4所示），其具体操作模式主要包括收集、反思、组织、反馈、修订、评估与合作等7个环节（具体如图5-5所示）。在该评价平台上体育教师可通过整理与组合各种形式的数字材料（视频、音频、图形、PPT和作业文本）以展示他们的学习并与同学、教师教育者分享并交换反馈。

① NIE. Professional Practice & Inquiry [EB/OL]. [2020-10-26]. https://www.nie.edu.sg/te-undergraduate/practicum/professional-practice-and-inquiry.

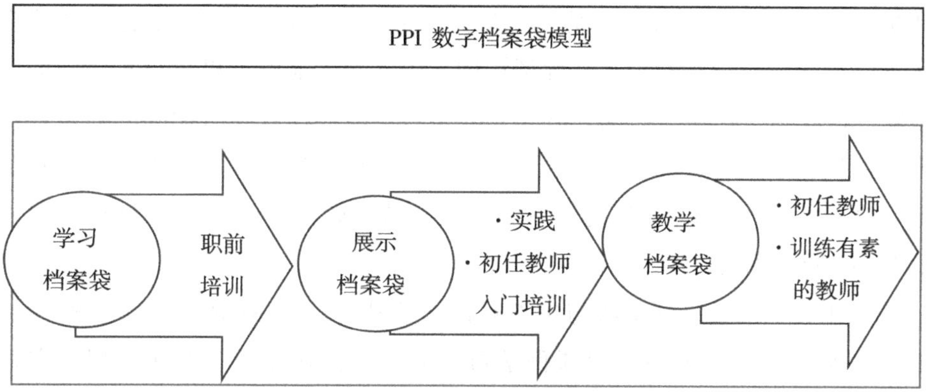

图 5-4　PPI 数字档案袋模型图

图 5-5　PPI 数字档案袋流程图

除了构建以自我评价为主的 PPI 数字档案袋评价法外，为培养与体育教师的反思意识与反思技能，PESS 设置了焦点谈话观察评价法（Focused Conversations，FC），该评价方法一般带有较强的目的性，评估者与被评估者围绕一个教育主题进行谈话交流，在谈话过程中评估者需根据被评估者所收集的材料以及观察被评估者是否能做到反思自身或了解如何提升反思技能的方法进行针对性评估。如教育实习课程模块，教学实习 2 阶段中实习生需与学校协调员进行 3 次焦点谈话。FC1 则是实习生通过 PPT 的形式向学校协调员展示自己在 PESS 中的学习情况，如所掌握的知识与技能等，并阐述自己的教育理念。FC2 则是在实习中期与学校协调员及其他实习生就课堂管理或与激励学生相关的教育问题以及他们在课堂上所实施的教学策略进行讨论，在此谈话中要求实习生能够反思自身实践并提出改进策略。FC3 则是在实习后期开展，要求实习生能够通过实习期间的综合数据来探究他们的教学实习 2 的整体表现。每次在焦点谈话后，评估者均需给出基于证据的“通过”或“不通过”的评估结果，如若三轮均是“通过”结果，则给出“通过”的最终成绩。

除 PPI 数字档案袋评价法与焦点对话评价法外，PESS 还设置了多种评价方式以准确评估体育教师的各门课程学习成效，如作业布置、专业表现、实践操作、小组合作、课程汇报、期中与期末测试等评价方式。完成每一门课程学习后，PESS 课程的最终评价结果的呈现方式是多样的，除使用学分绩点评价法表示成绩外（如图 5-6 所示），还根据课程性质的差异使用英文字母表示体育教师最终的学习成果，如教育实习模块则分别使用 Distinction（DIST）、Credit（CR）、Pass（P）及 Fial（F）四个等级评价学生的教育实习质量。PESS 十分注重体育教师学分绩点的获得，对任何学期平均学分绩点低于 2.00 的体育教师将发出学术警告，如果该生在下一学期的平均学分绩点仍低于 2.00 则将会被强制性延期毕业，若连续三个学期或在大四下学期平均学分绩点低于 2.00，学院则发出学业终止函。在通过所有课程评价的基础上，体育教师也将面临最终的毕业评价。PESS 规定毕业评价年限为 $3^{1/2}$ ~6 年，最低毕业学分要求为 69 学分，学士学位证书的获得需学生在此期间完成课程大纲中规定的所有学分要求、获取英语学习强制性要求证书，并在最后一学期末达到最低 2.00 的累计平均学分绩点。体育教师毕业时 PESS 要求其已具备体育教师专业素养，能不同程度地满足《职前教师专业能力框架表》（Graduand Teacher Competencies Framework，GTCF）中专业实践、领导力与管理能力、个人效能三个维度下各项核心能力要求（如表 5-7 所示），从而顺利完成体育教师向体育教师的角色转换。《职前教师毕业能力框架表》不仅可用于评价体育教师的专业水平，更是支撑体育教师专业发展的有效工具，与 V^3SK 培养目标共同为新加坡体育教师职前培养质量的设定与相关保障措施提供了顶层指导与方向指引，同时与新加坡在职教师专业发展标准二者之间高度契合，实现体育教师职前与职后的发展一体化。

课程评价结果表述方式											
方式	学 分 获 得									无学分	
学分绩点	绩点	5.00	4.50	4.00	3.50	3.00	2.50	2.00	1.50	1.00	0.00
	等级	A+、A	A-	B+	B	B-	C+	C	D+	D	F
字母表达	等级	Unsatisfactory (U)		Satisfactory (S)		Distinction (DIST)		Credit (CR)		Pass (P)	Fail (F)

图 5-6　体育教师职前培养课程评价结果呈现方式图

表 5-7　**体育教师毕业能力框架表**

维度	核 心 能 力	学习水平
教学能力	1. 关注学生的全面发展	CB
	2. 树立“教为学”理念，注重通过管理、督促、评价学习等方式为学生提供高质量的学习	CB
	3. 注重通过体育课外活动向学生传递正确的价值观及态度促进学生的全面发展	A
	4. 精通体育专业知识及教育领域相关知识，追求对体育学科知识及教学实习更深层次地理解	CB
	5. 具备反思性思考、分析问题及解决问题的能力，从批判性角度看待自身体育教学实践	CB
	6. 具有积极主动性及创新精神，主动参与提升自我、改善专业实践教育活动，创新教学方法、策略以达到更好的教学效果	A
	7. 着眼于本专业的未来发展方向及趋势，注重运用信息化技术教学以适应 21 世纪的快速发展	A
领导力与管理能力	1. 严格遵守学校规章制度并及时了解国家教育、学校体育政策等客观教育环境，能够正确领导和指导学校体育工作	A
	2. 与同事相互帮助，促进双方专业发展，从而赢得人心	A
	3. 与家长保持沟通合作，促进学生体育发展	A
	4. 在团队合作中，积极分享信息和有效观点并做到善于表扬团队成员及对其给予积极期望	CB

续表

维度	核 心 能力	学习水平
个人效能	1. 具备自我协调能力，关注情感及专业发展、合理平衡工作与生活	CB
	2. 保持较高的体育教师职业操守及行为举止符合教师风范	A
	3. 尊重个体、教育、文化及宗教差异	CB
	4. 养成良好的体育锻炼习惯及较强的韧性与适应性	CB

注：能力构建（Capacity Building，CB）：每位即将毕业的体育教师都应该能够证明自身对此类必备能力的掌握；意识（Awareness，A）：每位即将毕业的体育教师都了解此类必备能力的内涵，但尚未对此类能力完全掌握，需要通过进一步的学习、指导与专业发展将其从“意识”水平提升至“能力构建”水平

三、新加坡体育教师教育的特征分析

系统分析新加坡体育教师教育体系特征可发现，新加坡体育教师教育体系与我国体育教师教育体系有诸多相似之处，如均以社会发展、社会需求为目标导向，设置符合办学实际的普适性、前瞻性的人才培养目标；课程结构均强调多元化，均涉及教师教育、专业课程、通识教育及实践教学模块；课程设置上均突出“体育教师师范化”，教育类课程开设“教育学”“教育心理学”“多媒体技术与应用”“体育教材教法”等多种教育课程门类；注重课程性质的选修化，无论是教育课程模块还是专业课程模块，除核心课程及必修课程外，均开设大量选修课程，供体育教师自主选择，以此发挥其自主能动性与积极性，从而提高体育教师的创造性；课程内容上均注重体育教师广博知识结构的形成，通识教育内容涵盖自然科学、社会科学等知识领域。但由于政治、经济、文化、教育等多方面的差异，新加坡体育教师教育体系也凸显其独特特征。

（一）严谨规范的入学制度严守高质量体育教师培养首要关卡

在体育教师专业发展道路上，职前培养阶段作为体育教师初探体育教育领域、教育技能生根发芽茁壮成长的关键时期，入学制度则是保证体育教师职前培养质量及塑造专业体育教师形象的第一道专业门槛及保护屏障①。新加坡教育部

① 黄建辉．专业化背景下教师职前教育入学标准改革探析——基于美国经验［J］．现代教育管理，2014（6）：100-103.

及 PESS 高度重视且严格把控体育教师职前培养入学制度，通过全方位、多角度的考核形式以遴选出未来从事体育教师工作的最佳候选人。第一，制定了科学、严谨且多元的入学选拔制度。考核程序上采取层层递进的淘汰方式，只有通过全部测试的申请者才有机会被 PESS 录取。考核方式上采取笔试、面试、心理测验、体育水平测试等多种综合考核方式，避免“一举定乾坤”及考核误差等现象的出现。考核内容上规避了以入学考试成绩至上的传统做法，通过申请者提交的申请表、自我陈述、与面试官交谈、小组讨论、心理测验等方式全面测试申请者的智力因素、性格特征、应变能力、创造力、积极主动性及体育教师职业观等综合指标，以评定是否适合从事体育教师工作。第二，注重对申请者职业理想及隐性能力的综合评定，掌握基本知识与技能是成为体育教师的首要前提，但成为有效体育教师的关键因素在于“冰山”以下难以测量的隐性能力。以情感态度、兴趣及性格及价值观为考察基础，通过提交的活动证明材料、教育部命题申请书、小组讨论、心理测验等多种测试方法，分析申请者自我意识、社会意识、自我管理能力、人际交往能力、社会责任感五方面隐性能力，以便于第一时间确定及排除不符合从事体育教师职业标准的申请者。第三，关注申请者的相关实践经历。体育教师申请者的体育实践水平及社会实践效果很大程度上决定了其日后的专业实践质量，最终影响教学效果及专业发展。新加坡教育部在体育教师职前培养入学制度中设立实践条件，有助于广大申请者树立实践意识、开展实践行动、提高实践质量最终成为卓越型体育教师。因此，体育课外活动经历、代表学校及以上单位参加的体育赛事或在体育领域的出色表现及是否积极参加社区服务或志愿者工作是挑选合格申请者的关键要求。

（二）双人才培养方案助力体育教师在不同学段中精准施教

PESS 作为新加坡输送体育教师的唯一且权威教育机构，坚持以培养优秀中小学体育教师为办学目标，本着“实践取向、成果导向”的教育理念，根据体育教师的职后教学对象定位的差异，分别制定了小学及中学体育教师职前培养两套人才培养方案，实行“因材施教”的精准教学策略。培养一个能够胜任学校体育工作并具有跨学科教学能力的中小学优秀体育教师是两套培养方案的一致目的。在充分考虑中小学学校体育教学对体育教师的能力需求前提下，课程研究（CS）模块中的课程均以新加坡教育印发的中小学《体育教学与学习大纲（2014 年版）》中规定 8 项运动项目范围为基础，结合中小学生必须掌握至少 6 种运动能力的要求进行设置，尤其重点培养体育教师能够胜任教育部规定的从小学四年级到中学三年级每年必须参加 3~5 天的户外野营活动的户外教育能力。从体育教师职业特征出发，在课程设置上均使用相同的结构模块，亦强调师范能力、注重专业技能、重视实践教学及突出跨学科教学。然而以中小学生的身心发展规律为依据，PESS 制定了两套体育教师职前培养方案：学分设置上，与中学相比小学实行弹性学分制，小学体育教师拥有两个学分的自主选择空间，与中学毕业学分要求相差 45~47 个学分。根据小学学习科目与中学学习科目的差异，体育教师的跨学科教学的课程选择也不尽相同，小学体育教师从英语、数学、音乐、科学及社会研究五个学科选项范围任选 1~2 门学科，中学体育教师则根据文理分科原则从生物、化学、地理、历史、物理等 12 门学科中选择 4 门学科的对应课程完成学习。在学术科目（AS）模块中除核心课程外，中学体育教师需要学习更多更广更深的体育科学知识，以更专业的体育素养提高中学生运动水平及体育意识。此外，PESS 将中小学生差异作为主线贯穿于整个培养过程中，教育研究模块中分别设定“小学阶段的教学与管理”及“中学阶段的教学与管理”等区别性教育课程，即使是相同课程也将会根据教学对象的差异设置符合中小学生各自特点的教学大纲。同理，体育教师实践教学亦是分配至对应的小学或中学进行实践，保证所学与所教的一致性。

（三）培养目标强调体育教师多学科教学能力的养成

教师教育培养目标是由时代发展、社会发展、社会需求、时代教育理念、院校办学实力等综合因素所共同决定的，它是对教师职前教育培养体系的整体规划、认知及统筹。在多元化的教育背景下，第一，新加坡教育部为应对社会环境及教育环境的复杂快速多变，制定了“21 世纪学生能力框架”及“21 世纪教师教育模型”两个教育理念顶层设计。新加坡体育教师教育培养目标则以二者核心要素为基础，结合体育教师职业特征进行制定，全面体现了其多维特征，并在根本上直指培养体育教师多学科教学能力的教育内涵。例如：坚决以养成良好的教师价值观为培养基础。PESS 认为优秀的体育教师必将具备以学生为中心、尊重每一位学生并能充分挖掘每位学生的运动兴趣及潜力的教育理念；同时具有较强的教师身份意识，不断追求提高自身专业化水平；除此之外，仍需拥有服务社会的责任意识。第二，强调以培养专业化体育教师为主要任务。专业化教师除基本的教学技能、运动技能及研究能力外，良好的反思、创新、管理、沟通及领导等能力都是专业成长道路中不可或缺的重要指标。第三，以培养多学科教学能力为教育创新。面对时代的快速发展及高素质人才需求，PESS 着重指出不仅要培养具有强大体育教育知识储备的体育教师，使其拥有教授不同学科的能力和自信亦是重中之重。在多元化的社会环境下，具备综合性的教学能力是新加坡体育教师立足之保障、发展之动力。此外，培养目标是明确、具体的，它可与人才培养方案的培养要素相互印证及支撑。例如：为使体育教师形成多学科教学能力，从第一学年起，体育教师就要选择除专业学科外的学科进行为期四年的深入学习，从基础知识到教育学原理、教学方法直至对应的教学研究。

（四）课程设置注重体育教师多维能力的养成

体育教师职前培养课程的合理设置是对培养目标要求的具体实施，是四年本科教育的总体规划和行动依据，更是保障体育教师职前培养质量及未来体育教师专业发展的重要举措。在课程结构上，新加坡体育教师职前培养课程呈现综合化特征。横向看，课程设置涵盖了教育研究、学术科目、课程研究 1、课程研究 2、学科知识、语言强化与学术论述技巧、必修课、普通选修课及实践教学九个课程模块，旨在通过多领域学习培养专且博的优秀体育教师。纵向看，各课程模块下又分别设置了核心课程、规定选修课程及普通选修类课程以避免博却浅的尴尬境遇。在课程内容上，首先，注重体育教师“多学科教学”能力的培养。为满足体育教师多样的学习需求和提供全面的学习支持与服务，设置了系统的跨学科课程体系，课程研究 2（CS2）和学科知识（SK）课程模块从宽度上囊括了自然科学、人文科学、社会科学三大类；深度上从基本的学科知识到基本教学原理，再递进至最终的教学评估以及教学方法创新等内容。其次，突出以“师范为本”的专业能力形成，除“教育学”“教育心理学”“教学管理”“评估表现及学习”等常规教育课程外，设置了“语言强化与学术论述技巧”课程为体育教师提供必要的口语与学术技巧，以此提高在体育教学中与学生、家长、同事沟通的有效性。此外，为进一步加深师范能力，增强体育教师价值观、组织能力、社会服务意识、社会责任感等师范要素，体育教师仍需脱离教材，置于真实环境中完成“团体服务学习”课程。再次，强调体育教师科学研究能力的养成，为使体育教师成为一名具备提出问题及解决问题能力的批判性阅读者及批判性作者，第一学年要求通过“学术话语技巧”学习掌握科学研究的基本方法、探讨与学术素养相关问题，于第三学年及第四学年分别进行“课题研究”及“体育学术活动”实践性研究，最后要求学术文章质量达到可发表水平。

（五）完善、健全的实践教学体系保障体育教师教学能力稳步提升

PESS 为保证实践教学环节的最大效益，制定了健全的、颇具特色的实践教学保障体系。在实践时间及实践内容上采用“阶梯式”策略促进体育教师教学技能的获得，时长依次增加、难度逐步递增是实践教学环节显而易见的表象特征，注重实践内容与理论知识相互结合是关键性的隐性特征，实践内容从课堂观察至最后参与学校各项事务，除符合能力养成规律外，PESS 更加注重理论知识的相互结合与及时运用。中小学生的教学与管理课程结束后，体育教师在教学助教阶段的实践内容则以协助合作教师管理课堂为主要任务，第三学年学习完基本的体育教学方法后，体育教师在实践教学环节则进入初步教学阶段；通过“体育教学策略”课程考核后，则代表体育教师已具有独立教学的知识基础，在最终实习阶段进行实践验证及进一步巩固教学知识。严谨规范地指导教师、实践学校的选用制度助推实践教学质量提升亦是 PESS 实践教学环节的重要特征，PESS 在高校指导教师、学校指导教师及学校协调员三者的选拔条件、相应岗位职责以及三者之间的共同责任方面均有明文规定，要求通过三方各司其职又协同合作的多方活动保证实践环节的顺利、有序进行；实践学校的选择亦是在中小学校申请及政府指导下，根据体育教师相应的培养学段分配至各自的生源地学校。科学合理的实践教学质量考核体系是至关重要的“点睛”特征，PESS 通过 Who、What、When、Where、Why 五方因素构建“5W”循环考核体系，高校指导教师、学校指导教师、学校协调员、校长四者需共同通过教学能力评价表对体育教师进行日常及最终实践教学表现考核，并在评价会议上四者各自给出考核成绩并解释说明原因，全员无异议后确定体育教师最终实践教学成绩，此考核体系既达到监控实践教学质量效果又保障了实践教学结果的客观公正。

（六）多元化课程评价模式保障体育教师毕业能力的达成

体育教师毕业能力框架表正是新加坡体育教师职前培养以“成果导向”为教育理念的集中体现，通过设立毕业能力标准引导及规范学习与教学目标及行为，以保证新加坡体育教师专业素养的获得，从而快速、有效进入体育教师角色，走向优秀体育教师行列。PESS 根据主观与客观、自评与他评、形成性评价与总结性评价相结合原则，制定了多种评价模式以保证毕业能力的最终形成。为使体育

教师具有反思性思考、分析问题及解决问题的能力，PESS 制定档案袋评价法，要求体育教师陈述基本情况、学习计划、对自身现有能力的整体认知及提供支撑观点的相关证据，以此促进体育教师反思行为的自主产生。此类自我评价方法不断促进体育教师反思自我学习效果与程度，逐步形成自身专业结构与知识体系，缩短与毕业能力要求差距①。谈话观察法则是带有较强目的性的他人评价方法，通过设计一定的体育话题情景观察模式，给予体育案例，要求体育教师给予自身见解并回答测试者相关问题，以评定体育教师是否能够向学生传递正确体育价值观与态度，并同时观察体育教师是否精通体育及教育等领域专业知识。客观性评价方法主要有绩点制评价法及教学能力评估（Assessment of Performance in Teaching ，APT），通过对相关课程进行定量、客观评价，以评判体育教师对体育运动技能、体育专业理论知识等可测量性知识的掌握程度。此外，APT 亦是一种总结性评价方法，此方法主要用于实践教学环节评价体育教师教学水平，以及是否具有较高的体育教师职业操守及行为举止是否符合教师风范，任何一方要素如若不符合毕业能力要求规定均将不能按期毕业。为考察体育教师领导力及管理能力，将体育教师置于真实环境中的社区中，设定一定社会服务目标，审视体育教师在“服务”与“学习”之间是否兼顾，从而推断日后于“工作”与“生活”能否合理平衡；以及向带队教师及社区人员发放反馈问卷调查表了解是否达到规定的学习目标②。

① 刘哲．新加坡中学职前教师教育课程研究［D］．上海：上海师范大学，2016.
② 吴华清．服务学习简述［J］．上海教育科研，2003（10）：52-54.

第六章　我国体育教师教育体系研究

自从清朝末年体育师资培养的制度初建到今时今日体育教师教育制度的不断完备，我国体育教育专业从无到有，经历了学习探索阶段（1877—1949 年）、曲折前行阶段（1949—1978 年）、规模化发展阶段（1978—2001 年）及改革创新阶段（2001 年至今）的演进历程。其很长一段时期内，我国体育教师教育都是在刻板照搬“日本模式”“美国模式”“苏联模式”，截至最近数十年以来我国体育教师教育在博采古今中外的基础上，终于迎来了自身规模化的发展和变革创新，体育教师教育体系日趋完备，培养规模和质量得到了大幅度提升，但在体育教师教育的培养目标定位、课程设置、资格考试（认证）等方面依旧还存在一定的不足，有待未来进一步强化和完善。

一、我国体育教师教育发展历程

依据我国近代历史的阶段划分，以及各阶段体育教师教育的特征，将我国体育教师教育制度分为 4 个阶段，即学习探索阶段（1877—1949 年）、曲折前行阶段（1949—1978 年）、规模化发展阶段（1978—2001 年）及改革创新阶段（2001 年至今）。

（一）学习探索阶段（1877—1949 年）

从清朝末年体育教师教育制度的初步建立到民国时期体育教师教育制度的探索或转向，都是对国外实践的直接模仿与借鉴。清末两次鸦片战争和中日甲午战争，导致民族危机与苦难空前加深，为救亡图存，中国教育进入新的历史阶段，新式学堂开始建立，由此产生了对师范教育的极大需求。1902 年，清政府颁布《钦定学堂章程》（壬寅学制），对当时的初等教育、中等教育、高等教育及师范教育作出了明确的规定。其中也包括了对体操科课程内容、学时的明确规定。1904 年，清政府颁布《奏定学堂章程》，标志着中国体育师范教育制度的诞生，开启了中国近代化教育新的一篇。《奏定学堂章程》将师范教育划分为优级与初级师范学堂，并对各自的培养体系、管理制度等方面做出了规定。当时的体育师资多数是由日本留学归国人员培养的，教育模式也基本沿袭日本体育教育的模式，呈现一定的“日式教育色彩”。

民国初期，《壬子学制》颁布，“学堂”改为“学校”，但一定时期内其办学模式仍是模仿的日本模式，体育类师范学校沿袭清末时期较为单一的课程设置，以兵操为主。1922 年以后，我国开始学习美国学校教育学制，学校体育也开始转向“美式”，体育教师的培养也印上了“美式”特征。1923 年北洋政府教育部颁布《新学制课程标准纲要》，正式将学校“体操科”改为“体育科”，标志着中国自清末时期开始的学习“日式新教育”“德式新教育”阶段的结束，“美式教育”阶段的开始。在“美式教育”影响下，我国的体育师资培养模式逐步走向多元化、专门化发展，一些师范学院、大学开始培养体育师资，并开始对修业年限做了相应的要求，一些体育系的课程设置也出现了类似美国的主、辅修模式。①总体而论，民国时期的体育教育在一定程度上是结合中国实际的对日美等国的移植、学习和探索，在特定的历史时期中为国家和社会培养了所需的体育师资。

（二）曲折前行阶段（1949—1978 年）

中华人民共和国成立时，学校体育教师极度匮乏，加之迫于当时国际上的政治局势，我国在体育教师教育上不得不弃用美国模式，从培养目标、学制、课程方案到教学大纲及教材等方面，开始完全照搬苏联的体育教师培养模式。体育师范教育制度改革也开始起步，第一成建制的专门体育学院初步建立，1952 年，以苏联的体育人才培养模式为依据，我国先后调整并建立了上海体育学院等 6 所专业体育院校，同时，“院—系—专业”三级体制完善，并恢复和建立了 28 个师范院校的体育系、科；第二以“体育专业设置”为中心，开展体育教学制度体系

① 刘佳．我国中小学体育教师教育制度的演变历程及其特征分析（1949—2018）［D］．武汉：华中师范大学，2019.

的探索。1957 年，国家体委根据实际情况开始着手制定生理、解剖、体操、田径、球类等 18 门体育课程教学大纲。20 世纪 60 年代初，以“高等学校六十条”为依据，国家体委组织各直属体育院校编写田径、武术等 18 门体育课程教材。1963 年，教育部颁发《体育专业教学计划（草案）》。①至此，我国体育教师教育完成了向“苏联模式”的转变。

1966—1976“十年文革”，我国初步建立的体育师范教育处于停滞状态，师范院校中的体育系和体育院校或停办或撤销。这一时期，强调教育事业要服务国家政治需要，体育教育内出现了“以劳代体”“以军代体”的局面。体育教师的培养方面，一部分是经过简单培训的青年，有部分是“拔高使用”的原体育教师，还有一部分是工农兵大学生，缺乏一定的专业性。②

（三）规模化发展（1978—2001 年）

历经“十年动乱”，社会主义事业建设面临恢复和重建的艰巨任务。同样，彼时我国的教育事业也开始步入正轨，1977 年我国恢复高考制度。同时，针对教师队伍学历不达标的问题，国家颁布系列政策文件，强力推进时局下的教育事业。这一时期内教师队伍建设相关的法律法规不断完善，相继出台实施了《中华人民共和国教师法》《教师资格条例》《〈教师资格条例〉实施办法》等政策文件，为教师队伍的培养及其质量提供了制度保障。

随着体育事业的全面起步和不断完备，我国体育教师教育的恢复和调整也取得有效进展，并基于此进行了具有深度和广度的改革，1977—1983 年，我国先后出台《关于加强中小学在职教师培训工作的意见》《关于认真办好体育学院的意见》等文件，将体育教师队伍建设视为当时工作任务的重中之重，从职前培养和职后培训两手发力，体育教师队伍的培养口径不断拓宽。随后，国家又相继出台了《关于加强学校体育、卫生工作的通知》（1978 年）、《中共中央关于教育体制改革的决定》（1985 年）、《关于加强中小学体育师资队伍建设的意见》（1986 年）《高校体育专业教学计划试点改革方案》（1986 年）等通知，这些政策文件

① 黄爱峰．体育教师教育专业化研究［D］．南京：南京师范大学，2005：56-57.

② 尹志华．中国体育教师专业标准体系的探索性研究［D］．上海：华东师范大学，2014：56.

都指出各级体育师资培养单位要高度重视，培养适应和胜任小、初、高中学校体育工作的合格体育教师。1985 年颁布实施的《中共中央关于教育体制改革的决定》明确指出，师范院校的办学过程中要坚持服务理念，要为各级中小学培养具备合格学历、有考核合格证书的专门教师。1986 年出台实施的《关于加强中小学体育师资队伍建设的意见》要求小学、初中和高中的体育教师的学历应该各自对应到中师、专科和本科。与此同时，我国高校体育专业教材不断更新，1980—2003 年，先后出台了 5 套教学计划（即"课程方案"），且每套课程方案颁布的同时还出台了配套的《普通高等学校体育教育本科专业各类主干课程教学指导纲要》（原"基本要求"），教材落后状况得到改善。1996 年，第 5 次全国师范教育工作会议召开，随着这次会议的召开，我国教师教育开始从追求数量转向追求质量。1997 年，首届全国体育教育专业学生基本功大赛在上海师范大学举办，显示了我国对体育教师培养质量的重视程度。1999 年，教育部颁布《中小学教师继续教育规定》《中共中央、国务院关于深化教育改革全面推进素质教育的决定》，并开始实施"中小学体育骨干教师培训计划""跨世纪园丁工程"等项目，我国体育教师继续教育项目逐渐增多，不同级别和不同形式的体育教师继续教育都得到了持续性的加强。① 总体来看，从改革开放至 2001 年期间，我国的体育教师师范教育制度得到不断完善。

（四）改革创新阶段（2001 年至今）

2001 年以来，我国社会、政治和经济取得了较大成就，国际社会的地位和威望不断提升，对外开放的程度进一步深化，与此同时，我国各项事业的发展也迎来了新的机会与挑战。其中，进一步培养更多社会所急需的人才成为关键。作为培养人才的关键环节，我国 21 世纪初制定和颁布了一系列的教育政策，以此力促我国教育事业的快速高质量发展。加之在世界各国教师发展专业化浪潮之下，我国教师专业化发展也日益受到重视，同时也迎来了机遇和挑战。

在学校体育领域内，青少年体质问题、中小学体育课程及课外体育活动等问

① 龚正伟，李丽英．中国体育教师教育的历史、挑战与未来［J］．北京体育大学学报，2009，32（3）：77-81.

题成为国家和社会高度关注的焦点。随着我国第八次基础教育课程改革的顺利推进，2001 年，我国发布了《中小学体育与健康课程标准（实验稿）》，作为我国学校体育课程改革的指导性文件，《体育与健康课程标准（实验稿）》对体育师资的质量和能力提出了更高更严的要求。同年，《国务院关于基础教育改革与发展的决定》文件中首次出现“教师教育”的概念，正式替换了“师范教育”，基础教育阶段体育与健康课程改革与高等院校体育教师教育改革同向而行，体育教师专业化发展更加深入。在职前方面，2002 年，在教育部的推动下，我国对高等学校体育教育专业课程方案进行了修订，先后举办了全国学校体育科学大会、全国中小学体育教学观摩展示活动等一系列旨在提升体育教师教育质量的重大举措。2011 年，教育部开始实施教师资格考试制度，新时期的体育教师教育制度改革随即开始启动，力图在新的时代环境中强化和加深体育教育专业的“专业性”和“操作性”，进而加快我国体育教师教育适应时代需求（基础教育课程改革之师资需求与国家社会发展对体育教师健康管理能力之需求）的步伐和进程。2014 年，教育部颁布《关于实施卓越教师培养计划的意见》，其中提出了“不断完善教师教育体系，深化教师教育机制和模式改革，推动教师专业发展”的工作要求和任务。在此背景下，我国体育教师教育开始探索培养“专业素质突出的复合型人才”的目标定位，追求体育教师在专业知能、专业情意、专业思想和专业素养等方面的卓越性、实践性、特色性、社会需求导向性、前瞻性和特色性①。2017 年《普通高等学校师范类专业认证实施办法（暂行）》和 2018 年《普通高等学校本科专业类教学质量国家标准》的出台，对教师教育应该“培养什么样的人”作出了详尽的阐释，在此背景下，我国体育教师教育体系开始努力形成框架层次设置较为合理、知识体系较为完善、内容丰富多样各具特点等较多的显著特征，为国家和社会培养适应新时代需求的体育教师。在职后培训方面，2004 年颁布的《普通高等学校体育教育本科专业各类主干课程教学指导纲要》，2010 年发布实施的《关于实施“中小学教师国家级培训计划”的通知》，2011 年教育部发布的《关于大力加强中小学教师培训工作的意见》等系列文件，中小学教师的职后教育（培训）成为备受关注的核心命题。总体来看，在党和国家的高度重视以及

① 舒宗礼，王华倬．面向“卓越体育教师”培养的体育教育专业课程体系的重塑与优化［J］．武汉体育学院学报，2017，51（4）：75-81.

有关部门的强力推动下，这一时期我国的体育教师教育正在逐步走向规范化和制度化。

二、我国体育教师教育体系的现状

（一）我国体育教师培养目标的现状

1. 我国体育教师培养目标概况

通过对六所师范院校体育教育专业（师范类）的培养目标进行整理，结果如表 6-1 所示。

表 6-1　　六所师范院校体育教育专业（师范类）培养目标

名称	培养目标
北京师范大学	本专业培养德、智、体、美全面发展，具有较好的文化素养，扎实的体育理论、“一强一能”的运动技能、具有一定教学和科研能力、符合体育教学和体育管理工作要求的复合型创新人才。
华东师范大学	本专业贯彻和落实党和国家的教育方针以及立德树人的根本任务，适应国家基础教育改革发展的需要，培养德、智、体、美、劳全面发展，热爱体育与健康教育事业，师德高尚，具有国际视野和良好的人文社会与科学素养，具备扎实的体育专业理论知识和运动技能、突出的教育教学能力和自我发展能力，熟练掌握多种育人途径和方法，能够在中学及教育机构从事体育与健康课程教学、课外体育活动、训练与竞赛、教学研究及管理工作的卓越体育教师。
华中师范大学	本专业主要培养德、智、体、美全面发展，具有体育及相关基础学科的基本理论、基本知识和基本技能，适应社会发展需要，具有丰富的人文教育和科学教育知识以及创新精神和实践能力的高素质专业化的一流师资，能够胜任中小学体育教学、研究、管理和训练工作以及学校健康教育工作，并为教育硕士研究生教育提供优质的生源。
东北师范大学	培养适应现代社会发展需要，拥有现代教育教学思想和理念，具有扎实的教学技能、规范的运动技能和适应基础教育需要的体育专业基础知识，乐于教学和忠诚事业的优秀体育教师。

续表

名称	培养目标
陕西师范大学	本专业主要培养德、智、体、美全面发展，身心健康，掌握体育与健康教育的基本理论、基础知识和基本技能，掌握学校体育教育工作规律，具备较强的学校体育科学研究、学校体育管理、健康教育和社会体育指导等能力，能从事基础教育教学与研究和教育管理的优秀教师，教育管理者和未来教育家。
西南大学	培养德、智、体、美全面发展，具有良好的科学素质、文化素养和高度的社会责任感，具备现代教育与健康理念，掌握体育教育和教师教育的基本理论、基本技能和教学基本功，具备创新意识和实践能力，能够适应基础教育的改革与发展需要，能胜任体育教学、训练竞赛和课外体育锻炼工作，成为西部一流、全国知名的基础教育卓越体育教师和优秀教育管理人才。

* 注：表 6-1 数据来源于六所师范院校体育教育专业（师范类）人才培养方案。

通过分析可发现，六所师范院校体育教育专业的培养目标看似相近，却存在较大差异，既反映了各高校不同的人才培养理念，也可体现不同高校体育教师职前培养的侧重点和关注点不同。基于六所师范院校体育教育专业的人才培养方案中培养目标的指标和指向两个维度进行分析，我国中小学体育教师职前培养目标的实然特征主要体现三个方面。

(1) 指标涉及广阔度大，但时代顺应较弱且分层操作不易

通过对六所师范类院校体育教育专业培养目标的内涵进行分析，将体育教育专业（师范类）的培养目标整理划分为 17 个指标：贯彻落实教育方针以及立德树人、适应社会发展/教育改革发展需要、德智体美全面发展、人文科学素养等（如表 6-2 所示）。

表 6-2 **六所师范院校体育教育专业（师范类）培养目标指标**

名称	北京师范大学	华东师范大学	华中师范大学	东北师范大学	陕西师范大学	西南大学
贯彻落实教育方针以及立德树人		▲				
适应社会发展/教育改革发展需要		▲	▲	▲		▲
德智体美全面发展	▲	▲	▲		▲	▲
人文科学素养	▲	▲	▲			▲

续表

名称	北京师范大学	华东师范大学	华中师范大学	东北师范大学	陕西师范大学	西南大学
国际视野		▲				
理论知识	▲	▲	▲	▲	▲	▲
运动技能	▲	▲	▲	▲	▲	▲
教育（教学）能力	▲	▲		▲	▲	▲
自我发展能力		▲				
学校体育教学	▲	▲	▲		▲	▲
学校体育研究/科研	▲	▲	▲		▲	
学校体育管理	▲	▲	▲		▲	
学校体育训练/竞赛		▲	▲			▲
学校健康教育		▲	▲		▲	
课外体育活动		▲				▲
社会体育指导		▲			▲	
创新意识与实践能力			▲			▲

根据培养目标的内容和特征归纳总结的17个指标，从指标内容上分析认为：

1）指标涉及广阔度大

在培养目标的指标内容中，涵盖了贯彻落实教育方针以及立德树人、适应社会发展/教育改革发展需要、德智体美全面发展、人文科学素养、理论知识、运动技能等相关的17个指标，指标内容涉及较广。而且在对17个指标进行分类时发现，指标内容从顺应时代发展能力需求到个人相关素养、体育相关能力以及教育相关能力的社会诉求等均有体现，足以看出培养目标的阔度之大。

2）指标时代顺应性较弱

虽然指标涉及广阔度大，但指标内容中对于顺应时代发展的匹配度不够，比如：除东北师范大学以外，其他五所院校均明确规定学生需德智体美全面发展，其中，华东师范大学增加了劳育。但是德智体美的四项要求已经不再满足学生的身心发展，在《中共中央、国务院关于深化教育教学改革，全面提高义务教育质量的意见》中提到："充分发挥劳动综合育人功能，制定劳动教育指导纲要，加强学生生活实践、劳动技术和职业体验教育。”而在意见发布会上，教育部副部长郑富芝也对劳育进行了重新释义，劳育作为素质教育的一环，对中小学生的教育作用不可或缺。而国际视野和世界格局的欠缺也是时代顺应性弱的体现之一，比如：培养目标中除华东师范大学规定具有国际视野之外，其余高校并未将国际视野和世界格局归置于培养目标中去。仅有国内的发展视角，不能够满足教育全球化的发展。

3）指标分层操作不易

培养目标在指标的设置上不够精准透彻，培养目标的指标之多反映了其在横向拓展维度上的广度，却缺乏对纵向延伸维度上的深度探究。比如：在培养目标中提到具有扎实/基本的运动技能，却缺乏对于扎实/基本运动技能的评价指标，何为扎实？何为基本？等等。培养目标针对此类描述并没有进行量化分析，只是高度凝练，这种横向的凝练并不具有层层分解式的可操作性，没有量化评价，也就不利于《师范类专业认证》中所强调的目标持续改进机制的形成。

（2）指向集中明确，但特色不明显

在培养目标中，人才培养指向是培养目标的最终落脚点，反映了目标的人才培养理念，六所师范类院校也各有差异，详情见表 6-3。

表 6-3　**师范院校体育教育专业（师范类）培养目标的人才培养指向**

名称	北京师范大学	华东师范大学	华中师范大学	东北师范大学	陕西师范大学	西南大学
复合型创新人才	▲					
卓越体育教师		▲				▲
高素质专业化的一流师资			▲			
优秀体育教师				▲		
优秀教师					▲	
教育管理者					▲	
未来教育家					▲	
优秀教育管理人才						▲
教育硕士生源			▲			

根据表 6-3 总结出的人才培养指向，从培养指向上分析认为：

1）指向集中明确

虽然六所师范院校在人才培养指向的“修饰”上各不相同，比如：除北京师范大学外，其余五所院校均明确表示培养目标的指向为教师，但对教师的“前缀”不同，比如，华东师范大学和西南大学的“卓越”的“体育”教师、华中师范大学“高素质专业化一流”的“师资”、东北师范大学的“优秀”的“体育”教师和陕西师范大学的“优秀”教师都针对“教师”提出了不同的要求。但是最终的指向却较为明确，比如：专注落脚点在“体育”“教育”“管理”上，培养目标的应用性功能较强，成为优秀的体育教师、卓越的体育教师，甚至是未来的教育家等。

2）指向特色不显

虽然在人才培养的指向上较为集中，但是也正是指向的集中性，才导致每所学校缺乏地方特色，“人才培养目标定位‘同质化’的倾向明显，即不同层次高校在人才培养目标定位上缺乏清晰界定，在人才培养规格、层次和类型上区分度不高，缺乏特色。”比如：在六所师范院校中，只有西南大学的培养目标中涵盖成为西部一流、全国知名的基础教育卓越体育教师和优秀管理人才，除教师外，加入了优秀教育管理人才，且有明显的地区指向——“西部一流”，而其余五所高校并没有较明显的地区特色。

（3）创新实践强调不足，缺乏科研学习能力和终身发展能力

有研究指出：“体育免费师范生创新能力水平一般，没有特别突出的创新能力。”正是因为有这种现状存在，所以在培养目标中，更应该加强对“准”体育教师的科研素养和创新、创业实践能力的“笔墨”描写。但在培养目标的分析中发现：

1）创新实践强调不足

从现行的培养目标中，对于学生的创新实践强调不足。如：在培养目标的 17 个指标（如表 6-2 所示）中，体现创新实践的培养目标描述，仅华中师范大学和西南大学两所高校提及要求学生具备创新意识和实践意识，而其余四所高校并未明确指出。创新意识可以从课程、教学等中不断培养，但是作为引领后续培养体系的培养目标更应在源头强调创新实践的重要性，加大描述比重，引起培养关注。

2）缺乏科研学习能力和终身发展能力

此外，在培养目标中，缺乏对学生的科研学习能力和终身发展能力的强调和重视，比如：针对科研学习能力来说，北京师范大学的“具有一定教学和科研能力”、华东师范大学的“教学研究”、华中师范大学的“胜任中小学体育研究”“为教育硕士研究生教育提供优质的生源”以及陕西师范大学“具备较强的学校体育科学研究”都是对科研学习能力的一种体现，其余两所高校在培养目标中并未有此相关描述。针对终身发展能力来说，除华东师范大学表明学生需要自我发展能力外，其余高校并未提及学生的自我发展或者建立终身发展观，可以看出培养目标对于学生的终身发展能力强调不足。

（二）我国体育教师教育课程体系的现状

为全面了解我国中小学体育教师职前培养课程体系的现状，本书选取教育部直属六所师范院校的体育教育专业课程体系为研究对象。根据研究需要，对六所院校的课程框架和学分分布进行整理，将课程设置统一划分为通识教育课程、学科专业课程、教师教育课程和综合实践课程，并将六所院校课程学分按照四类标准进行赋分（详情见表 6-4），并以《师范类专业认证》和《国标》为蓝本，对六所院校体育教育专业人才培养方案进行归纳整理，将我国中小学体育教师职前培养课程体系的特征概括为以下 5 个方面。

表 6-4　　六所院校体育教育专业（师范类）课程设置及学分分布

学分分布及占比	通识教育课程	学科专业课程	教师教育课程	综合实践课程	总学分
北京师大	45（29.03%）	74（47.74%）	19（12.26%）	17（10.97%）	155
华东师大	40（26.32%）	83（54.61%）	14（9.21%）	15（9.87%）	152
华中师大	41（25.95%）	73（46.20%）	16（10.13%）	28（17.72%）	158
东北师大	42（28.97%）	75（51.72%）	18（12.41%）	10（6.90%）	145
陕西师大	43（28.29%）	79（51.97%）	16（10.53%）	14（9.21%）	152
西南大学	40/44 （24.69%/27.16%）	84（51.85%）	18/22 （11.11%/13.58%）	16（9.88%）	162

＊注：陕西师大教师教育必修课为 16 学分，选修课为 2 学分，其中选修课 2 学分已并入通识教育课程。西南大学最低毕业学分为 162 学分，其中，教师教育选修课的 4 个学分可替换通识教育选修课程的 4 个学分。此表中，西南大学的通识教育课程和教师教育课程均可能存在加入 4 个学分的情况，但总学分只加入一个 4 分，特在此说明。

1. 课程内容丰富多样各具特点，但部分课程开设亟待完善与落实

我国中小学体育教师职前培养课程内容的设置主要由通识教育课程、学科专业课程、教师教育课程和综合实践课程组成，这四类课程丰富多样且各具特色。

其一，通识教育课程极具中国特色。办好中国特色社会主义大学，构建高校大学生思想政治教育体系，需紧握社会主义核心价值观大旗，着眼立足“又红又专、德才兼备、全面发展”的根本要求，从而实现全方位、全过程及全员育人体系。结合教育部2018年印发的《新时代高校思想政治理论课教学工作基本要求》(以下简称《基本要求》)，将思政开设课程及学分进行整理（详情见表6-5)。从内容上看，思想政治教育课程、大学英/外语、军事理论/国防教育是六所院校相同培养课程设置，极具中国特色社会主义特色，其中思想政治教育课程更是以社会主义核心价值观为内容所搭建的。

表6-5　　思政课程学分及分布情况

课程名称	马原	毛概	近现代史	思修	形政	总计
《基本要求》	3	5	3	3	2	16
北京师范大学	3	6	2	3	未开设	14
华东师大	/	/	/	/	/	16
华中师大	3	6	2	3	未开设	14
东北师大	3	4	2	3	2	14
陕西师大	3	6	2	3	2	16
西南大学	3	5	3	3	2	16

*注：“/”：无详细学分，即培养方案仅对总学分进行了规定，相关课程具体学分并未展示。

马原：马克思主义基本原理概论；毛概：毛泽东思想和中国特色社会主义理论体系概论；近现代史：中国近现代史纲要；思修：思想道德修养与法律基础；形政：形势与政策。

表6-5数据来源于《基本要求》及六所院校体育教育专业（师范类）人才培养方案。

其二，凸显学科专业知识的重要性，学分占比较大。《国标》针对体育学类设置了7门专业必修课程，在此基础上提出体育教育专业应以“3+X”的模式培养人才，其中，“3”指“学校体育学”“体育课程与教学论”和“运动技能学习与控制”3门专业核心课程。因此，《国标》针对体育教育专业设置了10门学科专业必修课程。同时要求专业拓展课（选修课），总学分不低于 40 学分。通过对六所院校所涉及的 10 门必修课程及专业拓展课程开设学分情况进行整理（详情见表 6-6）可发现，在体育教育专业（师范类）的课程设置中，学科专业课程学分占比均在 45%及以上，满足《师范类专业认证》和《国标》的标准要求，且华东师大、东北师大、陕西师大和西南大学的学科专业课程学分占比过半。

表 6-6　**学科专业课程设置及选修课程学分分布情况**

《国标》		北京师范大学	华东师大	华中师大	东北师大	陕西师大	西南大学
专业必修课程	体育概论	✓	✓	✓	✓	✓	✓
	运动解剖学	✓	✓	✓	✓	✓	✓
	运动生理学	✓	✓	✓	✓	✓	✓
	体育心理学	✓	✓	✓	✓	✓	✓
	体育社会学	*	✓	✓	*	✓	✓
	健康教育学	—	✓	✓	—	✓	✓
	体育科学研究方法	✓	✓	✓	✓	✓	✓
专业核心课程	学校体育学	✓	✓	✓	—	✓	✓
	体育课程与教学论	✓	—	✓	✓	*	✓
	运动技能学习与控制	—	✓	✓	—	✓	✓
专业拓展课程；总学分≥40	属于选修课程	20	28	23	19	43	24

注：“—”尚未开设相关课程；“”虽开设课程，却并非必修。

表 6-6 数据来源于“国标”及六所院校体育教育专业（师范类）人才培养方案。

其三，教师教育理论框架搭建合理，课程设置以“集中型”为主。将教师教育类课程进行整理（详情见表 6-7）可发现，六所院校教师教育课程总学分均在 14 学分及以上。其中，必修课学分也均在 12 学分及以上，满足《师范类专业认证》标准要求的 14 总学分和 10 必修学分。另外，六所院校在教师教育课程的设置上以“集中型”为主，即该类课程以“模块”的形式，作为一个整体出现在课程方案中，且包含必修、选修两种类型。教师教育理论框架主要以教育学基础、心理学基础、课程论基础为主，六所院校在必修课的开设上整体差异较小。

表 6-7　**教师教育课程设置及学分分布情况**

学校名称	课程名称	学分
北京师范大学	①教师教育基础［体育课程与教学论等 7 门］	13
	②教师教育提升课程［选修体育社会学等 13 门］	6
华东师大	①教育理论与拓展［心理学、教育学］	4
	②学科教学［体育游戏与基本体操、中小学体育与健康课程标准解读、国际体育与健康课程标准解读］	6
	③教育技能训练［信息化教学设计与实践、体育教学技能训练］	3
	④教师综合素质系列	1
华中师大	①教师教育必修课［体育课程与教学论等 7 门］	12
	②教师教育选修课，选修 33 门课程	4
东北师大	①共通教育课程［学校教育基础等 4 门；教育研究方法等 11 门选修］	8
	②学科教师教育课程［体育课程论等 5 门；选修：运动训练学等 8 门］	6
	③学科教育技能课程［选修软式排球等 8 门］	4
陕西师大	①公共必修课［心理学基础等 8 门］	11
	②学科必修课［体育学科教学论、体育学科中学教材分析与教学设计］	5
	选修课：见通识教育选修课程“教师教育”系列 注：2 学分已并入通识教育选修课	
西南大学	①必修课［学校体育学等 12 门］	18
	②选修课［4 学分，学校统一开设，学生按要求自主选择］ 注：教师教育选修课程可替换通识教育选修课程学分	

* 注：表 6-7 数据来源于六所院校体育教育专业（师范类）人才培养方案。

其四，综合实践课程设置同质性较高，实践学分获取来源较单一。加强大学生在创新精神、实践能力及社会责任感方面的培养，是提高高等教育人才培养质量的重要途径。由表 6-8 可知，六所院校共同开设了教育见习、教育实习和毕业论文三门课程，且三门课程总学分在实践课程总学分中占据较多，同时反映出六所院校在实践课程的培养上同质性较高，学分的获取来源较为单一。仅华中师大与陕西师大在社会性参与活动和实践体验环节更多体现了实践课程的差异性，如华中师大社群平台学分，指导体育活动、参与赛事活动、获得各类证书、教学与科研、教学技能训练与评定、志愿活动以及其他境外游学或交流学习活动等学分来源广泛、且有相应的学分获取标准；陕西师大则开设了包括教师教学技能训练、必读书目阅读等实践课程。

表 6-8 **综合实践课程设置及学分分布情况**

学校名称	课 程 名 称
北京师范大学	教育见习（1）；教育实习（10）； 实践与创新［毕业论文（4）；社会实践与志愿服务/科研训练与创新创业（2）］
华东师大	毕业论文（8）；教育见习（1）；教育实习（6）
华中师大	毕业实习（16）；见习（2）；毕业论文（设计）（6）；社群平台（4）
东北师大	应用实践（6）；毕业论文（4）
陕西师大	实践教学模块［军事理论与训练（1）、教师教学技能训练（1）、必读书目阅读（1）、体育学科教学技能训练（1）、教育见习（1）、教育实习（4）、教育实践与社会调查（1）、大学生就业指导（1）、毕业论文（设计）（2）、科研训练（1）］
西南大学	教育教学综合实习（10）、毕业论文（设计、作品）（4）、教学能力测试（1）、社会实践（1）

* 注：“（）”内为该课程所需修读学分；

表 6-8 数据来源于六所院校体育教育专业（师范类）人才培养方案。

其五，学科基础课程和专业必修课程却亟待开设与落实。《国标》关于学科基础课程的规定中提到：“专业类基础课程是专业必修课程，是体育学类本科专业均须开设的课程，包括体育概论、运动解剖学、运动生理学、体育心理学、体育社会学、健康教育学、体育科学研究方法 7 门课程，总学分不少于 16 学分。”而关于专业必修课程的规定中提到：“总学分不少于 22 学分。体育教育专业须开设学校体育学、体育课程与教学论、运动技能学习与控制。”由表 6-4 可知，六所高校均在学分上满足要求，但在必修课程的开设上，仅华中师大和西南大学开设相关课程，满足相关要求，其余高校的课程设置与“国标”稍有差异，北京师大未开设“健康教育学”和“运动技能学习与控制”，且“体育社会学”非必修；华东师大未开设“体育课程与教学论”；东北师大未开设“健康教育学”“学校体育学”和“运动技能学习与控制”，另外，“体育社会学”并非必修；陕西师大开设的“体育课程与教学论”非必修课程。

2. 课程框架层次分明较为合理，但部分课程学分开设不足

在课程框架方面，《师范类专业认证》划分的通识教育、学科专业教育和教师教育课程，《国标》划分的通识教育课程、专业教育课程和实践课程，均以课程框架“三分法”的形式出现。在体育教育专业（师范类）的课程框架构建上，六所院校均以“四分法”的框架为主，即通识教育、学科专业教育、教师教育和实践教育，同时满足了二者文件对于课程框架搭建的要求。但通过对六所院校的课程学分设置情况分析发现，思政课程、专业选修课程及综合实践课程存在学分开设不足的情况。

其一，思政课程学分开设不足。《基本要求》规定：“本科生‘马克思主义基本原理概论’课 3 学分、‘毛泽东思想和中国特色社会主义理论体系概论’课 5 学分、‘中国近现代史纲要’课 3 学分、‘思想道德修养与法律基础’课 3 学分、‘形势与政策’课 2 学分。”即思政课总学分为 16。由表 6-3 可知，从总学分的层面比较，只有 3 所学校满足要求，即华东师大、陕西师大和西南大学。从具体课程学分分布中看出，六所院校在“毛泽东思想和中国特色社会主义理论体系概论”“形势与政策”等课程的学分开设中，与《基本要求》存在些许出入，在思政课的学分开设上，存在学分分布不合理现象。

其二，专业选修课程学分开设不足。《国标》提出：“专业拓展课程属选修课程，凡是未被列入必修课程和本标准推荐的 3 个课程模块的课程，均可作为专业拓展课程的备选课程。学分不少于 40 学分。”鉴于六所院校的“四分法”均将教师教育课程作为单独模块培养，而与此同时，《国标》的“三分法”却并未单独划出教师教育课程的模块，其专业选修课程即已包含了教师教育课程在内的选修课。因此，为更好地与《国标》进行比较，采用“三分法”课程框架，并将六所院校教师教育课程的选修学分加入专业选修课学分进行计算。由表 6-6 和表 6-7 可知，在专业选修课程的学分分布上，除陕西师大满足标准的要求之外，其他五所院校的学分设置均不满足标准对于专业选修课程的规定。

其三，综合实践课程学分开设不足。《国标》要求，实践相关课程的总学分参考标准需在 14 学分及以上，但通过表 6-8 可知，六所院校的综合实践课程从 10 学分到 28 学分不等，北京师范大学、华东师大、华中师大、陕西师大和西南大学达到要求，且华中师大最高达到 28 学分，未达标的东北师大仅有 10 分。

3. 课程知识体系较为完善，但前沿性知识不足

我国中小学体育教师职前培养课程知识体系的实现可依托具体课程体系的搭建，在培养方案中设置的课程体系可窥探知识体系培养的特点与方向。通过整理六所院校在四类课程中的具体课程名称可发现，从以思政教育为基础的通识教育课程到体育学科基础、核心与拓展的学科专业课程，再到教育学科基础、核心与拓展的教师教育课程，最后到专业实习、毕业论文等的综合实践课程，涵盖了体育教育专业（师范类）对人才培养的知识要求，如：学科专业课程下的学科基础课程，主要涵盖了"运动解剖学""体育概论"等课程，涉及了体育学科的基本概念、本质、人体运动基本功能等知识；专业必修课程包括"体育课程与教学论""专项教学训练理论与实践"等课程，涉及体育教育专业的基础理论与方法，以及运动技能的实践等知识；教师教育课程所映射的知识体系主要体现在四个方面：教育学理论基础类、师范技能方法类、师德教育类以及教学信息素养类。

虽在课程知识体系内容的设计中较为完善，但深入分析发现，培养课程的设置中存在前沿性知识不足的问题。其一，学科专业课程下的学科基础课程，北京师大和东北师大尚未开设"健康教育学"课程，健康意识存在不足。其二，专业必修课程中，六所院校对于体育课程与教学论等相关知识的重视程度较为欠缺，时代性不足。其三，专业选修课程中，仅有华东师大在专业任意选修中加入了"体育科学前沿理论探讨与国际实践"，这有助于学生开拓国际视野，但其余院校尚未开设此类相关课程，前沿性略显不够。其四，教师教育课程中，只有华东师大设置了"中小学体育与健康课程标准解读"和"国际体育与健康课程标准解读"，站在国际化的视野上，从两个视角分别对国内和国外的体育与健康课程标准进行解读，非常具有前瞻性和国际视野，其余院校尚未涉足。

4. 教师教育融合有限，师德教育特色不显

通过整理六所院校体育教育专业（师范类）的课程体系，可看出以下几个方面特征：第一，学科壁垒打破有限，融合课程开发欠缺。体育教育专业的教育属性主要体现在教师教育课程中，仔细辨别教师教育类的课程（如表 6-7 所示），大多是以教育学理论、心理学理论为基础的理论知识，或听说读写的师范技能训练，或现代信息素养、个人能力提升等为主的教师自身能力培养课程，具有明显的独立性，类似于“体育学科教学论”等之类的融合课程却很少，教育学科与体育学科之间的“打破”“融合”程度不够。第二，教师教育理论和实践的融合稍显割裂。在整个课程体系中，关于教师教育理论的学习大多集中于教师教育课程，而这类课程多为理论知识的学习，将知识转变为实践能力需要通过教育见习或者实习，但教育见习和实习多集中在综合实践课程板块，开设学期集中在第7、8学期，时间较晚。通过培养方案可知，教师教育理论知识的学习大多集中在第3、4学期，这就造成了理论知识与实践应用之间的割裂，不利于教师教育理论与实践的融合。

体育教育专业（师范类）作为我国中小学体育教师的资源储备库，其较强的师范性应是专业特色，但体育教育专业（师范类）对于准体育教师师德教育的培养力度不够。教师教育课程其中一类知识体系为师德教育类课程，主要对学生的职业认同、思想品德以及教育能力进行培养与强调。陕西师大和西南大学的课程设置中尤为明显，如，陕西师大所开设的“中学生品德发展与道德教育”“教师专业发展与职业道德”，西南大学开设的“教师职业道德课程”，凸显陕西师大和西南大学对体育教师教育思想的重视。

5. 实践课程有贯穿课程体系的趋势，但实践特征取向仍然较弱

《国标》要求实践课程总学分不低于14学分，通过分析（如表6-8所示）可发现，六所师范院校开设学分均符合《国标》标准。截至目前，体育教育专业实习以学校教育为主，但逐渐有贯穿课程体系的趋势，如在社会实践调查、毕业论文等多方面安排了实践课程，逐渐摆脱以单纯的学校教育为主的社会实习，并以此为基础，发展其他创新、社会志愿服务等内容。但实践特征取向仍然较弱。其一，在实践课程的设置上，对“准”体育教师的科研素养和创新、创业实践能力强调不够。《国标》要求实践课程除包括社会实践、专业实践外，还应包括创新创业实践和科研训练课程。但通过分析可发现科研训练大多集中于毕业论文（设计）中，模式较为单一。且六所院校针对创新创业能力的培训，在实践课程板块并未有很好的体现与说明。其二，以教育见习、教育实习和毕业论文为主的综合实践课程主要集中在第7、8学期，其他学分占比较少的综合实践课程虽安排在第1~6学期不等，但由于学分较少，开设学时也较少，实践的全程性培养明显不足。

（三）我国教师资格制度的现状

1. 专业认证背景下我国教师资格制度的变革

专业认证是确认高等学校所开设的专门职业性教学计划符合预先制定的合格标准的评估过程，是为进入专门职业工作的预备教育提供的质量评估和保证活动。2014 年，我国师范类专业认证工作率先在江苏、广西两省进行试点，并于 2016 年 12 月如期完成，为师范类专业标准的完善、师范类专业认证模式的探索积累了宝贵经验。2017 年 10 月，教育部正式印发了《普通高等学校师范类专业认证实施办法（暂行）》，标志着我国师范类专业认证制度正式得以建立。《普通高等学校师范类专业认证实施办法（暂行）》明确规定，师范类专业认证实行三级监测认证，第一级定位于师范类专业办学基本要求监测；第二级定位于师范类专业教学质量合格标准认证；第三级定位于师范类专业教学质量卓越标准认证。其中，通过第二级认证专业的师范毕业生，可由高校自行组织中小学教师资格考试的面试工作；通过第三级认证专业的师范毕业生，可由高校自行组织中小学教师资格考试的笔试和面试工作。

由此，新时代背景下我国教师资格认定途径可以分为以下三种：其一，通过一级监测专业的师范毕业生或符合《教师法》规定的学历要求的公民，须依照 2013 年教育部颁发的《中小学教师资格考试暂行办法》的相关规定，参加并通过国家统一教师资格考试后方可获取教师资格证书；其二，通过二级认证专业的师范毕业生，在满足专业制订的人才培养方案、教育实习等相关要求的同时，需参加并通过国家统一教师资格考试中的笔试环节方可获得教师资格证书；其三，通过第三级认证专业的师范毕业生，在满足专业制订的人才培养方案、教育实习等相关要求后，可视为教师资格考试的笔试与面试合格，直接获得教师资格证书。综上所述，从职业资格获取方式的角度而言，我国教师资格制度由单轨制（即教师资格“国考”）转变为一种新型的双轨制（即教师资格认证和教师资格“国考”并存）。

2. 专业认证背景下体育教师资格认证可能面临的实践问题

鉴于我国师范类专业认证制度尚处于探索阶段和教师资格制度的重要意义，在全面审视我国体育教师教育发展现状的基础上，合理预测开展体育教师资格认证工作中可能面临的现实问题，有利于我们更好地谋划规避策略，防患于未然，以建立更加科学、更加完善的体育教师资格认证体系。

（1）体育教师资格认证机制与体育教师培养模式存在错位

根据师范类专业认证相关文件精神，师范类专业认证将按照学段划分对专业进行监测和认证，并分类制定了《中学教育专业认证标准》《小学教育专业认证标准》《学前教育专业认证标准》作为开展相关工作的依据。由此可见，教师资格认证是以专业（方向）为基本前提的，如通过小学教育专业教师资格认证的学生只能获得小学教师资格证书。此外，师范类专业认证相关文件要求专业在制定毕业要求及评价师范毕业生能力时应以教师专业标准为主要参照，而2011年教育部颁布的教师专业标准同样包含了学前、幼儿和中学三个学段，这就要求专业在开展专业认证及教师资格认证工作时必须有明确的专业定位。然而，当前我国普通高校（本科）体育教育专业仅用一套人才培养方案或课程体系来培养体育教师，并未建立形成以学段划分为基础的体育教师培养模式，这极易导致体育教育专业认证和体育教师资格认证的实施难度增加、认证效果大打折扣。即使临时定位于某一专业（如，小学教育），但缺乏与之相对应的人才培养计划和课程体系，其结果也必然会导致教师资格认证的定位和要求笼统、缺乏靶向性，在这种情况下通过认证的体育教师其教学质量和效果可想而知。

（2）专业认证的“周期性”与教师资格认证的“即时性”抵牾

专业认证强调以成果为导向，评价专业的人才培养质量。从专业认证实施办法中可以看出，专家组主要是通过了解专业毕业生教书育人情况来考察专业“成果”的质量，并作为评判认证等级的重要依据。当然，通过毕业生质量评判专业人才培养质量本没有问题，但却存在一个时间差的问题。人才培养是一个循序渐进的过程，且专业认证的周期为6年，如何能够通过过去培养的人才质量来反映现在培养的人才质量？如若通过三级认证的专业在第二次认证时并没有达到三级水平，那么在此期间已经获得认证的教师的质量又该如何保证？此外，对于已经通过三级认证且不在考核期的专业学生而言，不需要参加任何大型考试，只要按部就班地完成专业课程和要求即可获得教师资格证书，难免会导致部分学生的学习动机大大降低，学习的努力程度不足，最终无法达到教师资格的基本要求，专业素养欠缺。教师资格制度是国家对教师实行的法定执业许可制度，是确保每一位从事教育教学工作人员专业素质的重要手段和方法。专业认证的施行虽可以切实提高教师教育机构的办学质量，但我们不禁疑虑，专业的质量是否能够代表其培养的每一位师范毕业生的质量，专业认证要求如何能够真正落实到每一位师范生，以保证其毕业之后能够真正胜任教育教学工作。

(3) 教师资格认证主体对“合格体育教师专业素养”认识不足

如前所述，专业认证要求专业依据教师专业标准制定明确公开的毕业要求，在一定程度上可视为体育教师资格标准，对体育教师的职前培养起到了很好的引领和参照作用。但从宏观层面上来看，体育教育专业办学机构在制定毕业要求时，缺乏对合格体育教师专业素养的共识，虽然可以以“教师专业标准”为参照，但其提供的指导和规范相当有限，很可能导致各院校体育教育专业制定的标准和要求各不相同。此外，由于专业办学目标、师资力量、保障条件等方面存在一定的差异性，即使同为通过三级认证专业的师范毕业生，其专业素养也会存在较大差异，如此加剧了教师队伍整体素质的不均衡性。

从国际经验来看，教师资格制度经历了课程本位、知识本位和能力（实践）本位三个发展阶段。其中，能力本位教师教育强调学生实践，注重学生能力的养成，以获取从事某种职业的能力为标准，是当前教师教育改革中具有重要影响力的教育思想，同时也与我国师范类专业认证理念不谋而合。具体到体育教师资格认证而言，如若不能从需求侧的角度回答何为合格体育教师这一问题，其结果必然会导致体育教师资格认证的课程本位倾向，即修完规定课程并通过考试即可获得教师资格证书，不利于提高教师队伍的整体质量。

(4) 体育教师资格认证缺乏权威、有效的外部监督机制

师范类专业认证办法指出，对于通过相应等级的专业师范毕业生，由高校可自行组织中小学教师资格考试笔试或面试工作，师范毕业生按照学校师范类专业人才培养方案修学规定课程并成绩合格、达到毕业要求，视同笔试合格；所在高校建立师范生教育实习档案，并通过严格程序组织认定师范毕业生的教育教学实践能力，视同面试合格。由此可见，专业认证办法虽在宏观层面上对专业的教师资格认证工作进行了指导和规范，但并未出台配套的实施细则或办法。因此，高校在教师资格认证中拥有较大的自主权，且是唯一的教师资格认定主体。然而，单纯由教师教育机构负责教师资格认证，难以确保公平和权威，缺乏竞争机制的单一化教师资格认证机构，会在很大程度上导致教师资格认定机构产生惰性，也容易滋生违规甚至是腐败现象。职业资格制度是促进教师专业化发展的重要环节，完善的教师资格认证制度不仅要有规范、严谨的组织认定程序，同时也包含科学、合理的监督机制，确保教师资格认证的公开、公平和专业化，进而提高教

师职业的专业性和社会认可度。得益于中国传统观念以及“百年大计，教育为本”的方针政策，教师一般具有相对较高的社会地位，但体育教师却难以受到重视，社会地位相对低微。在此背景下，体育教师资格认证作为遴选体育教师的重要手段，其专业性、权威性则显得尤为重要。

第七章　体育教师教育体系的国际启示与本土实践

一、域外体育教师教育体系的有益启示

（一）美国体育教师教育体系对我国的启示

基于“振兴教师教育行动计划，加强师范教育体系建设”等国家教师教育政策的导向下，用批判性眼光审视我国体育教师教育的发展，毋庸置疑的是培养体系日趋完善并基本满足社会需求，但也仍存在诸多培养困境有待突破。从入学制度来看，单一化的考核形式与内容过于局限，缺乏对教学意愿等综合因素的考量①；培养目标与毕业要求的制定亦存在难以操作与缺乏测量等不足②；就课程体系方面分析，课程内容设置上难以满足融合教育背景下对体育教师具备融合体育教学能力的需求③；教育实习模块亦存在指导教师团队管理、实习考核等多方面问题阻碍着体育教师教学能力的提高④。以问题为导向，优化人才培养模式是振兴体育教师教育的当务之急，新时代体育教师教育构建，不仅需着眼于本土实际，也需具有开阔的国际视野以夯实职前培养改革基础工作。通过对美国 CSUN、AU、UGA 体育教师教育培养理念、入学要求、课程设置及毕业要求进行分析，

---

① 黄建辉．专业化背景下教师职前教育入学标准改革探析——基于美国经验［J］．现代教育管理，2014（6）：100-103.

② 李然．师范类专业认证背景下小学教育专业培养方案的文本研究［D］．石家庄：河北师范大学，2020.

③ 王健，曹烃．融合共享：运动弱势学生体育教育改革的时代诉求［J］．体育科学，2014，34（3）：39-46.

④ 高亮，唐鹏，王家宏．体教专业毕业实习效果的影响因素及其对策研究［J］．体育与科学，2018，39（1）：108-113.

对我国基础教育的体育教师培养提出如下启示。

1. 树立健康教育培养理念，严格把控毕业要求高质量输出，构建培养目标与毕业要求关系矩阵图

体育教育在健康领域所带来的影响是强有力的，早在 1991 年，Sallis 和 McKenzie（1991）就曾探究过体育教育在公共卫生领域的成效①，历经 20 年，Sallis（2012）等人在回顾体育教育在健康领域所取得成效时，认为在过去的 20 年中，随着肥胖病的流行，大多数年轻人未达到体育锻炼的标准，且锻炼方式存在一定偏差，社会对于体育教育的需求急剧增长②。公众健康早已并将在以后很长一段时间成为全社会关注的问题，而体育教育在促进公众健康的作用显而易见，因此，美国在学校体育的发展上提供了一定的政策支持，如州一级的体育政策，对体育教师资格的专业认证、中小学体育教育的教学时长要求等。换而言之，增强中小学生的健康可以从体育教育入手，那么体育教师的职前培养需要以“公众健康”为本位的目标出发，致力于培养能够促进公众健康的 K-12 体育教师。随着教育不断全球化的趋势愈加明显，国内也不断从发布政策的顶端设计中改革当前国内的体育教师职前培养。教育部 2017 年发布的《普通高等学校师范类专业认证实施办法（暂行）》及 2018 年国家出台的《高等学校体育学类本科专业教学质量国家标准》等政策文件的宗旨就是改革本科教学，将提高人才培养质量作为改革聚焦点，但文件的要求中，以培养应用型人才为最终指向，完成由“体育教师”转向“应用型人才”的培养目标③，并多以强调体育教师的价值观念（含社会主义核心价值观、思想认同等）及核心能力素养（含专业素质、教学能力等）的培养④，对于体育教师职前培养中服务公众健康的强调较少。基于体育教育在提升公众健康的地位，国内的体育教师职前培养过程中需加强体育对健康的强调，并加强“公众健康”责任意识的培养。

① Sallis J F, McKenzie T L. Physical education's role in public health [J]. Research Quarterly for Exercise and Sport, 1991, 62 (2): 124-137.

② Sallis J F, McKenzie T L, Beets M W, Beighle A, Erwin H, Lee S. Physical education's role in public health: Steps forward and backward over 20 years and HOPE for the Future [J]. Research Quarterly for Exercise and Sport, 2012, 83 (2): 125.

③ 张玉宝. 从“计划”到“国标”：体育教育专业课程设置演变、特征、启示 [J]. 体育学刊, 2020, 27 (1): 93-98.

④ 胡永红，吴邵兰，艾安丽. 我国体育教育专业认证工作存在的问题与优化路径 [J]. 体育学刊, 2021, 28 (2): 72-79.

美国高校对体育教师有着较高的毕业要求，学生一般需在达到学校的普通毕业要求上，完成体育教师教育专业的教师教育计划，体现出了美国对输出一个合格且负责任的体育教师有着严格的把控意识，其严格可从两个方面体现：一是对平均课程成绩、实习要求的标准等，均在普通毕业标准之上；二是由于美国多数高校的教师教育计划已获得了州内教育委员会及全国教师教育认证委员会（NCATE）的认证和批准，为学生的毕业质量设置了一道严格的关卡。反观国内，由于国内体育教师的职业准入与美国有着较大的不同，因此，在毕业要求上也有不同的审核标准。国内中小学体育教师的职业准入以参加“综合素质”“教育知识与能力”“体育与健康”，从而考取不同等级的教师资格证、获得体育教师的准入资格为主。随着教师资格考试制度的推行，体育教师的职业准入必须以考取教师资格证为前提，以往师范生毕业即获取证书的“特权”也被取消，因此，在毕业要求上，各个学校大多以学校毕业的统一标准对学生进行考核，但学生是否有从事体育教学的能力仍然存疑，国内在体育教师的毕业要求上，不可完全照搬美国高校的毕业要求，但可借鉴其提高专业培养的毕业平均成绩、多方面考核体育教师的教育综合能力等方式，严格把控毕业生的质量输出，为中小学体育教师提供优质的后备人才，其中，较为有效的方法就是构建培养目标与毕业要求关系矩阵图。《普通高等学校师范类专业认证实施办法（暂行）》文件颁布后，各大高校为落实政策精神及提高体育学科办学质量，以文件内容为构建依据对体育教师职前培养方案进行多次完善与修改。但仍可发现人才培养方案中存在有待完善之处，如培养目标制定脱离教师专业发展规律，培养目标定位于“一流”“卓越”“骨干”体育教师，远超于体育教师毕业五年左右所力所能及之事；培养目标与毕业要求过多质性表述以至于十分抽象难以满足文件中的明确、清晰要求，且不利于测量评价；培养目标与毕业要求作为相互的印证与支撑，其对应关系矩阵图的构建也并未引起各大高校的相应重视①。因此，除了要加强公众健康责任意识培养以外，可借鉴美国体育教师教育培养经验，结合我国《普通高等学校师范类专业认证实施办法（暂行）》文件要求，培养目标制定应切实符合体育教师专业发展实际需求，结合教师专业发展的阶段性特点，制定准确且具有前瞻性的培养目标内涵。毕业要求的制定亦需秉持可覆盖、可落实与可评价的原

① 李然．师范类专业认证背景下小学教育专业培养方案的文本研究［D］．石家庄：河北师范大学，2020.

则，以文件中的11条毕业要求为制定蓝本，结合各地区教育改革发展与学校办学特色，使用分解式、整体框架式的表述方式，进一步将宏观毕业要求具体至多个二级指标、三级指标，以增强毕业要求的可操作性及可测评性。培养目标与毕业要求作为相互联系不可分割整体，毕业要求能够有效支撑且覆盖所有的培养目标，构建培养目标—毕业要求关系矩阵图可督促培养方案制定者对目标与毕业要求的有效性、合理性、可行性的自我分析；亦可清晰展示出该校对体育教师专业能力的培养重点。

2. 完善入学制度，实行以教学意愿为选拔核心的多种考核方式

美国的高等教育与许多其他国家的教育体系稍显不同，尽管美国的教育部为高等教育提供支持和资金，但并不充当中央机构，因此，美国的高校大多自治，且有很大的独立性和自由性①。在此背景下，美国多数高校在体育教师教育培养中既满足了州内教师教育认证计划，又在此基础上对专业入学标准详细说明。录取身份的详细定位，挖掘了传统的入学方式，抓住了多类型学生的入学机会，增强了学校的入学率。此外，美国高校的体育教师在入学标准中并没有类似国内的体育专项技能考试，对学生的运动技能训练也尚未有相关课程设置，但对教学能力的培养较多，形成淡化运动技能训练、注重教学能力提升的培养结构。反观国内体育教育专业招生现状，体育教师的输入途径大多源自两方面，一是由高校招生体育统考专业测试和普通高等学校招生全国统一考试共同筛选，二是在普通高考以外的单独招生——体育单招制度。也意味着，进入体育相关专业进行体育教师培养的学生均需经过运动技能的考核，与美国体育教师的输入途径有着较大区别，但这也恰恰成为国内体育教师职前培养的特色之一。在保有生源输入特色的基础上，以美国高校的培养设置为借鉴，增加教学能力的训练，在二者之间探寻平衡发展的路径，使运动技能和教学能力相辅相成、相得益彰，共同促进体育教师的培养与发展。

为培养与社会需求高度契合的专业化人才，国家及教育部下发了《教育部关于进一步深化高校自主选拔录取改革试点工作的指导意见》等一系列教育政策文件，要求从源头出发，高校根据各个专业特性制定多元化考核制度，以选拔出相

① College and University Education in the United States [EB/OL]. [2021-03-22]. https://china.usembassy-china.org.cn/wp-content/uploads/sites/252/2016/12/Colleage_and_University_in_the_United_State.pdf.

应地对优秀人才进行专业培养。目前我国体育教师入学选拔制度仍是“成绩至上”的单一选拔模式，结果是较多体育教师毕业时不选择体育教师职业或者在短时间内离职的教育资源浪费的局面。鉴于此，借鉴美国体育教师入学制度的有效经验，在招生对象方面，可扩大招生范围，提高招生层次，在本科低年级（大二及以下）的学生中选拔出部分有志成为体育教师的优秀学生进入体育教育师范专业，可保障生源质量亦可完善和补充体育教师教育结构①。在招生院校方面，我国师范院校在高校自主招生制度中处于有限参与状态，体育教育师范专业并未涉及，因此应加快推进地方师范院校、体育教育师范专业进行自主招生制度改革，给予体育教育师范专业自主招生权。鼓励及支持地方院校根据区域特点及体育教育发展需求及趋势，建立科学合理的体育教师入学选拔考核体系。考核内容上，以文化高考与体考成绩为报名限定条件，重点对体育教师的非智力因素进行综合考察，重视考生的教育实践经历，并着重考核其价值观、性格特征、体育教师职业情感、教育观念与施教潜力等教师隐性素养。考核方式上，避免单一化考核方式，增加自我评价、他人评价及过程性评价等评价方式，可实行档案袋考核、考生提交体育教师职业意愿书、体育教师推荐信、专家面试等多种具体考核措施，以“严以促优”的入学制度保障体育教师专业发展质量。

3. 聚焦教育对象的多样性，全面提高体育教师的综合素质能力

美国高校在体育教师的培养过程中，不论是培养理念还是课程设置，主要的聚焦点之一是对教育对象身份多样性的包容及关注。比如，AU 培养理念中所强调的“道德与尊重”“多样性”“以学生为中心”等，均是该校对教育对象多样性的关注，而在 AU 的课程设置中也包含对教育对象多样性的重视，在教师教育类课程中体现尤为明显，如《学习者的多样性和特殊性》、《学习者和环境的多样性》、《残疾人体育教育》等，以及针对不同阶段的教育对象所开设的课程，如儿童、小学体育教育和中学体育教育等。这些培养设置也改变了美国高校在体育教师培养中的教学形式，考虑到教学对象的多样性与差异性，那些来自不同背景，以及有特殊需要的人群应当被关注，创造包容性环境至关重要。目前中国国内并没有较大的人种文化差异，随着与世界的接触，格局的不断开拓，种族、性别、国籍、社会阶层等都将存在于学生、教师、课程以及课外活动等许多方面，

① 黄建辉，洪明．美国教师职前教育入学标准的演变、特征及其启示［J］．外国中小学教育，2014（11）：36-40，35.

这种对于多样性的关注有利于缓解社会矛盾的激化。Ladson-Billings（2005）认为教师教育所面临的真正问题是学生、家庭、社区与教师和教师教育者之间的脱节，而这些脱节源于种族、阶级、文化背景以及社会经济地位等方面的差异①。越来越多的种族多样化的学生、家庭、社区等要求获得对自己身份认可、尊重与教育的权利②，因此，为了帮助教师能够面对和解决这些差异，职前的培养计划必须得以重视。习近平总书记在世界经济论坛“达沃斯议程”对话会上强调各国历史文化和社会制度差异自古就存在，是人类文明的内在属性③，而国内有不少学者已意识到在职前教育领域中多样性与多元化的作用④⑤⑥但研究多集中于对国外职前教育经验的借鉴，在此基础上，如何发展国内本土的多样性理念与课程，助力于体育教师的职前教育，进而深入发展国内少数民族的体育教育是当前学者需进一步探究的关键所在。

通过分析 CSUN、AU、UGA 体育教师教育的课程中也发现，通识教育课程的占比相对较高，而这些通识教育课程也为体育教师的进阶学习和职业准备奠定了良好的基础，也折射出美国高校对学生综合能力的培养，引领学生进行分析和交流，促进了学生对人文社会的理解，使其成长为一名合格的、更负责任的公民。通识教育课程强调了学生将在整个本科教育中所建立的基础技能与综合素质，而 CSUN、AU、UGA 三所高校的体育教师培养的通识教育课程设置体现了批判性阅读与思考、数学应用、人文社科等多个方面，也与美国政府主导的 STEAM（科学、技术、工程、艺术和数学）教育计划较为契合，现行的 STEAM 教育理念是针对 STEM 教育理念的延续，代表着一种跨学科、多学科融合的教育理念和模式。当今社会朝着数字型转型对教育领域的冲击是不可小觑的，如何在这种环境

① Ladson-Billings G J. Is the team all right? Diversity and teacher education [J]. Journal of teacher education, 2005, 56 (3): 229-234.

② Gay G. Acting on beliefs in teacher education for cultural diversity [J]. Journal of teacher education, 61 (1-2): 143-152.

③ 习近平：没有多样性，就没有人类文明 [EB/OL]. [2021-04-06]. http://www.gov.cn/xinwen/2021-01/25/content_5582452.htm.

④ 赵英，文丽娟．美国卓越教师教育课程特征研究——基于密歇根州立大学教师教育课程案例分析 [J]. 比较教育研究，2020，42（1）：61-66.

⑤ 靳淑梅，闫悦．美国培养职前教师多元文化素质的实习标准与途径探究 [J]. 外国中小学教育，2017（2）：48-53.

⑥ 靳淑梅，俞爱宗．职前教师教育的多元文化课程资源开发——美国艾奥瓦大学多元文化课程研究与启示 [J]. 社会科学家，2015（1）：116-120.

下进行自我教育和技能发展以适应社会发展成为当下体育教师教育的命题之一。国家在教育信息化“十三五”规划①中提出跨学科学习（STEAM 教育）对于中小学探索 STEAM 教育中国化、本土化有着较大的促进作用。当前国内对于 STEAM 教育的相关研究数量不少，这也与国家所发布的教育文件息息相关，国内的相关研究历经了借鉴期、发展期以及转型期，但目前仅在中小学及学前教育阶段展开教育实践，高等教育阶段尚未真正投入应用②。Anisimova 等人（2020）的研究结果表明，大学生参与项目活动的主要优势源自本身所具有的研究性和跨学科性，且这种优势与未来工作的细节越来越贴近③。因此，借鉴 STEAM 教育，作为搭建国内本土职前体育教育的实用框架，在不断推进中小学 STEAM 教育计划的基础上，探索高校的跨学科培养，对于体育教师的职前教育有着重要意义。

4. 调整课程内容设置，关注体育教师的融合体育教育能力

在上文“聚焦教育对象的多样性”中所论述到，要尤其加强特殊儿童、残疾人等弱势群体的关注，不论是 AU 的“残疾人体育教育”，还是 UGA 的“适应性体育”，都说明了美国社会在多元化多样性的环境下，尤其对特殊教育的强调。为了进一步实现多样性，需要在目标、课程等整个人才培养体系中贯彻落实，其中，课程是人才培养之核心且培养的可操作性强，因此亟须调整课程内容设置，尤其关注到体育教师的融合体育教育能力发展问题。

我国体育教师职前培养课程体系经过数十年的发展不断趋于完善，但仍存在薄弱之处。《国家中长期教育改革和发展规划纲要（2010—2020）》文件中明确提出要关心和支持特殊教育，不断扩大随班就读和普通学校特教班规模④，截至 2016 年，在校接受教育的 49. 17 万残疾学生中就有 56. 60% 和 55. 06% 随班就读

① 教育部关于印发《教育信息化“十三五”规划》的通知［EB/OL］.［2021-04-06］. http：//www. moe. gov. cn/srcsite/A16/s3342/201606/t20160622_269367. html.

② 王卓玉，谢双雪，程明．基于文献计量学的国内外 STEAM 教育研究比较分析［J/OL］. 现代远距离教育：1-15［2021-04-08］. https：//doi. org/10. 13927/j. cnki. yuan. 20210330. 001.

③ Anisimova T, Sabirova F, Shatunova O. Formation of design and research competencies in future teachers in the framework of STEAM education［J］. International Journal of Emerging Technologies in Learning (iJET), 2020, 15 (2): 204-217.

④ 中华人民共和国教育部．国家中长期教育改革和发展规划纲要（2010—2020 年）［EB/OL］.［2021-04-10］. http：//www. moe. gov. cn/jyb_xwfb/s6052/moe_838/201008/t20100802_93704. html.

或在附设的特教班就读，但有87.86%的体育教师尚未参加过任何融合体育教育相关课程①，融合体育教学能力十分缺乏。因此，可借鉴CSUN、AU和UGA体育教师职前培养融合体育课程的有效特征，为体育教师提供融合体育的专业课程以保证其能够为残疾学生提供有效的体育教育服务。首先设置丰富多样的课程内容，课程内容应紧密围绕体育与残疾人特点设置，体育教师必须了解融合体育的发展历史与现状、残疾症状与病理、残疾学生的心理、如何与各类残疾学生进行有效沟通等内容，掌握基于融合体育教育环境下的体育教学策略、对残疾学生科学制订教学计划与如何对残疾学生进行有效诊断评估等核心内容。课程形式上以理论与实践相结合，以室内线下集体授课、开展融合体育讲座、线上优质融合体育课程学习为基本理论课程形式；从教学实践角度出发，可从志愿者服务形式、残疾学校的短期实习、融合教育学校中多阶段教学助教和教育实习等多方面开展。融合体育课程的顺利开展取决于专业的融合体育师资，目前我国高校仍缺乏可以系统开设融合体育课程的高水平师资储备②，可借助国外专业力量，与国际学校达成专业合作，聘请专业师资于我国高校任教，并开展联合培养及外派学者访问等多种形式培养本土融合体育专业师资，以保证融合体育课程的顺利开展与高水平的教学质量。

5. 丰富教育实习体系，发展基于观察的反思性实践能力，重点加强指导教师团队建设与教育实习考核管理

在《专业认证》与《教育类研究生和公费师范生免试认定中小学教师资格改革实施方案》等教育政策文件先后颁布的趋势下，完善教育实习体系是深度落实国家政策的重要途径。因此，可根据美国高校体育教师教育实习经验，如CSUN以教育实习前、中、后三阶段为改革中心，教育实习开展之前，实行体育教师专业能力审核，着重考察专业教育知识、专业技能与职业态度三个方面，遴选出真正具备开展实践教学能力的体育教师进入教育实习环节，以此保障教育实习质量及端正体育教师全程学习态度。教育实习过程中采取“多阶段、分学段”的实习模式，丰富体育教师小学、初中与高中各学段的教学实践经验，可有效避免职前实习与职后执教相脱节的教育弊端。而在具体发展实践能力的措施上，可

① 刘鎏，王永顺．比较与提升：中美体育教育专业学生融合体育教育自我效能研究［J］．北京体育大学学报，2018，41（7）：86-92.

② 刘鎏，王永顺．比较与提升：中美体育教育专业学生融合体育教育自我效能研究［J］．北京体育大学学报，2018，41（7）：86-92.

以借鉴 AU 的培养经验，其不论是在体育教师的课程设置中，还是对于毕业标准，均对实践能力有着较大的关注，尤其是通过对理论和实践课程的认识不难发现，一门理论课随后就配套一门实践课程，这种“配套”式学习掌握了理论结合实践的瞬时性，对于学生理论知识的理解和应用有着毋庸置疑的作用，而这也涵盖着从被动的理论学习到主动的实践学习过程。除此以外，AU 对教育实践能力的关注在临床实习中也体现得淋漓尽致，如对授课时长的规定，共授课 20 天，其中包括 10 天的连续授课等，临床实习为体育教师在课程中所获得的知识与现实世界的课堂实践之间架起了桥梁，通过对现场的掌控经验，进行观察并反思，对学生转化理论知识、做好职业准备非常有效。Schön（1987）提出了反思性实践发展，认为通过重构等辨证过程，将理论和实践相互结合，假定了一种学习教学观，即为反思性实践的发展①。在体育教师的职前教育过程中，体育教师对于现场经验的观察进行反思性活动，是在实践过程中回忆课堂教学活动、从内部观察教学的有效途径，如，学生可通过回忆对现场自身话术使用的分析，构成生动的实践图像等②。国内关于反思性实践的研究也不少，如，基于反思性实践的师范生教育实践能力培养，从反思性实践能力等方面探讨职前教师的教育实践能力等③④。体育教师通过对现场观察，去思考“教什么”及“为什么”等问题的反思推理过程，从而建立理论与实践的相关联系，可以对职业角色有着更加全面的了解，反思与实践也应成为解决体育教师实践问题的突破点之一，应成为职前教师培养中的现实追求。

此外，合理的指导教师管理及科学的考核体系是教育实习过程有序进行的重要支撑，从选拔制度、职责分配及指导培训三点出发，以具备中小学体育教学经验、有较大指导意向、扎实的专业知识基础及丰富的指导经验为高校指导教师基

① Schön Rob. Educating the reflective practitioner: Toward a new design for teaching and learning in the professions [Book Review] [J]. Australian Journal of Adult Learning, 2010, 50 (2).

② Orland-Barak L, Yinon H. When theory meets practice: What student teachers learn from guided reflection on their own classroom discourse [J]. Teaching and Teacher Education, 2007, 23 (6): 957-969.

③ 户清丽．职前教师教育实践能力发展的层次性解析［J］．教育研究，2018，39（5）：93-98.

④ 崔波．基于反思性实践的师范生教育实践能力培养［J］．黑龙江高教研究，2015（2）：94-97.

本选拔要素，中小学指导教师则在高级教师、有省级体育教学技能竞赛得奖经历且有较大指导意愿的教师中任命；明确的指导职责是指导教师的行为依据；可从计划、指导、评估与反馈等多方面细化指导教师职责要求；此外，指导教师均应参加专业指导培训，了解成人学习理论及掌握最新的专业指导知识与技能，统一指导尺度尽可能做到公平公正。建立多元化考核体系，实行阶段性考核、期中考核与期末考核等多阶段教育实习考核模式，可有效监督教育实习的有效进行，亦可及时发现不能顺利完成教育实习任务的实习生，及时对其开展针对性的教育实习援助计划以提高教学能力。每周或者各个阶段教育实习考核结束后，指导教师应与实习生开展相应的教学研讨会，客观评价实习生教学表现，明确指出优势与不足之处，着重引导实习生形成自我反思技能，共同商讨如何应对教学挑战及解决教学问题。此外，每次课堂观察及考核结束后，应及时对实习生给予相应反馈，同时注意反馈内容的丰富性与质量性，是否能够促进实习生的专业成长。

（二）澳大利亚健康与体育教师教育对我国的启示

经过数十年的发展，澳大利亚积累了丰富的体育教师教育经验，探索出了独具特色、形制多样的体育教师教育发展路径，为推进澳大利亚体育教师队伍建设、提高体育教育教学质量作出了突出贡献，在国际体育教师教育领域引起了广泛关注和热烈反响。当前，我国正处于体育教师教育内涵式发展的关键时期，培养高质量体育教师成为体育教师教育的根本任务和必然追求。基于此，在结合我国实际情况培养体育教师的同时，更应放眼世界，对标国际，力求培养出具有中国特色、世界水准的高质量体育教师。因此，在充分了解我国体育教师教育基本概况的基础上，应合理借鉴澳大利亚体育教师教育的优秀经验，以不断丰富和完善体育教师教育方案，为培养高质量体育教师、推进体育教师队伍建设助益。

1. 提高职前体育教师准入门槛，建立并完善多维选拔机制

当前，我国体育教育专业招生主要参考高考成绩和体育术科测试成绩，其中多数省市实行“重体兼顾文”的录取办法，即对文化成绩、体育成绩均达最低控制线的考生，依据体育成绩从高到低依次录取。由此可以看出，我国体育与健康教师准入制度仅以学术成绩（文化成绩+术科成绩）为参考，而且还存在“以体补文”的现象。调查发现，部分学生参加体育训练的初衷是为了上好大学或躲避文化学习，大多缺乏对职业的前期了解，其结果必然导致职前体育教师学习动机不端正、文化学习落后、厌学情绪严重、职业认同度不高等问题。此外，高考降分录取的事实反映了体育教师群体初始文化知识的不足，相比其他学科，体育教师学历层次偏低，人文、教育知识的结构性缺陷依然存在，这也是导致体育教师“污名化”的重要成因之一。借鉴国际经验，解决以上问题，应从职前体育教师选拔制度入手，提高准入门槛，建立并完善多维选拔机制，主要包含以下两个方面：

建立职前体育教师专业品行、专业能力考核机制。实践证明，个人性格、情感、态度、职业道德等因素在教师的专业发展中扮演着重要角色。因此，在职前体育教师选拔过程中应纳入对申请者潜在的专业技能（如性格、沟通、语言表达等）和专业品性（如，择业动机、职业道德等）的评价。当前，可通过体育教育学术团体或协会建立体育教学网络资源库和非强制性测评机制，采用报告、视频、面试等多样的方式对学生的专业品性和能力进行综合评价并给予反馈，使学生对于体育教育事业和自身从事体育教师职业的适合性有一个全面而科学的认识，引导学生做出合理、科学的决策。

提高职前体育教师准入中高考文化成绩的比例或权重。不置可否，体育专业术科测试作为我国体育专业招生考试制度的重要内容，且经过多年的实践与发展，其合理性毋庸置疑。但是，在彰显学科特性的同时更应该认识到体育教师的“教师”本质属性，正如弗里曼所言，“基于学术性指标体系而设立的教师教育准入标准越高，越有利于提高未来教师的学术水平和学历水平”。因此，可通过提高职前体育教师准入中高考文化成绩的比例或权重的方式转变职前体育教师“重武轻文”的倾向。

2. 明确专业定位，培养体育与健康教育教学领域“复合型”人才

新一轮课改以来，健康教育引起了我国学校体育工作者热议，虽然早期有部分学者持有“体育课程不宜作为健康教育的主要载体”的观点，但现如今体育与健康教育的融合发展已成为学界共识，在政策上也有明确规定，对于同属教育教学领域的健康教育，体育教师必然要承担这一时代责任和使命。然而，我国现行的《普通高等学校体育教育本科专业课程方案》中对于专业人才培养的定位为“多能一专”的“体育教育专业复合型”人才，主干课程辐射体育人文社会学、民族传统体育、运动人体科学等四个二级学科的体育学领域，偏离了教师的专业内涵，关注点从“体育教师行业”转移至“体育行业领域”，而对于与体育教育密不可分的健康教育却较少涉及。由此历经数十年的实践与发展，体育教育专业人才培养的弊病也开始逐渐显露，如专业课程改革的“路径依赖”、人才培养的同质性、体育教育专业毕业生就业率不高等问题。澳大利亚多学科甚至全科培养健康与体育教师的实践充分证明，立足于教育教学领域，培养各具特色的健康与体育教育教学专业人才是切实可行的。因此，一方面，体育教育专业应突破体育学办学视野，准确把握体育与健康教师的“教师”本质属性，以社会需求为导向，以一般教育教学知识和能力为载体，促进体育与健康教育的有效融合；另一方面，办学专业应结合自身地域、层次、类型等特点，准确定位人才培养目标和办学理念，彰显自身独特的办学优势和特色，以培养能够同时胜任体育与健康教育的“复合型”体育教师，为新时代学校体育改革与发展作出贡献。

3. 优化教师教育类课程体系，广泛纳入健康教育类课程

当前，如何培养合格体育与健康教师不仅是推进体育与健康教育融合进程中必须解决的关键议题，同时也是深化学校体育课程改革和健康教育发展的有效路径。域外实践经验表明，对于同属教育教学领域的体育与健康教育，职前体育与健康教师的教育教学能力是促进其有效融合的重要媒介和催化剂。然而，研究发现，我国体育教师教学能力不足、健康教育知识匮乏的问题依旧突出。究其原因，我国体育教育专业教师教育类课程学分比例偏低、理论脱离实践、实践机会不足，而健康教育类课程则基本“名存实亡”。课程是职前体育教师获取知识和储备能力的重要平台和载体，系统完善的课程体系对于培养合格体育教师发挥着至关重要的作用。因此，我国应优化体育教育专业教师教育类课程，广泛纳入健康教育类课程，具体应从以下几个方面着手：①增加教师教育课程学时或学分比例，凸显教师教育课程的重要性；②扩大教师教育类课程的知识内涵，突出体育教育专业教师教育课程的教育学倾向；③增加教育实践机会，并遵循技能习得的基本规律开展全程教育模式；④广泛纳入健康教育类课程，提高健康教育类课程比例；⑤依据专业方向，合理安排健康教育内容（如，高中教育可开设性与性安全课程，小学教育则应以安全和卫生类课程为主）。

4. 拓展职业技能范畴，提升体育与健康教师职业的社会认可度

职业技能是行业特色的具体表现之一，丰富扎实的职业技能往往是进入理想职位的“敲门砖”，深受行业和用人单位的喜爱。具体到体育与健康教育领域，扎实的运动技能、整洁响亮的口令、清晰流利的普通话等对于每一个体育教师而言都是最基本的职业技能，但随着体育与健康教师内涵与责任的不断扩大，体育与健康教师的职业技能范畴却并没有得到相应的拓展，特别是与体育与健康教育领域息息相关的生命安全救护技能。近年来，学校体育伤害事故层出不穷，归根结底是由于运动的风险性和教学环境的开放性，这些从业环境特性要求体育教师必须具备一定的急救与运动伤害的处理能力，如学生崴脚、肌肉拉伤、运动中暑等。此外，随着体育场馆与场地设施的不断完善，加之体育运动项目纳入中考，游泳逐渐成为家长和学生首选的体育运动，与此同时体育教师必须具备对于水域安全事件的紧急处理能力。因此，新时代体育教育专业应扩大对体育与健康职业技能内涵的界定，丰富体育与健康教师的职业技能，并鼓励职前体育教师进行职业技能鉴定，考取职业技能证书（如，救生员证、急救与心肺复苏资格证等），提升毕业生的社会认可度和职业竞争力。

5. 以“产出”为导向，制定体育教育专业毕业生学习成果标准

近年来，为提高师范类专业人才培养质量，促进师范生就业，完善教师资格制度，我国颁布实施了一系列教师资格改革措施。2020 年 9 月，教育部颁布实施的《教育类研究生和公费师范生免试认定中小学教师资格改革实施方案》指出，“实施免试认定改革的高等学校应根据培养目标分类对本校教育类研究生、公费师范生开展教育教学能力考核，考核合格的毕业生可凭教育教学能力考核结果，免考国家中小学教师资格考试部分或全部科目”。可以看出，我国教师资格制度逐步突破了教师资格“国考”这种单一的教师资格认定方式，办学单位在教师资格认定过程中发挥着越来越重要的作用。然而，在这种由专业主导的以本专业毕业生为主要对象的教师资格审查体系中，如何确保毕业生质量是新教师资格制度有效实施的关键所在。因此，应严把师范类毕业生“出口”，以师范生的学习效果为导向，制定明确公开的毕业生学习成果标准，据此考核师范毕业生的教育教学能力，确保每一位毕业生和未来体育教师质量。实际上，科学合理的毕业生学习成果标准不仅有利于强化对职前体育教师学习和专业发展的引领，激发学生的专业自觉性与积极性，同时有利于促进体育教师教育供给侧与需求侧共同发力。一方面，办学单位可以依据人才培养目标，以产出为导向，基于学习成果标准反向设计课程和人才培养方案，推进体育教师教育课程体系改革与发展，提高人才培养质量。另一方面，毕业生学习成果标准可为用人单位提供参考，特别是在招聘选拔体育教师的过程中，为甄别、遴选合格体育教师提供丰富信息和理论依据。

（三）法国体育教师教育体系对我国的启示

受益于法国历届政府的一贯重视以及法国高等教育体制内部的不断完善，法国体育教师教育一改以往混乱、繁杂的面貌，并从21世纪初逐步成型为一套成熟、系统的体系。随着时代的推进，法国体育教师教育体系充分汲取了产生于法国高等教育体制变革的悉数经验，在为法国乃至欧洲源源不断地输送大量优质体育教师人才的同时，还因饱含法国教育改革文化而透射出诸多独有的特色。而作为法国“高师集团”成员院校的里昂高师与雷恩高师，其不仅代表着法国师范教育的最高水平，两者对于体育教师的培养更是集中体现了法国体育教师教育体系的内在价值、经验。

1. 入学审核关注个人品德素养以及专业进修历史

无论本科阶段还是硕士阶段，在入学审核环节两所高师院校均对体育教师的两个方面给予了着重的关注：专业进修经历以及个人品德。

首先，个人文化进修经历下分为两个板块的内容：一是，体育教师的个人文化素养。在入学考核阶段，两所高师院校均未设置单独的“体育技能”考核环节，而是将审查的重心聚焦在体育教师各类文化成绩之上，如BAC考试结果、本科学业成绩等，甚至设置了附加的笔试考核以进一步考查体育教师的个人文化水平，多项举措的叠加使得文化素养在法国体育教师入学审核环节得到了明显的重视；二是，体育教师的专业、课程进修历史。两所高师院校对体育教师所需进修的专业类别及相关课程均制定了明确要求：本科阶段须选择STAPS专业，同时须具备体育教育专业的进修经历；而硕士阶段须在MEEF专业下完成两年的课程学习。从人才培养角度着眼，两所高师院校规定详细的专业、课程进修要求，旨在减少体育教师对于体育学科、教育学科等特定知识板块的学习缺失。甚至雷恩高师为完善体育教师的自身知识体系，于硕士阶段在正常课程之外加入了促进体育教师专业发展的补充类课程，进一步保障体育教师的培养质量。

其次，对于个人历史档案的审查是体育教师入学审核的首要环节，若从影响程度着眼，个人历史档案也实为最重要的环节，因其将直接决定体育教师的录取结果。同时，审核的范围并不限于个人在求学历程中的校园表现，体育教师在社会领域下的个人行为记录也是此环节内重点审核的对象，任何社会违法、校园违纪以及不良公民记录都将失去入学资格。这类审核规定的存在，很大程度上源于对法国高等教育体制“双轨制”的继承，而“高师”集团作为法国精英院校的代表，从建校以来即奉行“宁缺毋滥”的生源选拔理念。至此便不难理解，两所高师院校对体育教师实施以严苛的个人档案审查，其旨在从“源头”上择选在社会领域、校园求学中品行端正、作风上佳的候选人，为培养今后具备优良“师德”的体育教师打下坚实基础。

2. 培养目标突出不同阶段重点以及对跨学科素养的培育

通过分析两所高师院校所设置的培养目标，在体育教师的本科阶段培养中，培养目标多关注于帮助体育教师筑牢自身知识基础、提高专业素养，并促使体育教师对体育以及其他学科形成全面的掌握；而硕士阶段的培养目标在本科阶段的基础之上，紧密结合实际教学的需求更为凸显专业性特征，如形成独立的教学研究能力、具备良好的理论结合实际能力以及掌握良好的合作能力、沟通能力。在两个不同的学段中，培养目标有明显的领域侧重：本科阶段主要聚焦于打牢体育教师坚实的基础能力，而硕士阶段则关注于塑造对于实际教学起着至关重要的专业素养。在此基础上，两个学段也相辅相成构成良好的内在衔接，本科阶段的培养旨在塑造体育教师坚实的专业基础，为后期开展个人研究、实际教学提供完备的保证；而硕士阶段的各项培养目标，是基于本科阶段个人基础能力的进一步提升以及与实际教学需求的紧密结合。两个培养阶段的“通力合作”，保证了不同阶段合理分担着各自的培养任务，同时遵循“潜在”的培养顺序帮助体育教师逐步实现个人发展。

1968 年法国政府颁布了《富尔法案》，并提出了“自治”“参与”“多学科”三项高等教育改革理念。其中“多学科”改革理念的提出以来，其对法国体育教师教育产生了深刻的影响，集中的展现即尤为注重对体育教师跨学科素养的培育。与之相应的，两所高师院校将“开展跨学科教学”“参与跨学科合作”“进行跨学科研究”等带有明显跨学科元素的培养内容融入培养目标之内，以推动具备良好的跨学科素养成为法国体育教师教育的一大重要目标。而《富尔法案》中另一重要的改革理念——“参与”，也对此发挥了不可忽视的作用。法国政府提出“参与”这一改革理念的初衷是为了破除法国高等院校内部、外部的学术壁垒，引入更为多样的研究机构共同加入院校的发展之中。而随着时代的推移，越来越多的擅长不同领域的高等院校选择联合办学，在补齐自身教育资源短板之时，也实现人才培养质量的全面提升。而两所高师院校便是具有代表性的例子，其在体育教师培养过程中与大量理工科院校以及高级实验室形成了密切合作，为培育体育教师的跨学科素养提供了充足的后备教育资源，并以此制订了带有鲜明“跨学科色彩”的各类培养目标。

3. 理论课程强调立足教学实际并推动多学科知识的交融

两所高师院校所设定的培养目标对于体育教师理论课程的设置具有十分明显

的引导作用：第一，为了培养体育教师的实际教学素养而开展了大量结合教学实际的课程；第二，为了培养体育教师的跨学科素养而设置了一系列多学科知识融合的课程。

首先，为帮助体育教师能应对今后的课程教学，两所高师院校充分结合教学背景设置相应课程：立足于地区实际，开设了“所属学区学校体育政策”“地方学校体育现状及形式”等课程，其次以院校所在地区为背景，引导体育教师重视并研究对学校教育起着潜移默化影响的社会背景因素，以此帮助体育教师在未来面临新的教学环境时，养成分析社会背景、结合实际现状的良好思维模式，开展更适合于其所在地区的教学活动；立足于教学实际，两所高师院校将体育教师今后将要教授的学生大致分为三个年龄段（3~10岁、青少年、成年），并以此开设了如“3~10岁儿童教育政策”“不同学段学生学习条件分析”等针对不同年龄段学生的课程，充分考虑体育教师在今后可能面对的不同学生群体，在培养之初即帮助体育教师掌握适应学生个性差异的教学素养。总体而言，两所高师院校立足于实际而设置课程，一方面是为了增强各类课程对于实现体育教师自身成长的有效性，另一方面也是为了帮助体育教师在今后能充分运用所学内容，以实现理论学习与教学实践的良性转换。

其次，在培养目标中对于跨学科素养的重视，也促使两所高师院校设置了众多为提升体育教师跨学科素养而服务的课程：在本科阶段前两年，体育教师主要直接接触其他学科的理论课程，以丰富自身的知识体系；而在学习进程的逐渐推进后，体育教师会开始学习其他学科的研究方法及研究范式课程，同时了解其他学科的重点研究内容，逐步加深对其他学科的了解；在具备扎实知识基础并对其他学科研究较为熟悉后，体育学科与其他学科产生知识交叉、技能融合的课程开始出现于体育教师的培养之中，大量由多学科知识而组成的课程被加入课程体系内。不难看出，在培育跨学科素养的过程中，两所高师院校认识到了不同学科间的知识体系差异，而为了实现培养目标，其采取设置适宜的课程开设顺序，逐步推动理论课程的跨学科融合，从而减少体育教师在形成跨学科素养过程中所可能所面临的困境。

4. 实习课程注重由易至难推进并结合多种实习形式

两所高师院校在体育教师教育过程中设置了多种形式的教学实习课程，其主要可以分为三类：一是以积累教学经验、观摩教学活动为主要目的的观察实习；二是由实习辅导教师辅助、参与的伴随实习；三是体育教师独立承担教学任务、开展课程教学的独立实习。

同时，两所高师根据对体育教师实际所需的实践教学能力，将这三类实习课程逐步加入体育教师职前培养的整段过程，并制定明确的教学实习时长：在本科第三年，体育教师会首先接触到为期两个学期的观察实习课程，且除传统实地课程观摩以外，如国家远程教育中心（CNED）、国家数字教育资源库（BRNE）等网络学习平台为体育教师提供着丰富的线上实习课程资源，以此帮助体育教师获取对于真实教学的直观感受并积累教学经验，对将要接触的课堂形成初步的熟悉；随后，进入硕士阶段的体育教师将会完成有责任实习老师参与指导的伴随实习，并在实习过程中接受及时的指导，解决作为初期教师会面临的种种教学问题，以“帮扶”形式推动体育教师实现自身教学素养、专业能力的逐步提升；在完成观察实习及伴随实习后，体育教师须按规定完成的对个人实际教学能力有更高要求的独立实习，同时责任实习老师会借助 CNED、BRNE 等网络平台，组织线上实习研讨会议、个人实习总结汇报等线上实习课程，帮助体育教师更好完成该阶段的实习。由此可见，里昂高师通过开展多样的实习形式使教学实习课程贯穿于体育教师整段培养过程之中，始终保持对体育教师实践教学素养的提升、完善，并同时辅以持续的实习指导帮助体育教师实现由学生向教师身份的逐渐转变，减少教学初期可能陷入的教学困境。

5. 课程评价融入多种评定手段并创设真实评价情境

在法国体育教师本科及硕士阶段的职前教师教育过程中，课程通常会被划分为理论学习、实践操练的多种教学模式，如除了以理论讲解、概念传授为课堂内容的 CM 课程，还会同时囊括以练习、答疑为课程内容的 TD 课程，甚至某些课程还额外增加了以实践操作、知识应用为目标的 TP 课程。着眼于课程学习的角度，理论传授结合实践练习的教学模式不仅仅有利于提高课堂的规范性、强制性，帮助体育教师通过大量实际练习对理论知识更好地内化和吸收，并充分利用任课教师的随堂指导，及时解答体育教师在跨学科学习过程中所存在的疑惑，还有助于直接检验体育教师是否具备将前期所学知识运用于实践的能力。而若从课程评价的方面入手，此类教学模式推动了课程评价方式将侧重于“终结性评价”的理论考核与倾向于“形成性评价”的实践表现相统一。同时，在课程教学中插入各类练习、实践课程，使得体育教师对知识的理解程度、应用水平能在真实环境中得到更为直观的反馈，为课程考核提供了更为丰富的评价情境、更为客观的评价素材，减少了“理论考核”所存在的考察范围有限的弊端，创造了更大的空间以评定体育教师对学科知识真正的掌握情况。

与理论课程相类似，两所高师院校对于体育教师教学实习课程的评定也由“形成性评价”与“终结性评价”所组成：与“形成性评价”相对应的，是实习考核团队所实施的“持续评估”。此类评估手段着重考察体育教师在实习过程中各个阶段的个人表现，在对体育教师实习状况形成持续评定的同时，也有助于通过不定时的考核帮助体育教师定期开展实习反思、进行自我总结；除此之外，“终结评估”则发挥着“终结性评价”的作用，对教学方法、课程设计开展直接性的审查，旨在评估体育教师是否通过实习课程而实现了切实的教学素养提升，以及是否掌握了必备的开展课程教学的知识。两种评价手段密切配合，帮助实习评估团队不仅得以更为全面地掌握体育教师在实习过程中的个人表现，还“以考带练”促使体育教师借助评估考核开展定期的总结、反思活动，增强了教学实习课程对于提高体育教师实际教学能力的有效性。

6. 培养过程奉行多校联合培养并充分利用优质教学资源

“跨学科素养”能在法国体育教师教育体系中获得良好的贯彻，离不开各类高校间的教学协作，而这很大程度上始于《富尔法案》所提及的“参与”理念，而在1984年《萨瓦里法案》的颁布后，高校间的联合教学更是得到了制度上的支持。较为具有代表性的，即是法国政府后期所颁布的IDEX计划，其通过联合在不同学科领域具有优势地位的高等院校，创建更具竞争力的“大学集团”。

而反观法国体育教师教育领域，此类现象更为明显：上文两所高师院校充分利用其所在学区内的院校资源，在人才培养过程中积极开展教学合作，以期实现教学质量、培养效果得到最大程度的提升。具体来看，在与雷恩二大、勒芒大学形成紧密协作的背景下，雷恩高师依据各所院校所擅长的教学领域科学地安排各类课程的教授：在人文科学、社会科学领域较为擅长的雷恩二大，主要负责“文科”类课程的教授，如“法国体育运动及体育文化”“教育系统中的体育知识”等课程；勒芒大学以商科管理学、力学、生命科学等作为其优势学科，其在“理科”类课程具有更为突出的教育资源，如“运动中的形体学、生物学”“体育机构利润及营销”等偏向于理科类的课程便由勒芒大学负责；雷恩高师擅长师范领域，如“学校体育现状及分析”“体育课程的设计与科学化”等与教学、教师有着紧密联系的教育类课程，则均由雷恩高师负责。而此种合理划分培养课程“分校而授”的形式，不仅充分利用了不同院校的优势教学领域，更以此减少单一院校因教学资源有限而存在的教学束缚，提升了各类课程质量并借此优化教学效果以实现体育教师自身全面素养的提高。

（四）新加坡体育教师教育体系对我国的启示

在“振兴教师教育行动计划，加强师范教育体系建设”等国家教师教育政策出台背景下，构建新时代师范教育体系，进而提高师范教育质量是心之所向、众望所归。用批判性眼光审视我国体育教师职前培养体系的发展，无庸置疑的是培养体系日趋完善并基本满足社会需求，但人才培养模式中也仍存在诸多培养困境有待突破。就入学制度而言，入学考核内容与形式过于单一，入学条件主要由高考及体育高考决定，缺乏对其他综合因素的考量；且以“项目划分模式”的培养模式难以满足各学段对专业体育教师的现实需求①；培养目标较少关注于职前体育教师多学科教学能力的形成；从教学能力考虑，职前体育教师主要通过实践教学课程提升自身教学能力，但存在实习时长、指导教师职责不明等多方面问题阻碍着职前体育教师教学能力的提高②；从毕业要求的程度分析，我国《体育教育专业评价标准体系》尚未健全，缺乏相应科学、合理的评价方法以评定职前体育教师是否达到毕业要求中所规定的毕业能力③。以问题为导向，优化人才培养模式是振兴体育教师教育的当务之急，新时代体育教师职前培养体系构建，不仅需着眼于本土实际，也需具有开阔的国际视野以夯实职前培养改革基础工作。因此，借鉴新加坡体育教师职前培养体系特色及优势，促进我国建设高质量体育教师队伍。

1. 科学合理的入学制度坚守高质量体育教师培养第一防线

培养卓越型体育教师人才是新时代学校体育高质量发展的关键动力，亦是体育教师教育改革的主导因素。在体育教师专业化的时代要求下，国家、教育部及相关领域学者们均对体育教师教育改革进行了积极探索，研究焦点主要集中于体育教师专业发展中的职前培养、入职教育和职后培训三大阶段，较少关注职前体育教师入学制度对体育教师专业发展的影响。但一个科学、严谨、规范且综合的

---

① 王硕，吴本连．学段划分模式：体育教师职前教育课程改革新构想［J］．西安体育学院学报，2017，34（2）：237-241.

② 高亮，唐鹏，王家宏．体教专业毕业实习效果的影响因素及其对策研究［J］．体育与科学，2018，39（1）：108-113.

③ 吴红权，汪晓赞，万·代尔·马尔斯·汉斯．美国体育协会主导制定的“体育教育专业评价标准体系”分析及启示［J］．首都体育学院学报，2020，32（5）：445-453.

入学制度是体育教师职业特点所需素质的全面综合反映，建立明确的体育教师专业能力框架亦可成为职前体育教师专业发展进程中的导向旗帜①。目前我国职前体育教师的入学制度尚未打破传统应试教育的枷锁，仍是“分数论天下”“体育高考定终身”的教育局面。鉴于此，可借鉴 PESS 体育教师职前培养入学制度有效经验，首先，加快推进地方师范院校、体育教育师范专业进行自主招生制度改革，教育部于 2013 年下发了《教育部关于进一步深化高校自主选拔录取改革试点工作的指导意见》文件，进行自主招生的高校主要集中于综合性大学，师范院校参与有限，且体育学院中只有运动训练专业实行自主招生制度，体育教育师范专业并未涉及。为提高体育教师教育质量，应扩大师范院校自主招生范围，给予体育教育师范专业自主招生权，重点选拔有教学意愿及体育教学才能的学生成为一名专业型体育教师候选人。其次，各类师范院校建立科学、规范、合理的多元化入学考核机制。考核内容上，以高考文化成绩及体育成绩作为申请考核限定条件，着重考察体育教师职业特点所需的关键属性，如教学意愿、职业态度、价值观、性格特征、自主能动性、思想政治观念及教育理念等多方要素。考核方式上，避免单一化考核模式，采取以面试、口试及实践性活动参与、现场技能或教学展示考核方式为主，加以团队协作、查阅体育活动参与证明及学习档案等方式为辅，全方位考核申请者的综合能力及适教潜力。考核评价方式上，考核团由各地方教育部门人员、学校领导、教育专家、体育教育专家多方构成，采用定量与定性相结合评定方式，严格把控职前体育教师入学门槛，择优选拔适教人员，保障体育教师专业发展质量。

2. 实行“分学段教学”培养模式，助力体育教师专业能力形成

中华人民共和国成立伊始，借鉴苏联高等教育模式，本科层次体育教育专业培养目标为高中体育教师，随着时代的变迁，培养目标逐步由中学体育教师转化为培养中小学体育教师②。各大高校体育教育专业采用一套人才培养定乾坤的办学策略，人才培养模式则是由运动项目决定，此模式课程体系下的培养质量难以满足《教师专业标准》的专业要求，也引发一系列教育问题：受“力争上游、人往高处走”的思想影响下，职前体育教师就业意愿大多集中于中学，从而导致

---

① 黄建辉．专业化背景下教师职前教育入学标准改革探析——基于美国经验［J］．现代教育管理，2014（6）：100-103.

② 顾明远．师范教育的传统与变迁［J］．高等师范教育研究，2003（3）：1-6.

各学段体育教师师资不均衡的问题；且此模式缺乏靶向性的培养原则，体育教育专业毕业生在入职后均会陷入不懂教材、不懂学生及不知课程标准的尴尬境遇，难以胜任教学工作；此外，也将导致培养结果与政策导向不相吻合，运动技能、教学技能主导的培养质量必将与“以人为本”的教育理念相背离①。相比之下，PESS 注重对职前体育教师进行分学段培养，分别设置了小学及中学的人才培养方案。我国各大高校体育教育专业应积极推进优化人才培养模式，分别设立小学、初中及高中培养方案，对职前体育教师实行分学段培养，根据考生的教学意愿及入学考试成绩对其实行最适的学段培养模式。课程体系设置秉持“以学生为中心”及“学为教”的教育原则，根据学生身心发展规律设置不同的课程，PESS 小学及中学培养方案中实行针对性培养，分别对应开设“小学阶段的教学与管理”与“中学阶段的教学与管理”类型课程，并将其贯穿于整个职前培养过程，在运动项目课程设置上，PESS 则是以新加坡教育部所规定的小学、中学体育教学大纲中的运动项目为主，其他项目为辅②，结合这些有效经验，根据各学段的《体育与健康课程标准》内容，设置符合本土实际的课程体系。实践教学阶段也可实行定向实习原则，不同学段的培养模式则安排职前体育教师分别进入小学、初中及高中实习，以此可以避免教育实习过程与职业教学生涯相脱节，同时既可增强职前体育教师的自我效能感、职业认同感，又有利于体育教师职前、职后教育一体化的形成与发展。

3. 培养目标于“专业人才”基础上强调多学科教学能力的养成

目前各大高校体育教师职前培养目标的制定均以教育部于 2003 年印发的《全国普通高等学校体育教育本科专业课程方案》中提出的“本专业培养能胜任学校体育教育、教学、训练和竞赛工作，并能从事学校体育科学研究、学校体育管理及社会体育指导等工作的复合型体育教育人才”为蓝本③，结合区域特点和自身办学特色制定相应的培养目标，毋庸置疑的是各大高校培养目标之间存在差

① 王硕，吴本连．学段划分模式：体育教师职前教育课程改革新构想［J］．西安体育学院学报，2017，34（2）：237-241.

② Singapore Ministry of Education. Syllabuses［EB/OL］.［2020-10-26］. https：//www. moe. gov. sg/education/syllabuses/physical-education.

③ 中华人民共和国教育部．教育部关于印发《全国普通高等学校体育教育本科专业课程方案》的通知［EB/OL］．［2020-10-26］．http：//www. moe. gov. cn/srcsite/A17/moe_938/s3273/200306/t20030619_80793. html.

异性，但培养“专业素质突出的复合型人才”这一目标定位是众多高校所认可和接受的①。随着社会及教育环境的复杂多变，专业培养模式的教育局限性也随之暴露，职前体育教师所学、所教均来源于体育，并最终服务于体育，这种单向式的培养模式必将导致体育教师“困在体育教体育”、知识面狭窄、缺乏系统思维的窘困局面，阻碍体育教师的专业发展及难以满足社会需求。在此教育背景下，跨学科人才培养是国际高等教育人才培养改革的普遍趋势②。斯滕豪斯表明“没有教师的发展，就没有课程的发展”，因此亦会导致学校体育事业发展缓慢从而影响体育强国建设。且自 2012 年小学全科教师提出起，就受到国家高度重视，在之后诸多的政策文件中提出要加强小学全科教师建设，小学全科教师最主要的特征及关键内涵就是具有综合能力，但现如今培养中小学体育教师的高校大多并未提出小学体育教师需具备多学科教学能力的目标要求，仍采用专业化培养方案，这不仅与国家教育政策相背离亦降低了培养质量从而难以符合教育发展需求。相比之下，新加坡体育教师职前培养目标更具综合性及前瞻性，既保证了要使职前体育教师成为能够胜任体育教育工作及学科相关的工作的优秀中小学体育教师，又提出要培养其多学科教学能力，保障体育教师综合知识的广度与深度以适应时代的发展与教育改革。因此，可借鉴新加坡职前教师培养目标制定经验，根据我国国情，体育教师培养目标应根据社会需求、区域特点、教师培养定位等特点制定。体育教师职前培养目标应在现有的培养专业素质突出的复合型人才的基础上，再提出需具备多学科教学能力的目标要求，实现专业教育向多学科教育转变，培养具有多学科视野的体育教育综合型人才③。

4. 规范、严谨的实践教学是保障体育教师培养质量的核心工程

实践是检验真理的唯一标准，实践教学即是验证体育教师培养质量的唯一途径，亦是提升职前体育教师教学能力的关键阶段。在师范类院校专业认证背景下，以及教育部于 2020 年 9 月下发《教育类研究生和公费师范生免试认定中小学教师资格改革实施方案》文件中体现的教育趋势下，加强实践环节管理、提高实习质量是大势所趋。因此，可根据 PESS 实践教学环节经验，构建健全的实习

---

① 舒宗礼，王华倬．面向“卓越体育教师”培养的体育教育专业课程体系的重塑与优化［J］. 武汉体育学院学报，2017，51（4）：75-81.

② 刘畅．新加坡国立大学本科跨学科人才培养模式研究［D］. 长春：吉林大学，2020.

③ 韩志芳．我国普通高等学校体育教育专业本科培养方案的调整与优化［J］. 北京体育大学学报，2016，39（7）：89-94，101.

体系和规章制度，达到“所做皆合规，所行皆合理”的成效，可着重从指导教师选派、实习学校的选择、实习时间及内容的安排、实习结果的考核方面进行。高校、中小学指导教师并非任何体育教师都可胜任，高校指导教师应聚焦于体育课程研究的专家、对体育教育有所钻研的教师及体育教材教法教师这三类人才，中小学指导教师应从高级教师、有省级体育教学技能竞赛得奖经历的中青年教师中进行挑选、选拔。实习学校应满足“集中式”+“分散式”、“就近原则”+“生源地原则”的基础上，实习学校具体安排应遵循职前体育教师的就业意愿，有意向成为小学体育教师的职前体育教师分配至小学实习，中学亦是如此，以此可避免体育教师职前培养中实践教学环节与职业生涯教学二者之间断层，不能切实发挥实践教学环节的最大功效。在实践时间内容安排上，将“集中式”延长至“全程式”，此做法既符合教育、能力形成规律，使职前体育教师通过循序渐进的实践教学机会稳步提升自身教学能力及综合能力，又能强化体育教师职业认同感以及多层次、多角度加强职业道德修养；此外，又可避免教育理论与教育实践环节相脱节的问题，使二者进一步达到深层次的辩证统一关系。制定恰当的实践教学考核工具，做到对实习生的任何评价都是客观公正的、有据可依的，考核工具应包括教学能力和职业态度两个维度，进而可细化课堂准备、课堂实施、课堂评价及反馈、课堂氛围以及教师师德等方面，此评价工具既是总结性评价手段又可作为数字档案成为形成性评价的有效助手。

5. 多样化评价方法助力于提高体育教师毕业要求达成度

毕业要求的设立旨在确定职前体育教师经过本科四年的学习获得基本专业素养及具备承担体育教师责任与义务的能力和职业态度，是保障体育教师职前培养质量的主要关卡。如何测定毕业能力的获得是把握职前培养质量的关键问题，构建合理的评价体系是解决这一问题的关键举措，亦是学校、教师及学生自评自建的核心手段。因此，可借鉴 PESS 评定及保证职前体育教师毕业能力获得的有效评价方法，设置多种评价模式，囊括自评与他评、直接与间接、主观与客观等多种评价原则。建立问卷调查评价法，以某师范大学体育教育专业人才培养方案中所提出的师范生应达到“具有良好的表达和沟通能力、自由和宽容的态度、团结与协作精神”的毕业要求为例（以下皆同），此类毕业要求是无法进行量化测定的，因此可对任课教师、同届学生发放调查问卷，根据教师与同学的日常观察了解以此进行综合评价；此外，体育教师作为服务社会的教育者，其毕业能力评价亦不可脱离社会由高校独自裁定，可在实践教学环节，向实践学校、指导教师、学生等利益相关者发放调查问卷了解师范生教学水平及教师职业态度。《教育类研究生和公费师范生免试认定中小学教师资格改革实施方案》的颁发是对我国师范教育质量提升的高度肯定，但此文件无疑是把双刃剑，免试认定教师资格证就意味着缺少一道对体育教育师范生毕业能力的专业考核。因此，可在课程绩点评价法的基础上建立档案袋评价法，记录体育师范生以往课程作业、社会实践经历、科研成果、体育竞赛等过程性材料，佐证体育专业水平、师德规范毕业要求的达成①；而且档案袋评价法既是资料库又可成为发展平台，体育教育师范生可根据个人学习及实践资料，反思自身行为是否达到毕业要求、将来如何改进等问题，提交反思报告于平台中，高校教师则围绕学生所提交的反思报告提出改进意见促进学生专业发展。此外，亦可建立特定任务考察、体育及教育知识面试、自我陈述等直接评价方式，评价体育教育师范生是否达到某师范大学体育教育专业毕业要求中所规定的“具有良好的职业道德，专业基础和科学素养，了解本专业的发展趋势和新进展，具备现代教育理念”的毕业能力。

二、国内外体育教师教育体系的共性

（一）观照现实，以国家和社会的现实需求引导体育教师教育的发展

树立科学的市场观，始终是教师教育必须考量的要素之一。换言之，教师教育制度的建立和运行实践必须满足时局下的社会需求。教师教育的培养目标必须适应市场的需求，脱离了市场经济体制和环境，教师教育不能生存，更不可能发展。②教师教育机构应当根据时下的教育发展实际和自身情况，探索相适应的教师教育体系和模式，为当时当地的社会发展培养合格的师资力量。结合国内外体育教师教育的发展历程来看，各国的体育教师教育体系的建立和实施无不是为了适应和服务于时局。

20 世纪初期的美国，体育运动的发展之势极大地影响了美国社会的各个方面，因此，学者们开始进行讨论和探索，并于体育教师教育计划中融入教师领导

① 余璐，刘云艳．基于产出导向的学前教育专业毕业要求分解与评价［J］．教育与教学研究，2020，34（3）：106-115.

② 蒋玉珉．现代教师教育制度内涵的若干思考［J］．中国高教研究，2005（5）：13-14.

力等课程，以此培养更适应当时美国社会发展的体育教师。及至20世纪中叶，美国社会中健康与安全问题逐步凸显，因此，而产生了对具备健康素养体育师资的强烈诉求，美国诸多高校也顺时而动，展开了体育教师教育健康类课程的实践探索。澳大利亚的体育教师教育自20世纪初的萌芽期发展至如今深入改革，也始终离不开该国现实土壤，如：澳大利亚联邦政府成立初期为了满足基础教育需要，弥补教育师资的缺口，而扩大师范学校规模。20世纪80年代末至20世纪末，为了应对澳大利亚学校体育危机，而强化合格体育教师的培养。法国体育教师教育“双规制”向“一轨制”的转变，建立协调、统一的职前教师教育体系，即是为了破除“双轨制”带来的课程设置陈旧落后，教师培养质量与社会的快速发展严重脱轨等问题，消除当时法国不断激化的社会矛盾。新加坡的体育教师教育在起步阶段曾背负着“教育救国”的使命，同时也是对国内出生率剧增的积极应对。同样，中国体育教师教育所经历的学习探索（1877—1949年）、曲折前行（1949—1978年）、规模化发展（1978-2001年）及改革创新（2001至今）四个阶段，无时不有国家社会需求的缩影。

（二）服务健康，以公众所面临的健康问题引领体育教师教育的变革

历年来，青少年肥胖流行与体力活动不足这一问题已经得到广泛认识（STRONG，2005）。学校体育对公众健康的积极作用不断提升，因此各国体育教师教育的质量日益受到关注。20世纪末，美国对健康教育、安全教育以及娱乐的需求开始出现，社会对学校健康教育产生了强烈的兴趣，美国学界也开始反思学校体育的作用以应对严重的青少年肥胖现象，继而提出学校体育应该担负起促进青少年及大众健康发展之责①。美国诸多高校开启了体育教师教育健康类课程的探索与实践。1999年，澳大利亚便在《阿德莱德宣言》中正式将健康、体育列为21世纪学校教育中的关键学习领域之一，并要求在职前师资培养阶段提供包含体育活动、健康和个人/社会发展在内的高质量健康与体育课程。澳大利亚亦是率先将体育教育与健康教育进行融合的国家之一。法国里昂高师期望通过本科及硕士阶段的培养，使体育教师具备独立开展、设计并评估体育与健康教育活动的能力，并开设了专门课程以解决健康；类特定问题。此外，法国雷恩高师与

① Sallis J F, Mckenzie T L. Physical education's role in public health [J]. Research Quarterly for Exercise and Sport, 1991, 62 (2): 124-137.

M2S 实验室展开合作，致力于研究体育活动对人体健康和运动表现的影响以及预防健康障碍及慢性、高危疾病的体育策略。新加坡教育部及国防部一直以来都致力于强化学校体育而全面提高国民身体素质，以期建设一个强健、健康的社会。其 CS1 课程内容在于培养职前体育教师专业运动技能及教学技能，使其成为具备体育教学能力的专业中小学体育教师，其中就包括必修课程“健康体适能”。我国第八次基础教育课程改革确立了学校体育“健康第一”的指导思想，中小学体育课相继改为“体育与健康课程”，自此，体育与健康课程中健康教育内容的落实需要具备健康素养的优质师资。2016 年，《“健康中国 2030”规划纲要》中明确提出了培养体育与健康师资的具体要求。基于此，我国体育教师教育不断革新，在诸多学校的课程设置中调整增加了健康教育方面的专业课程，以满足国家社会对“体育与健康教育”专门师资的迫切需求。可以看出，鉴于学校体育的特殊功能，服务健康已经成为当前体育教师教育的主要关注点，公众所面临的健康问题因此也强有力地引领了体育教师教育的变革与发展。

（三）注重实操，结合体育教师的职业特征狠抓体育教师教育的质量

注重实践操作是学校体育及体育教师教育的重要专业特性，投身实践操作是体育教师的关键特性。为了解决体育教师教育培养对象——准体育教师毕业后不能胜任体育教学工作的问题，弥合职前教育与职后专业发展的罅隙，各国均加强了教育实习阶段的重视，以期提升准体育教师的实操能力。美国如加州州立大学北岭分校为保证职前体育教师拥有成功的实践教学经历，建立了严谨、规范且颇具特色的教育实习保障体系，并设置了实践能力培养的“门槛”，即必须通过心肺复苏术（CPR）专业认证，掌握了一定的急救技能及专业教育课程 GPA 达到 3.0 以上的学生才具备教育实习资格。总之，美国职前体育教师必须参与教育实习实践，这是其毕业的必然要求，而这一要求也形成了对体育教师教育职前培养所有环节的系统性引导。同样，澳大利亚健康与体育教师教育项目也要求毕业生必须获得急救与心肺复苏证书才可进入真实的教学环境，这一方面体现了澳大利亚学校对学生生命安全的关注，另一方面也有效地提高了毕业生的就业竞争力，丰富了体育与健康教师的职业技能。法国教育部门十分注重体育教师教育过程中的“跨学科”的实践，以此丰富准体育教师的知识体系，并使之与“专业补充课程（急救医学、食物健康学、营养学）”“基于心理学的学科教学方法”“基于生理学的学科教学方法”等课程深度融合，帮助准体育教师通过这些交叉课程

的学习与实践养成“跨学科”的意识。在硕士阶段设置的“跨学科知识的学习与应用课程”“跨学科实践教学课程”等，更是鼓励和引导准体育教师将跨学科知识应用于自身专业领域，逐步养成的“跨学科”的实操能力。新加坡体育与运动科学部建立了健全的教育教学实践保障体系，以促进准体育教师的教学能力得到充分的锻炼。该保障体系在实践时间及实践内容上采用“阶梯式”策略促进职前体育教师教学技能的获得，时长依次增加、难度逐步递增是实践教学环节显而易见的表象特征，注重实践内容与理论知识相互结合，以此避免了体育教师教育中实践教学环节与职业生涯教学二者之间的断层。在我国，以六所教育部直属师范院校为例，都开设了教育见习、教育实习课程，且总学分在实践课程总学分中占据较多。

（四）严控质量，以产出为导向倒逼体育教师教育的专业评价与认证

20世纪以来，国际教育改革的浪潮高涨，为了提升教师质量，各国均从国家战略的高度实施教育评价、专业认证、构建教师质量保障体系等工作，以期以产出为导向，通过评价和认证考察并把控培养的质量，从而为中小学提供合格的师资。美国高校对体育教育专业学生的毕业要求极高，并且多数高校的教师教育计划获得了全国教师教育认证委员会（NCATE）等专门认证机构的认可和批准，为美国体育教育专业学生的毕业设置了一道严格的质量关卡。澳大利亚教学与学校领导学院（AITSL）于2010年正式颁布国家教师专业标准，该标准规定了教师应具备的知识、实践内容和职业承诺，描述了优质教学的基本要素，其目的是提高和完善学生的教育成果。同时澳大利亚以该标准为蓝本构建了统一的教师评价认证和注册制度，因此可以明确地判断职前体育教师在各个内容维度是否达到了应有的水平等次，确保澳大利亚青少年学生能享受到优质的教育服务。在法国，着重为细微处发力，注重对课程的评价，不仅着眼于课程学习效果的评价，还强调通过评价帮助职前体育教师内化和吸收相关专业知识，更强调通过直接的评价检验职前体育教师是否具备将前期所学知识运用于实践的能力。新加坡也强调对课程评价的充分利用，通过设立毕业能力标准，规范甚至强制职前体育教师养成应有的实践能力，从而快速、有效进入体育教师角色。在当下的中国，各高校正以《普通高等学校师范类专业认证实施办法（暂行）》（即“专业认证”）为契机，开始新一轮的课程改革，对教师教育提出了概括性的要求。随着《高等学校体育学类本科专业教学质量国家标准》的出台，我国体育学类本科专业教育教

学改革和认证工作将进一步全面深化，对于提高我国体育教育人才培养质量具有重要的意义。

除了利用评价和认证相关标准对毕业生质量的“出口”把控。国外还注重对体育教育专业学生“入学关口”的把控，如美国强调建立完善的入学制度，实行以教学意愿为选拔核心的多种考核方式；澳大利亚设置较高的准入门槛，对所有进入教师教育项目申请者的学术成绩与非学术能力都非常重视。法国也有严格的入学审核制度，该制度较为关注本科/硕士体育教师教育申请者的个人品德素养以及专业进修历史。同样，新加坡教育部及体育与运动科学部也有严谨规范的入学制度，追求全方位、多角度的考核，以遴选出未来从事体育教师工作的最佳候选人。

三、我国体育教师教育体系的未来实践

（一）我国体育教师教育目标设定的应然样态及实施思路

1. 我国体育教师教育目标的应然分析

《师范类专业认证》显示着国家和社会对于师范生的人才需求，作为体育教育专业人才培养质量的“有效证据”，以一种外部施压的形式对师范类专业培养质量规定了产出标准，督促变革专业的培养目标，“优化师范专业发展的布局和环境，对师范专业的准入、审批、退出、建设等进行整体性打破与重构。”以支撑并满足社会发展的人才需要。《国标》从综合素质、专业素养和人才定位等方面对体育教育专业培养目标进行了设置和要求。根据培养目标的内涵可以定性、定量地设置培养内容。两个文件均坚持“学生中心、产出导向、持续改进”三大原则，二者并驱，对体育教育专业（师范类）的人才培养目标提出了较高的质量标准。在体育教育专业（师范类）的人才培养过程中，只有对教育政策进行全方位的认识和了解，掌握文件对于人才培养目标的本质要求，才能有效地推进我国中小学体育教师职前培养目标与政策之间的互联互通。

（1）《师范类专业认证》背景下体育教育专业培养目标的应然分析

“师范类专业认证作为完善我国教师教育质量保障体系、提高教师教育质量的战略举措，对于全面深化高校教师教育综合改革具有重要意义。”教育部 2017 年 10 月发布的《师范类专业认证》，从“目标定位、目标内涵和目标评价”三

个层面对培养目标进行了诠释。

1）重视家国情怀，服务社会教育需求

《师范类专业认证》培养目标关于目标定位中提到：“培养目标应贯彻党的教育方针，面向国家、地区基础教育改革发展和教师队伍建设重大战略需求，落实国家教师教育相关政策要求，符合学校办学定位。”换而言之，师范类培养目标的建立需紧贴国家关于落实教师教育相关政策的需求，对接基础教育改革发展，培养社会真正需要的教师，并且服务于国家战略需求。综合来说，在目标定位中，要求师范生的人才培养目标具有时代顺应性、改革发展性和专业对口性。

2）重视行业输出质量，体现师范专业特色

《师范类专业认证》培养目标关于目标内涵中提到：“培养目标内容明确清晰，反映师范生毕业后5年左右在社会和专业领域的发展预期，体现专业特色，并能够为师范生、教师、教学管理人员及其他利益相关方所理解和认同。”目标内涵对人才的质量有一定的要求和保障作用，并且提出了一定的预期成就，即要求师范生的人才培养具有一定的产出导向，成为学校教学的主力人才。为了能够得到认同，师范生就必须具有一定的学科素养、教学能力和管理能力，并且能够体现出师范专业特色。

3）重视目标良性循环，形成持续改进机制

《师范类专业认证》培养目标关于目标评价中提到：“定期对培养目标的合理性进行评价，并能够根据评价结果对培养目标进行必要修订。评价和修订过程应有利益相关方参与。”培养目标的目标评价在一方面反映出，培养目标既是人才培养的起点，也是培养结果的落脚点，强调了培养目标在发展过程中，必须根据培养结果的反馈进行不断更新的持续改进，产生一定的适应性和发展性。

（2）《国标》背景下体育教育专业培养目标的应然分析

《师范类专业认证》以“师范认证”的视角，为师范类专业规定了专业质量产出标准，而教育部2018年1月发布的《国标》则是以“高校专业”角度，从专业作为人才培养的单元和载体角度考量，为全国高校专业的人才培养提供了质量标准。在《国标》中关于体育学类培养目标的大方向为：“体育学类本科专业培养德、智、体、美全面发展，具有高度的社会责任感、较好的科学素养和文化素养，具备现代教育、健康理念，系统掌握体育学基本理论、基本技能和基本方法、富有创新精神，具备一定的体育科学研究能力，具有创业意识，具备一定的创业素质和创业能力，能够从事群众体育事业、竞技体育事业、体育产业相关工作的应用型人才"，并在此基础上有针对性地规定了体育教育专业的培养目标："体育教育专业的学生必须掌握现代教育教学理论与方法，以及学校体育课程与教学、课外体育锻炼、训练水平和竞赛管理、组织的基本理论与方法，具备一定的运动技能和较强的体育教育教学能力，能胜任学校体育工作"。由体育学类总培养目标和体育教育专业的分专业目标分析，《国标》对于培养目标的改革特征有着共性和个性的统一，主要表现在：

1）全面发展为基调的培养起点——综合素质

从整体叙述性分析，培养目标涵盖德智体美四育并举、社会责任感、人文科学素养、创新创业能力、专业知识技能与方法等内容，在这种较为横向拓展的目标结构层次中，可以看出体育学类也包括体育教育专业对人才的培养基调是全面发展，而非单纯地针对某一方面，或者某种能力的培养发展。

2）知识复合型培养形式——专业核心素养

《国标》在关于培养目标的共性陈述中，主要是针对体育学类的理论、技能和方法；而在个性的体育教育专业培养目标的陈述中，更加细化地说明了除体育专业知识外，还应当具备相应的教育教学能力，这两者共同组成了在共性目标之下、体育教育专业培养目标的专业重心，反映出培养目标对于专业核心素养进行交叉学科培养的知识复合型培养形式。

3）应用型培养导向——人才定位

在《国标》还未发布之前，许多研究关于体育学类培养目标的最终定位进行了讨论。有学者认为："《国标》中关于培养目标的定位使用'专业人才'比较合适，即'能从事体育领域相关工作的专门人才'，具体是'应用型专业人才'，还是'研究型专业人才'由学校结合实际决定，从而满足不同类型高校培养体育学专业人才的目标共性。"既然2018年发布的《国标》已将人才定位为应用型人才，说明了对于体育学类的学生来说，将所学知识运用于实践是当前社会较为看重并且较为需要的能力。

2. 我国职前体育教师培养目标设定与落实的优化思路

根据我国中小学体育教师职前培养目标所存在的突出问题，结合《师范类专业认证》和《国标》的应然目标，提出如下我国中小学体育教师职前培养目标的改革思路。

（1）细化培养目标层次，建立落实分级指标

笼统模糊的培养目标非常不利于后续培养课程的衔接设置，容易导致课程无法支撑、契合目标，或者课程培养目标重合等问题。如何在培养目标和课程设置之间架起环节的桥梁，或许细化培养目标是一个很大的突破点。在我国目前中小学体育教师职前偏横向扩展的培养目标中，对培养目标进行分层分级，并进行量化评价，可以考虑在目标指标和规格上加入纵向的深入，并做好横向和纵向之间的平衡制约。有研究试图从以下 7 个方面对培养目标进行描述："①正确思想和良好习惯的引领者；②健康促进实施者；③运动技术教学训练与防护者；④健身、养生技能传授者；⑤体育文化的传播者；⑥体育发展的创新与变革者；⑦合作与交流沟通者。"但不论对培养目标进行如何描述，都应明确，只有进行培养目标的分层设置，才可以有效使其成为后续人才培养体系的"抓手"，增加实现培养目标的可操作性。

(2) 培养国际视野世界格局，设置应用型培养指向

社会高速发展、信息爆炸，在这样的环境下，高校教育也有国际化的趋势，不仅要在人才交流上实现全球流动，还要将教育活动紧贴国际发展趋势，在大视野下培养高素质高水平的人才，中小学体育教师的职前培养也不例外，培养目标作为"牵一发而动全身"的存在，更应该适应社会，贴合发展趋势，才能培养当前社会所"需要"的人才。从培养起点开始，还要加强全面发展，"2003 年的体育教育本科专业课程方案，按照培养复合型体育教育人才的要求，建构了厚基础、宽口径、强能力、高素质、重创新、广适应的体育教育人才培养新模式。"但"厚基础、宽口径"的复合型人才已经不能够满足社会对于体育教育人才的需要，《国标》在针对体育学类质量标准中，总目标要求"全面发展、高度社会责任感、较好科学文化素养、创新精神、科研能力、应用型人才"，而如何实现应用型人才、如何将"所学"应用到实际，才是我国中小学体育教师职前培养体系首要考虑的问题。

(3) 重视创新实践能力，强调体育科研及终身发展

"随着高校人才培养目标从传统的知识型人才向创新型人才的转变，作为锻炼学生综合实践能力、培养创新精神的实验、实习、实训教学环节和课外科技与文化活动等重要手段，对提升高等教育的人才培养质量，特别是培养拔尖人才起着越来越重要的作用。"对于师范生来说，职前实践是非常前提且有必要的，在每一阶段的实习过程中，实践可以有效帮助学生将显性知识内化成为隐性知识，而这种隐性知识则是为他们作为中小学体育教师，形成独具个人特色的教学风格，并在实践中拥有且易于教学的教育能力。除了师范专业对口的"应用型"人

才培养方向之外，应当恰当地增加科研意识，培养师范生的基础建设，走部分“学术型”发展道路。另外，国家对于公费师范生的义务支教时间已由10年缩减为6年，体育教师自身基础能力是支撑职业发展的本位要求，而是否具备终身发展的能力则是支持社会二次培养的关键所在，是不可忽略的重要因素。

（二）我国体育教师教育课程设置的优化依据与实施思路

1. 体育教育专业课程体系的优化依据

《师范类专业认证》以师范专业认证为起点，《国标》以专业质量标准为起点，两者从不同角度对师范类体育教育专业课程体系建设提出了多方面要求，旨在为促进教师职前培养课程体系的改革指明方向。《师范类专业认证》在课程与教学部分针对课程设置、结构和内容等方面提出了相关的评价标准，并借此“以评促建，以评促改，以评促强”。《国标》以建立高校本科专业高质量标准为导向，提纲挈领，建设高等教育质量标准体系。其从总体框架、知识体系以及课程体系等方面对体育学类提出了明确的规范，并进一步细化了体育教育专业的具体开设课程名单等内容。因此，二者的结合，将能够有效并有针对性地促进我国中小学体育教师队伍的职前高素质人才培养。基于此，本书将《师范类专业认证》和《国标》进行了整理与分析，认为基于二者背景下的体育教育专业课程体系优化依据可概括为以下4点：

（1）强调“层次分明”的课程框架体系，注重内容支撑性发展及学分标准的明确性

自相关研究聚焦课程体系以来，大量研究表明，优化课程结构对于课程体系的改革建设具有重要意义。层次分明的课程框架能有效提高课程体系的实施性，明确合理的课程板块学分可保证课程体系的合理性。《国标》和《师范类专业认证》共同对课程框架和学分制定了标准及规范。《国标》指出“体育学类本科专业课程体系主要由通识教育课程、专业教育课程和实践课程组成”，同时将各类课程细化，如“专业教育课程由专业类基础课程、专业核心课程、专业拓展课程等构成”，“专业类基础课程包括体育概论、运动解剖学、运动生理学、体育心理学、体育社会学、健康教育学、体育科学研究方法7门课程”，呈现出上下层次分明、清楚明了的课程框架。此外，《师范类专业认证》的各级认证标准中，亦对课程结构体系有着明确的要求，如二级认证标准中强调“课程结构体现通识教育、学科专业教育与教师教育有机结合；理论课程与实践课程、必修课与选修课

设置合理”。同时强调课程内容的支撑性发展，在认证标准中提到“课程设置应符合中小学教师专业标准和教师教育课程标准要求，跟踪对接基础教育课程改革前沿，能够支撑毕业要求达成。”并反复强调要依照毕业要求制定课程教学内容。《师范类专业认证》对于知识的内容要求，定位于培养目标的推进以及毕业要求的落实，以适应社会发展的需要，在知识内容中强调的前沿性元素正是适应现代社会发展的体现。

与此同时，《国标》明确了各类课程学分的分布，如通识教育课程“不少于6学分”、专业类基础课程“不少于16学分”、专业核心课程“不少于22学分”、专业拓展课程“不少于40学分”以及实践课程“不少于40学分”，即建议必修总学分不少于124学分，同时提出“每门课程的学分可以根据专业、学校特点设定”、“3+X模式的课程开设”等。足以看出《国标》在课程体系质量标准中的培养底线和发展空间。《师范类专业认证》则明确提出“各类课程学分比例恰当”，并在不同级别专业认证标准中，针对不同课程作出了相应的学分要求，如在二、三级指标中，要求通识教育课程中的人文社会与科学素养课程学分不低于总学分的10%，学科专业课程学分不低于总学分的35%，教师教育课程达到教师教育课程标准规定的学分要求。

(2) 强调“基础—核心—实践”的知识体系，注重元素前沿性扩充

系统的知识体系有助于职前体育教师掌握扎实的理论与实践基础。《国标》对未来体育教师应具备的学科基础知识、专业核心知识、专业实践知识均有明确的要求，如要求体育教师掌握体育的基本概念、理论、相关现象及规律，体育教育的理论与方法，专业见习、实习、实训、毕业论文、创新创业实践等知识。《国标》在专业知识体系培养中，重视基础、核心，更加强调的是底线式培养。《师范类专业认证》则更加强调知识的发展式培养，如在中小学专业认证标准，均强调“注重基础性、科学性、实践性”，且要“吸收学科前沿知识，引入课程改革和教育研究最新成果、优秀中学教育教学案例，并能够结合师范生学习状况及时更新、完善课程内容”。由此可见，《师范类专业认证》更加强调未来体育教师应具备前沿性知识。底线式的标准和发展式的鼓励均对体育教师应具备的学科专业知识体系提出了规范与要求。《国标》所强调的“基础—核心—实践”的知识体系，体现了《国标》在体育教育专业知识体系上夯基础、抓关键、重落实的设计思路；《师范类专业认证》以一种发展式的思维，强调前沿性元素的引入与吸收。

(3) 强调“深度融合”的教师教育，注重师德教育特色培养

国内外大量研究成果已对“师范性”和“学术性”进行了探索，“教什么”和“如何教”两个本源问题也一直是学界热议的话题。《国标》中规定体育教育专业学生“须修读教育学、心理学基础理论和教师教育系列课程”，并概括了体育教育理论与方法的内容，指出“体育教育理论与方法主要包括教育学和心理学基本知识，学校体育的基本理论，体育教学、课外锻炼和训练竞赛的基本理论与方法等”。此外，《师范类专业认证》对于“师范性”的指向则更为明显。在课程设置中，强调其应“符合中、小学教师专业标准和教师教育课程标准要求”，并认为课程结构应“体现通识教育、学科专业教育与教师教育有机结合/深度融合”。且在有关课程内容的要求中强调了要“把社会主义核心价值观、师德教育有机融入课程教学中”，凸显师范生在课程培养体系中的独特地位。

《国标》从课程设置和知识获取上，凸显教师教育的必然性，而《师范类专业认证》所提出的教师教育融合问题更应值得探讨，较强的体育学科知识，意味着较强的教育教学能力。基于此，考虑到“体育”与“教育”的双重属性，做到学科与教育、理论与实际的深度融合是文件关于教师教育的期望所在，而与此同时，《师范类专业认证》提出的师德教育问题也是教师教育的关注重点。

(4) 强调“完整贯通”的实践教学过程，注重实践环节有机衔接

职前体育教师的身份构建、认同和转换过程，伴随着文化性和社会性的冲击，需要通过实践进行实现。换而言之，实践是人才培养的有力途径，更是培养效果的有效参考标准。《国标》要求“社会实践包括入学教育、军事训练、劳动教育、社会调查、毕业教育和就业指导等”。从涵盖课程可看出，从入学到毕业，实践内容贯穿整个培养过程，不论是在“通识—专业—实践”的课程体系中，还是在“基础—核心—实践”的知识体系中，均强调了实践的重要性。而在《师范类专业认证》的“合作与实践”部分，关于中、小学不同级别的专业认证标准，均明确提出实践教学体系的完整性，其中，“教育见习、教育实习、教育研习贯通，涵盖师德体验、教学实践、班级管理实践和教研实践等，并与其他教育环节有机衔接”，体现了实践环节内部的层层递进关系，以及实践环节并非与其他教学环节所脱离的，而要做到与其他教育环节的有机衔接。

《国标》和《师范类专业认证》要求设置相关实践课程，落实实践知识能力养成。《师范类专业认证》对于实践教育环节有机衔接的强调更为明显。加大实践能力的培养，紧扣实践环节的上下连通，将利于落实体育教师职前培养的理论

应用能力，帮助心理认同及身份转换。

2. 我国中小学体育教师职前培养课程体系的优化思路

鉴于《国标》和《师范类专业认证》对于体育教师职前发展的政策意义，在全面剖析六所院校体育教育专业（师范类）人才培养课程体系现状的基础上，认为我国中小学体育教师职前培养课程体系存在部分课程学分开设不足、课程知识前沿性不足、课程内容开设亟待完善、教师教育融合有限、师德教育特色不显以及实践特征取向较弱的问题。为探讨我国中小学体育教师职前培养课程体系的优化思路，针对上述问题，应立足于基本国情，全面贯彻落实党和国家的相关精神，提高体育教育专业人才培养质量，为体育教师教育课程体系提供中国方案。

（1）把握课程设置方向，补充相关课程学分

不论是《国标》划分的“三分法”，还是六所院校所采用的“四分法”，均是对课程设置的大方向把握，合理的课程设置能够为人才的高素质高水平培养指引正确的发展导向。同时，依据《国标》和《师范类专业认证》的规范，补充思政课程、专业选修课程及综合实践课程学分，对人才培养都有着重要意义。《师范类专业认证》关于课程的设置要求，强调其应符合中、小学教师专业标准和教师教育课程标准要求。在 2011 年教育部颁布的《教师教育课程标准（试行）》中关于中、小学职前教师教育的课程设置部分，针对不同的学习领域，提出了相应的建议模块和学分要求。因此，在把握课程体系优化改革方向时，应注意以下问题：第一，以政策的视角，统一建立文件“标准”下的课程设置参照系，从整体把握课程设置的方向，师范院校目前仍可坚持“四分法”课程划分体系；第二，在学分分布上，需按照文件要求，补充相关课程的学分设置；第三，在学分设置的基础上，注意相关政策之间的合理性与匹配性问题，探寻路径，以建立统一标准，指导人才培养课程体系的学分优化发展。

（2）完善课程设置前沿元素，重视开设课程的有效性发展

为更好地优化课程体系，需进一步完善课程设置的前沿元素，应做到：第一，学科开设有待于进一步的落实。根据标准要求，在体育教育专业的课程设置中，应当加入“健康教育课”，这是对于健康意识的重视，也反映着对体育学科功能性的理性认识。此外，《师范类专业认证》关于课程设置的要求中，提到要注重课程内容的前沿性，因此，除“健康教育课程”外，还应增加国际视野的课程培养。第二，“课程思政”是人才培养课程改革的重要先手棋。习近平总书记在全国教育大会等会议上发表的一系列重要讲话，提出要加强学校思想政治工

作，除依赖高校思想政治理论课进行人才塑造以外，高校“课程思政”改革是人才培养课程改革的重要先手棋，建立好“思政课程+课程思政”的体育教育专业育人体系，将思政元素融入课程当中，如讲述“体育史”时，可结合历史上体育学家之间的学术观点争辩等，探讨如今体育学术观点形成的辩证和统一等问题，帮助学生形成正确的体育思想价值观念；在技能课的教学过程中，强化学生安全意识、生命意识与责任意识，这也是帮助学生树立正确人生观的一种体现。

在完善前沿元素的同时，应重视开设课程的有效性发展。课程的有效性主要体现在两个方面：一是设置的课程是否能够得到有效开展；二是设置的课程是否能够有效支撑培养目标，实现人才培养指向。有研究指出，由于明确每一门课程对于学生的实际作用才是课程设置的关键点，因此，需梳理体育教育专业课程及其与毕业要求之间的对应关系矩阵。由此可见，为解决课程有效性发展的问题，首先应该适当缩减专业选修课开设科目，针对特色专业选修课程加大培养学分，保证资源的有效利用，落实课程开设的有效发展；其次，各体育教育专业应认真规划不同类型课程群之间的联系，使其既满足《师范类专业认证》和《国标》的要求，支撑培养目标发展，又能突出学校课程特色，实现以课程设置为突破口、借以优化人才培养方案的目的。

(3) 保持课程内容特色，落实相关课程制定与开设

从课程体系的内容设置现状上分析，四类课程在培养方案中的设置各具特色，应继续保持。但在保证课程内容设置特色的同时，需鼓励各个学校从地域、环境、师资等多方面深挖学校特色，提高学校在人才培养过程中的资源利用率及不可取代性。保持课程开设内容特色可从三个层面考虑，一是体育教育专业区别于其他体育学类本科专业的课程开设特色，二是同体育教育专业下，针对不同课程内容的侧重点进行培养发展以保持专业特色，三是不同学校之间合理利用资源而开设发展的特色课程。有学者在分析国外体育专业标准时提出，专业基础课程是体育专业特色课程，各国体育专业标准中均强调专业基础课程的挑选和设置，如，加拿大体育专业标准设置 8 门必修核心课程，俄罗斯体育专业标准设置 14 门核心课程。因此，研制“体育专业国家标准”需要以类群思维重视专业基础课设置。具体而言，首先应保持现有课程内容特色，并继续挖掘学校资源以开发特色课程，打造百花齐放式课程内容培养体系；第二，根据《师范类专业认证》和《国标》要求，及时补充并落实学科专业课程下的学科基础课程和专业必修课程的课程开设问题；第三，增加师德教育特色的培养，如，做好教师表率工作，于

无形中滋润学生的职业道德信仰，同时可增加教师职业道德的养成相关课程，或加大师德课程培养学分，端正学生的态度。以此，帮助学生从平时，对教师的优秀品质逐步积累，合理发展中小学体育教师的职前教育水平，助力高素质教师队伍的养成、推进教师教育质量的保障体系。

（4）遵循教师成才规律，推进并深化教师教育融合

在1988年颁布的本科专业目录中，“体育专业”改名为“体育教育专业”。自此，更加强调体育教育专业的师范性，加之体育的相对独立性，使体育教育专业具有“体育”及“教育”双重属性。如何处理好这两者之间的关系是体育教育专业课程改革必须要考虑的问题。从教师专业发展周期理论来看，教师专业发展是各阶段的连续过程，且各阶段表现出不同的特征，因而，根据教师专业发展的全过程要求及各阶段的特殊性提供相应的课程支持，就实属必然。以往试图以一次性本科教育培养优秀或成熟教师的观念应被改变，基于一次性本科教育观念的课程思想及课程体系应被改革。早有学者针对优秀体育教师的成才规律进行了探究，认为优秀体育教师成才发展需要经历四个阶梯式发展阶段，即适应准备期、适应发展期、创造提高期、稳定发展期。适应准备期对于体育教师职前培养阶段教学能力的要求较高，在该发展阶段，体育教师必须具备较高的教学能力，便于初期教学活动的开展、防止教学事故的发生等，以帮助体育教师完成身份转换，走向体育教学工作岗位。换而言之，在遵循教师专业发展周期理论的基础上，为实现教师成才规律的第一阶段，体育教师的职前培养课程体系必须推进并深化教师教育融合，全面提高体育教师的教学能力，助其走向体育教学工作岗位。具体而言，第一，应该打破学科壁垒，加大融合课程的文本开发，但体育本就是教育的一环，无论是一味强调体育技能而忽视教学能力，还是过于重视教学能力而“喧宾夺主”均不适合，体育相关学科的课程设置与教育相关的课程设置比例应得到重视。第二，建立教学理论和实践融合体系，在课程理论教学中强化实践意识，可通过建立中小学课堂情境，模拟教学、增加教学案例分析等方式帮助学生进行理论学习。除在理论课程中融合实践元素外，也可缩短理论与实践的开设学期，如在一节教学理论课程后，安排教育见习等实践课程，帮助学生更好地消化理论知识，使知识落地，转为实践能力。

（5）搭建全程实践培养模式，促进实践能力培养与发展

为加快提高中、小学体育教师职前培养的实践能力，体育教育专业综合实践课程的全程实践性不足、课程同质性较高、学分来源单一、实践特征较弱等问题

应得到首要考虑。有学者分析四年一贯制全程实践效果，“通过问卷调查小学教育专业的学生，在体验校园文化、感受课堂教学、观察学习行为、关注教学环节及尝试实际教学共五个维度的得分状况，进而了解全程实践的实际效果”，结果认为四年一贯制全程实践的实效性明显。鉴于目前六所院校的综合实践课程开设情况，搭建全程实践培养模式未尝不可。尤其是对于准体育教师来说，全程实践的培养模式能够从多方面帮助学生建立职业认知，帮助身份转换，并在全程学习的过程中更加关注教学环节实践，而非书本知识框架的获取。教育部 2019 年发布的《教育部关于加强和规范普通本科高校实习管理工作的意见》就已明确提出实习是高校实践教学的重要环节之一。具体而言，可以将实习分成以下四个阶段的学习，以搭建全程实践的培养模式：第一阶段，实习时间安排在第 2 学期，以教育见习为主，安排实习生观察任课教师的教学行为、方式方法等；第二阶段，实习时间安排在第 3、4 学期，以助教角色进行实习，帮助任课教师完成日常教学工作；第三阶段，实习时间安排在第 5、6 学期，在指导教师的帮助下上课，开展教学工作；第四阶段，实习时间安排在第 7 学期，以实习教师身份上课，独立完成教学任务。具体实习时间可根据各学校教学进度的不同而有所不同，但应环环相扣、层层推进，保证学生自入校始的全程实践学习。另外，除了将实践课程划分为四个阶段外，为实现全程实践，实习教师可除担任实习基地的教学工作外，多多参与学校的各项教学活动，有助于学生的身份认同，加强实践效果。另外，在全程实践中，将外在的知识内化成为自身的能力的过程，将会提高实效性以及准体育教师的教育专业水平。

（三）我国体育教师资格认证制度的发展契机及优化策略

1. 我国专业认证背景下体育教师资格认证的潜在优势

专业认证背景下的教师资格认证是由专业主导的以本专业毕业生为主要对象的教师资格审查体系，办学专业在教师资格认证过程中拥有较大的自主权。因此，相较于教师资格“国考”，专业认证背景下教师资格认证具有认定对象更为专一、认定内容更具有针对性、认定办法也更加灵活等特点。具体而言，专业认证背景下体育教师资格认证的潜在优势主要体现在以下几个方面。

（1）有利于丰富和细化体育教师资格认证标准

教师资格“国考”背景下，所有申请者所接受的认证过程完全相同，无任何差异。我国政府部门也未针对体育教师的专业素质出台相应要求或标准，体育教师资格认定主要遵循《教师法》《中小学教师资格考试暂行办法》等文件的要求以“中小学教师专业标准（试行）”为主要参照开展认证工作。然而，对于学科特性十分明显的体育教育专业而言，教师专业标准显然无法提供具有实际意义的专业指导和引领。如，《中学教师专业标准》要求“掌握所教学科内容的基本知识、基本原理与技能”，何为体育教学基本知识？何为体育教学的基本原理？何为体育教学的基本技能？这些问题必然会使得体育教师陷入茫然、无所适从的状态。此外，教师的成长是一个循序渐进的过程，其职业生涯需要经历职前教师、新手型教师、熟练型教师、专家型教师等不同专业发展阶段，每个阶段都应根据其特点制定相应要求，而当前我国教师资格认证和教师专业发展均以《中小学教师专业标准（试行）》为参照，未免会显得过于笼统和牵强，无法满足不同阶段教师的专业发展需求。

师范类专业认证强调“产出”导向，即根据师范毕业生核心能力素养评价专业人才培养质量，同时要求申请二、三级认证的专业依据教师专业标准制定明确、公开的毕业要求和培养目标。在专业认证结果与教师资格制度挂钩的背景下，师范类专业必然会以培养合格教师为目标制定、实施能够满足入职教师专业发展需求的毕业要求或标准，进而提升专业办学质量和认证等级。因此，高校体育教育专业制定的毕业要求可以更好地引领职前体育教师的专业成长和发展，特别是通过第三级认证的体育教育专业，具有认定和授予教师资格的职权，其所制定的毕业要求本质上即可等同于体育教师资格标准。因此，专业认证的实施不仅有利于明确合格体育教师的专业素养，同时也为职前体育教师的培养、遴选和甄别提供专业性更强的参照标准。

(2) 有利于考核体育教师的实践能力

众所周知，体育教学是一门实践性课程，体育教师不仅需要掌握扎实的理论知识，还需具备过硬的实践能力。教师资格“国考”的面试部分包含结构化面试和试讲两个环节，且均是以问答或口头交流的形式对申请者进行考察。由于受时间、场地、器材等因素的限制，整个过程缺乏对申请者实践能力的检测，面试环节只能考察到申请者最基本素质和能力，如学科知识、语言表达能力及仪表仪态等，而一些真正关于其未来是否能成为一名合格体育教师的内容无法考察到或考察不全面。比如，申请者是不是善于组织课堂教学，能否结合具体的教学内容为学生创设恰当的学习情境，对体育教育教学和学生是否热爱等。学者研究表明，我国初任体育教师的知识面广而新，掌握了较为扎实的专业知识和专业技能，但却无法将理论知识落实到体育教学之中，即缺乏实践能力。往往一些“只会死记硬背且实践能力较差”的申请者能够顺利通过测试，获得教师资格证书，但入职后在体育教学工作中却表现得差强人意，甚至是无法胜任。

专业认证实施后，职前体育教师的教育实践时间将得到显著提升，并通过教师教育质量检测平台进行动态监测，进一步确保了职前体育教师的实践效果和质量。对于通过第二、三级认证的体育教育专业而言，教师资格面试工作将不再受时间、场地、器材等因素的限制，专业可通过“观摩课”“评课”等方式切实考察职前体育教师的教育教学实践能力。除此之外，专业认证要求建立以实习计划、实习教案、听课评课记录、实习总结与考核等为主要内容的师范毕业生教育实习档案袋，有利于体现职前体育教师整个专业成长过程中实践能力的变化和增长，从而为体育教师的资格认定提供更加丰富、更加科学的材料和依据，打破“一考定终身”的考核模式。

(3) 有利于遴选适应地域需求的体育教师

教师资格“国考”背景下，所有申请者必须通过统一考试才可获取教师资格证书，教师资格考试如同一把标尺一样通过比对申请者的各项条件将达标者选入教师队伍。可以看出，教师资格国考的逻辑前提为教师数量已相对饱和、教师队伍结构比较均衡和教师资源配置相对合理，但在我国西部民族地区中小学教师队伍建设中，仍存在教师总量不足、教师队伍结构严重失衡、城乡教师资源配置不合理等问题。教师资格“国考”对教师专业素质的要求相对统一，并未针对少数民族地区有所区别，如实行双语教学和开展民族传统体育项目的少数民族地区，同时也限制了师范生教育的创造性，损害了地方性师范专业的传统培养特色。因此，教师资格国考虽一定程度上确保了入职教师的整体质量，但却无法满足少数民族地区对教师资源的特殊需求。此外，我国于 2007 年开始在部属的六所师范大学实现免费师范生教育，这一举措对于促进我国中西部地区及农村的师资队伍建设无疑具有重要意义，但对于生源地为经济、教育欠发达地区的学生而言，在教师资格国考中将面临更大的压力，很可能导致教师资格考试的通过率降低，最终无法真正发挥补充中西部地区教师资源的效用。

相较而言，教师资格认证则更能满足国家对教师资源的宏观调控和地方对教师素质的特殊需求。一方面，实行免费教育的六所部属师范类院校可以说代表着中国教师教育的顶尖水平，在专业认证中也极有可能通过三级认证，这就意味着可以通过教师资格认证缓解免费师范生的考试压力，提高免费师范毕业生的就业效率，以此解决我国中西部地区及农村教师资源匮乏的问题。另一方面，部分师范类专业将不再受缚于教师资格“国考”的压力，在满足专业认证要求的基础上，可充分发挥教师教育的创造性，并结合区域或地方特色进行有针对性的培养和认证，如可选择性纳入对民族传统体育项目教学技能的考核，进而遴选出真正满足地域教育教学需求的合格教师。

2. 我国体育教师资格认证的优化策略

近年来，伴随着师范类专业认证制度的建立，体育教育专业认证逐渐得到我国学者的关注，相关研究成果主要集中于对他国体育教育专业认证制度的介绍和解析。综观国外教育发达国家，美国在体育教师教育方面一直处于领先地位，建立形成了较为完善的体育教师教育一体化质量保障体系。因此，在针对上述问题探讨体育教师资格认证的优化策略时，应立足于我国基本国情，合理借鉴美国优秀经验，力求与国际接轨，以建立形成具有中国特色、世界水准的体育教师资格认证体系。

（1）明确专业定位，革新职前体育教师培养模式

科学准确的专业定位是培养高质量人才的前提，同时也是贯彻落实师范类专业认证和教师资格认证工作的必备条件。改革开放以来，我国体育教育专业（本科）课程方案经历了5次修订，从1980年的“专修科”到2003年的“方向选修课”，虽然不同时期的课程设置及名称有所差异，但以运动技能为主的“专修科”依然稳居体育教育人才培养方案之首，这种以“运动项目”划分的人才培养模式严重阻碍了体育教师教育改革的步伐。2018年10月教育部印发的《关于加快建设高水平本科教育全面提高人才培养能力的意见》指出，要“引导高等学校合理定位、办出水平、办出特色，推进教学改革，提高人才培养质量”。在国家教师教育发展改革的宏观调控和指导下，高校体育教育专业应根据社会发展需求，以专业认证为契机，大胆革新传统体育教师培养模式，建立与师范类专业认证和教师资格制度相衔接的人才培养模式。具体而言，高校体育教育专业应根据我国基础教育的学段划分，结合自身办学特色和优势，准确定位专业目标和方向，并以不同阶段学生的身心发展特点和教育教学规律为前提，通过完善与之相应的人才培养计划和课程体系，对职前体育教师进行靶向性培养，提高体育教育专业的人才培养质量及职前体育教师的教育教学能力。

（2）树立“能力本位”的认证理念，细化体育教师资格考评办法

能力本位教师教育理念起源于20世纪70年代的美国，但因受限于教师教育

理论和实践的整体发展水平，教师教育者将其简单地等同于教师单项能力的培训和职业技能的排练，最终使其丧失了“能力本位”的根本意蕴。随着人类社会核心竞争力和教师专业发展方式的转变，教师能力成为决定教育质量关键要素，赋予了“能力本位”教师教育理念新的时代内涵，“能力本位”教师教育模式也逐渐凸显其在教师培养方面的优势和作用。因此，可依据美国“能力本位”教师教育模式，通过构建“能力本位”的考评机制完善体育教师资格认证体系，提高职前体育教师的专业发展积极性，确保每一位入职教师的专业素养。具体主要包含以下几个方面：第一，采用导师制对体育教育专业（本科）学生学业进行监控。导师可通过定期会面、网络交流等方式了解学生的学业水平，为学生提供有针对性的指导，帮助学生制订学习计划，并向专业反馈学生的学习成果和质量。第二，建立学生自我评价机制。专业可通过定期要求学生提供证明其教学能力的证据和自我评定总结等方式，培养学生自我反思的能力和习惯，提高学生专业发展的积极性和主体意识。第三，引入绩效评价模式。专业在对毕业生的教师资格进行认定时，不应局限于关注学生的课程成绩、学分获得等内容，应采用多元的评价方法对师范毕业生的专业素养进行认定，如访谈、案例分析、观摩、档案袋等。

（3）制定实施科学合理、操作性强的体育教师资格认证标准

入职资格是行业的“敲门砖”，入职教师的专业素养直接影响着整体教师队伍的质量和入职后的专业发展，特别是在专业认证背景下部分师范专业毕业生可直接获取教师资格证书的情况下，严把体育教师的“准入”口，制定更具有针对性的体育教师资格标准是完善体育教师认证体系、促进专业协同交流的重要保障，同时也是保证体育教师队伍质量的有效路径。此外，在制定体育教师资格标准的过程中还应特别注意以下几个方面的问题：第一，体育教师资格标准应有明确具体的指标体系。在美国初级体育教师资格标准（2017 版）的各项二级指标上，设置了合格、不合格和理想目标三个评价等级，并对每项指标的具体行为表现作出了详细描述，强化了标准的可操作性；第二，注重体育教师资格标准与专业认证标准、优秀教师专业标准之间的协同衔接。教师资格标准是评价师范毕业生专业素养重要依据，教师资格标准可成为专业认证标准的一部分，但与优秀教师专业标准之间应有所区别；第三，体育教师资格标准应体现“底线”原则。教师资格标准是对入职教师专业素质和能力的具体描述，是行业的基本要求，因此，标准要求不宜过高，应以体育教学实践基本需求为依据，制定行业认可的体

育教师资格标准。

(4) 发挥专业团体优势，建立体育教师资格认证监督机制

相较于办学专业、教师和学生而言，专业团体属于教师资格认证利益链条上的“局外人”，在教师资格认证中并不牵涉直接的利害关系。在学校评价中，专业团体以“局外人”的身份担任着“裁判员”的角色，并认为能够做到客观公正。美国教师教育认证机构 CAEP 作为非官方、公益性的专业组织，在制定专业质量标准、提高专业办学质量和促进教师专业发展等方面发挥着重要作用。因此，充分发挥社会第三方优势，建立健全以专业团体为主的外部监督机制是完善体育教师资格认证体系的有效路径。对于我国而言，专业团体可通过参与制定专业毕业要求、教师资格认证工作和教师资格审查等方式发挥其引导和监督的作用，确保体育教师资格认证的公平公正和权威性，同时也可建立评比机制，以名誉或物质形式奖励卓越的体育教育专业，调动办学机构的积极性和竞争性，促进体育教师资格认证体系的规范化、科学化。

第八章　结　　论

一、结论

体育教师教育体系是培养高质量体育教师的重要载体，其对于贯彻落实党的十九大及《关于全面深化新时代教师队伍建设改革的意见》等相关文件精神、加快推进教师队伍建设具有决定性作用。本研究选取了美国、澳大利亚、法国、新加坡四个国家的体育教师教育体系作为调查对象，通过这四个国家与我国体育教师教育体系的比较，依据提炼的国际经验，探寻优化我国体育教师教育体系的实施路径。具体而言，首先，对四个国家体育教师教育的发展脉络进行了梳理，从历时性的维度了解和比较各国体育教师教育体系的演变；其次，从培养目标、职前准入、课程设置、教育实践、毕业要求等方面对各国体育教师教育体系进行剖析，为比较各国体育教师教育体系提供充分的材料支撑和依据；再次，提炼各国体育教师教育体系的共性和特点，可为我国体育教师教育的发展提供思路和借鉴；最后，在深入分析国际体育教师教育体系的现状、共性和特点的基础上，结合我国本土实际，提出未来我国体育教师教育发展的应然路径，为优化和完善我国体育教师教育体系助益。综上，研究在进一步提炼总结的基础上，主要得出了以下结论：

（一）各国体育教师教育体系在改革与发展中得以不断演变

斯宾塞·约翰逊曾经说过“世界上唯一不变的是变化本身”。正如各国体育教师教育体系一样，是在历史的见证下不断变化和发展，最终形成了现在的样式和形态。需要说明的是，各国体育教师教育体系的演变是结合本国的社会环境的特殊产物，不同国家体育教师教育体系的特点便是不同国家社会背景的历史写照。同时，在体育教师教育体系发展过程中，也表现出一定的共性，这在一定程度上说明了国际视域下体育教师教育发展到一定阶段的共同关注的焦点。因此，体育教师教育体系的改革与发展，不仅需要结合本土实际，更要有国际视野，在借鉴与探索中不断完善体育教师教育体系。与此同时，我们应当清楚的是，体育教师教育体系从古至今都是在发展和变化中的，没有固定的、完美的育人体系，有的只是能够满足特定历史时期需要的相对完善的体育教师教育体系。以史为鉴可以知兴替，从各国体育教师教育的发展和演变中，我们不仅可以更加深刻地把握现实体育教师教育体系的历史逻辑，更能从中掌握体育教师教育发展的经验与智慧，可以让我们更好地完善体育教师教育体系。因此，面对现如今快速变化的社会环境，始终秉持“唯一不变的是变化本身”的理念，积极开拓国际视野，博古通今，在不断探索与实践中改革和发展我国体育教师教育体系，使其胜任为新时代培养高质量体育教育人才的重要平台和高地。

（二）各国体育教师教育体系既存在一定的共性，也表现出一定的个性

在深入解析各国代表性高校的体育教师教育项目的基础上，比较各国体育教师教育的共性和特点，无论是各国体育教师教育的共性抑或是特点，均可以为我国体育教师教育的改革与发展提供有益的参考。归纳总结发现，各国体育教师教育的共性主要表现为关照现实、服务健康、注重实操和严控质量等方面，共性表现对于培养接轨国际标准的体育教师具有重要意义。从个性特点来看，各国体育教师教育体系均根据本国的教育体制或社会环境表现出一定的差异，如澳大利亚体育教师被称为“健康与体育”教师，它将体育与健康教育融合，体育教师肩负着健康教育的时代责任，这直接导致澳大利亚体育教师在教育过程中，非常强调一般教育教学能力促进体育与健康教育的融合，这也为同样强调“体育与健康教育融合”为我国提供了有益参考和经验借鉴。再如，新加坡分学段培养体育教师的举措，在一定程度上可以更加精准地培养体育教师，更好地衔接教师的职前培养与职后发展，就我国而言，以传统运动项目划分培养体育教师的弊病已越来越突出，且专业认证已经开始要求按学段对专业进行审查，这就代表了按学段培养体育教师的潮流和趋势，在具体操作层面可借鉴新加坡的举措或办法。总的来说，国际视域下各国体育教师教育体系既存在一定的共性，也表现出一定的特点，深入分析这些共性和特点，可以为我国体育教育的改革与发展提供新的思路和借鉴。

（三）未来我国体育教师教育体系应在借鉴与探索中不断优化和完善

为贯彻落实习近平总书记关于体育的重要论述以及全国教育大会精神，把学校体育工作摆在更为突出的位置，中共中央国务院办公厅于 2020 年 10 月印发《关于全面加强和改进新时代学校体育工作的意见》，指出需“推进高校体育教育专业人才培养模式改革”，为基础教育阶段的学校体育工作配齐配强体育教师、提高高质量的人才保障。国家对新时代学校体育工作提出了新的要求，更是学校体育发展史上浓墨重彩的一笔，恰逢“十四五”规划启程之年，是体育教育专业建设的历史回顾点，更是展望人才培养未来发展的瞭望台。值此之际，为进一步培养出素质过硬、质量较高的体育教育专业人才，有必要立足我国新时代社会发展需要与传统人才培养模式之间的矛盾，拓展国际视野，总结归纳国际体育教师教育的规律和特点，合理借鉴国际体育教师教育的优秀经验，有利于进一步优化和完善我国体育教师教育体系，为培养高质量体育教师奠定基础。需要注意的是，因各国国情、社会环境、教育体制等存在一定的差异，因此在他国可能产生很好效果的办法或措施不一定在我国有同等效益，即因地制宜。在借鉴与吸收国外精华的同时，也应当注意“去其糟粕”，在具体分析我国现实情况的基础上，在习近平新时代中国特色社会主义思想的指导下，合理借鉴国外体育教师教育的观点或办法，如此才能事半功倍，更好地为培养新时代体育教师服务。总的来说，我国体育教师教育体系的改革与发展并非一日之功，我们应当在合理借鉴国外优秀经验的基础上，结合我国具体实际，积极探索、大胆尝试，以建立更加完善、质量更高的体育教师教育体系。

二、研究不足

本研究旨在梳理国内外体育教师教育发展历程、解析体育教师教育体系现况的基础上，从比较的视角探讨了各国体育教师教育体系的共性及特点，并结合我国具体实际，提出了优化我国体育教师教育体系的对策或建议，指出了未来我国体育教师教育发展的应然路向，在一定程度上为我国体育教师教育的改革与发展提供了一定的参考和借鉴。然而，综合梳理本研究可以看出，研究因精力、时间、环境等各方面的限制，致使研究无法达到尽善尽美，存在一定的不足，主要表现为：

(1) 研究所选取的调查对象有限

因受限于语言障碍，本研究主要选取了以英语为母语的国家为调查对象，虽然这些国家在国际体育教师教育领域确实具有一定的代表性，但无法完全反映国际体育教师教育的全貌。毋须讳言，德国、日本、意大利等国家的体育教师教育在国际体育教师教育领域同样享有盛誉，如德国正是高等教育的发源地；我国的“体育”（一词）便是译自日本；意大利更是充满哲学的气息，我们相信每一个国家的体育教师教育体系都有其可圈可点之处，但限于语言障碍和精力有限，研究主要选取了美、澳、法、新加坡四个国家作为调查对象，这在一定程度上算是研究的一个遗憾，但正如凡事都无法尽善尽美一样，也许今日的遗憾将会成为未来我们进一步研究的动力源泉。

(2) 研究范围有待进一步拓展

研究在核心概念界定部分业已说明，本研究选取了体育教师教育体系的狭义定义，即职前教育阶段。事实上，本研究聚焦于体育教师的职前教育阶段，通过探讨高校体育教师教育项目（专业）的培养目标、入学标准、课程设置、教育实践、毕业要求等内容剖析各国体育教师教育现状，详尽地分析了各国体育教师教育的共性和特点，这对于体育教师教育的改革与发展具有一定的积极意义。无可置否，体育教师教育阶段是国际体育教师教育研究与实践关注的重点，但伴随着体育教师教育一体化的观念愈加深入人心，体育教师教育入职阶段、职后阶段以及一体化衔接机制已经逐步引起学界的关注。因此，从研究范围来看，研究还有待进一步拓展，应将体育教师入职教育、职后教育及其一体化教育机制纳入研究视野，这也为后续研究的开展提供了思路和见解。

(3) 研究方法可进一步丰富

研究方法是获取研究材料和信息的重要方式，本研究主要采用了文献资料法、数据分析法、逻辑分析法等方法，与事先的研究设计和计划存在一定的出入。古人云：“纸上得来终觉浅，绝知此事要躬行”，本研究本设想通过实地走访、田野调查等方法进行资料和信息的收集，但因为新冠疫情的发生，研究只能通过文献资料和访谈等方法获取资料。虽然在疫情发生前，课题主持人刚刚结束在美国一年的访学行程，通过实地调查收集了较为翔实美国体育教师教育相关资料，但对于法国、澳大利亚、新加坡等国家，因疫情限制无法对这些国家进行实地走访和调查，这有可能导致研究很难极尽呈现研究对象的全部细节，研究依旧存在进一步细化和完善的空间。

三、研究展望

如前所述，本研究存在一定的不足，未来可通过进一步拓展研究视野和范围的方式丰富研究框架和内容，并采用多样的研究方法收集更加翔实的研究资料，以呈现国际体育教师教育体系的全貌，为我国体育教师教育的改革与发展提供更多的启发和思路。研究教育思想观念、教育实践活动和教育体制机制是教育现象中的三个基本范畴，体育教师教育所涵盖的基本范畴是与其一脉相承的。未来，研究应灵活处理体育教师教育所涵盖的职前、入职和职后三个阶段，从思想观念、职后培养实践、一体化培养体制及落实机制等方面进行进一步深入研究，主要内容包括三个方面：一是体育教师教育思想研究；二是体育教师的职后培养体系研究；三是体育教师一体化培养机制研究。除此之外，比较研究的意义在于加深对事物本质及其规律性的认识，并获取积极的反馈以促进相关事物更快更好地发展。因此，未来研究还可沿着“比较研究”逻辑主线，在全面把握国内外体育教师教育思想、职后培养和一体化培养机制的基础上，总结归纳国内外共性与特点，汲取国际有益经验，提出我国体育教师教育体系的优化路径和推进理路，为加快新时代教师教育振兴和教师队伍建设步伐助益。

参考文献

一、中文类文献

1. 专著类

[1] [加] 约翰·范德格拉夫等编著．学术权力——七国高等教育管理体制比较 [M]．王承绪，张维平等译．杭州：浙江教育出版社，2001：55.

[2] 黄明编．新加坡双语教育与英汉语用环境变迁 [M]．厦门：厦门大学出版社，2012.06.

[3] 曹云华著．新加坡的精神文明 [M]．广州：广东人民出版社，1992.12.

[4] 祝怀新编著．封闭与开放 教师教育政策研究 [M]．杭州：浙江教育出版社，2007.04.

2. 期刊论文类

[1] 凌晨．专业认证——我国体育教育专业人才培养质量保障的新举措 [J]．武汉体育学院学报，2017，51（1）：77-81.

[2] 陈超美．CiteSpace Ⅱ：科学文献中新趋势与新动态的识别与可视化 [J]．情报学报，2009（3）.

[3] 胥英明．对《全国普通高校体育教育本科专业课程方案》的质疑 [J]．体育学刊，2004（5）：10-12.

[4] 肖威．全国普通高等学校体育教育本科专业新旧两种课程方案比较及实施要点研究 [J]．北京体育大学学报，2005（5）：666-668.

[5] 申怀松．新旧《全国普通高等学校体育教育本科专业课程方案》的比较研究 [J]．河南师范大学学报（自然科学版），2006（1）：157-160.

[6] 李强，毛振明．对 03 版《全国普通高等学校体育教育专业课程方案》四维视角的反思 [J]．武汉体育学院学报，2011，45（10）：92-96.

[7] 李凤梅．2003 年《全国普通高等学校体育教育本科专业课程方案》认知分

歧探微及启示 [J]. 沈阳体育学院学报, 2013, 32 (5): 104-107.
[8] 周红妹, 林全国, 林向阳. 关于体育教育专业主干课系列教材适应性的调查分析 [J]. 北京体育大学学报, 2013, 36 (6): 98-102.
[9] 苏益华, 王金稳, 李伟坚, 胡茂辉. 对体育教育专业课程方案中学科与术科比例问题的探讨 [J]. 武汉体育学院学报, 2006 (2): 85-88.
[10] 黄爱峰, 王健. 一个真实的假问题: 体育教育专业“术科”探究 [J]. 西安体育学院学报, 2006 (4): 92-95.
[11] 郭艳红, 方志军. PCK 理论视域下我国体育教师职前培养的路径选择 [J]. 成都体育学院学报, 2018, 44 (2): 116-120.
[12] 古雅辉, 周凰, 刘昕. PCK 视域下职前体育教师教育的反思与探究 [J]. 北京体育大学学报, 2018, 41 (11): 89-95.
[13] 董国永, 毕永兴. 美国职前体育教师专业标准的问题研究及启示 [J]. 成都体育学院学报, 2016, 42 (4): 109-114.
[14] 尹志华, 汪晓赞, 季浏. 爱尔兰职前体育教师专业标准的分析与启示 [J]. 北京体育大学学报, 2017, 40 (11): 73-79.
[15] 尹志华, 汪晓赞, 覃立. 基于标准的职前体育教师质量认证程序开发调查与分析 [J]. 体育学刊, 2019, 26 (3): 109-114.
[16] 尹志华, 汪晓赞, 孙铭珠. 基于标准的职前体育教师质量评估认证体系开发研究 [J]. 成都体育学院学报, 2020, 46 (2): 85-92.
[17] 叶静雯, 汪晓赞, 尹志华. 美国亚利桑那州立大学体育教育专业改革、发展与启示 [J]. 体育文化导刊, 2016 (9): 148-154.
[18] 尹志华, 汪晓赞, Phillip Ward, 季浏. 美国俄亥俄州立大学体育教育专业的特色及启示 [J]. 体育学刊, 2016, 23 (3): 100-107.
[19] 俞佳俊, 尹志华, 汪晓赞. 美国南卡罗来纳大学体育教育专业建设的启示 [J]. 体育学刊, 2016, 23 (2): 102-106.
[20] 杜伟超, 汪晓赞, 尹志华. 美国西弗吉尼亚大学体育教育专业的改革、发展与启示 [J]. 首都体育学院学报, 2015, 27 (5): 420-425.
[21] 何耀慧, 汪晓赞, 尹志华, 陈豪彦. 美国体育教育专业的改革与发展研究——以印第安纳大学为例 [J]. 北京体育大学学报, 2015, 38 (10): 90-97.
[22] 谢佩娜. 美国印地安纳大学健康、体育和娱乐学院的健康教育专业学位培

养计划及特点［J］. 体育学刊，2002（3）：95-98.
［23］韩会君，高玉花. 美国体育教育专业建设给我们的启示——以马里兰大学为例［J］. 广州体育学院学报，2009，29（6）：87-90，114.
［24］李丽. 中日美等国中小学体育教师培养模式比较研究［J］. 武汉体育学院学报，2006（1）：77-80.
［25］曾庆伟，曾宪常，杜爱平. 教师本位观：一种教师专业发展的新理念［J］. 中国成人教育，2001（4）：43-44.
［26］黄爱峰. 依附与自主：中国体育教师教育百年省思［J］. 山东体育学院学报，2003（4）：6-8.
［27］尹志华，汪晓赞，孙铭珠，季浏. 职前体育教师专业标准的历史与现实图景——美国密歇根大学 Weiyun Chen 教授学术访谈录［J］. 体育与科学，2016，37（6）：7-13.
［28］黄正平. 加拿大安大略省的教师教育及其启示［J］. 教育评论，2015（1）：48-51.
［29］杨琪源. 在嬗变中应对：市场化下教师教育的反思［J］. 教育教学论坛，2017（19）：239-240.
［30］黎琼锋，陈洪江. 在公平与效益之间——农村教师教育模式创新的理论与实践探讨［J］. 当代教师教育，2009，2（3）：11-14. DOI：10. 16222/j. cnki. cte. 2009. 03. 007.
［31］莫晓东，顾通达. 教师培训的实效性问题与需求分析方略［J］. 浙江教育学院学报，2003（2）：81-85.
［32］朱旭东. 论当前我国三轨多级教师教育体系［J］. 教师教育研究，2015，27（6）：1-7.
［33］赵明仁，陆春萍. 新时代我国高素质专业化创新型教师队伍建设论纲［J］. 教育科学，2021，37（1）：9-16.
［34］赵英，朱旭东. 论高质量教师教育体系建构［J］. 中国高教研究，2021（10）：52-57.
［35］张建，党晓云，张晓亮. 体育教师教育体系及一体化构建［J］. 河南师范大学学报（自然科学版），2009，37（4）：142-144.
［36］周珂，周艳丽，KEATING Xiaofen，尹志华，黄勇. 标准驱动的美国体育教师教育质量动态保障体系研究［J］. 体育科学，2016，36（1）：20-26，37.

[37] 贾明学. 美国体育教师教育专业认证体系的变革与启示 [J]. 中国体育科技, 2021, 57 (7): 99-106.

[38] 李刚. 美国高等教育体制研究——以加州公立教育系统为例 [J]. 文存阅刊, 2017 (21): 190.

[39] 刘丹平, 高娟, 王卓君. 加利福尼亚州立大学教师发展中心的特点及其启示 [J]. 教育探索, 2012 (11): 154-156.

[40] 谭宗颖, 王颖, 陶斯宇. 中美代表性高校通识教育比较研究及启示 [J]. 科学与社会, 2020, 10 (3): 45-65.

[41] 吴坚. 美国研究型大学通识教育课程模式及启示 [J]. 华南师范大学学报(社会科学版), 2016 (6): 97-102, 190.

[42] 曾琳. 美国职前教师培养: 入学选拔的视角 [J]. 外国中小学教育, 2013 (10): 44-49.

[43] 黄建辉, 洪明. 美国教师职前教育入学标准的演变、特征及其启示 [J]. 外国中小学教育, 2014 (11): 36-40, 35.

[44] 赵富学. 抗击疫情背景下体育教师健康教学素养的失衡特征因析及复位思考 [J]. 北京体育大学学报, 2020, 43 (3): 149-156.

[45] 张志斌. 体育教师污名化的成因、逻辑与自我救赎 [J]. 体育与科学, 2020, 41 (3): 66-71.

[46] 李世宏. 新加坡高校体育考试简介 [J]. 中国学校体育, 2009 (10): 73.

[47] 李诚涛. 新加坡教师职前教育的特色 [J]. 职业时空, 2008 (6): 96.

[48] 王晓芳, 周钧, 孔祥渊. 新加坡师范生公费教育内部质量保障机制探究 [J]. 外国教育研究, 2019, 46 (8): 97-115.

[49] 黄积才. 课程之程: 建构立人路径架构体系 [J]. 教育理论与实践, 2020, 40 (29): 32-35.

[50] 王晓芳, 周钧. 新加坡师范生教育实习质量保障机制研究 [J]. 比较教育研究, 2019, 41 (5): 76-82.

[51] 黄建辉. 专业化背景下教师职前教育入学标准改革探析——基于美国经验 [J]. 现代教育管理, 2014 (6): 100-103.

[52] 吴华清. 服务学习简述 [J]. 上海教育科研, 2003 (10): 52-54.

[53] 王健, 曹烃. 融合共享: 运动弱势学生体育教育改革的时代诉求 [J]. 体育科学, 2014, 34 (3): 39-46.

[54] 高亮，唐鹏，王家宏．体教专业毕业实习效果的影响因素及其对策研究[J]．体育与科学，2018，39（1）：108-113.
[55] 张玉宝．从“计划”到“国标”：体育教育专业课程设置演变、特征、启示[J]．体育学刊，2020，27（1）：93-98.
[56] 胡永红，吴邵兰，艾安丽．我国体育教育专业认证工作存在的问题与优化路径[J]．体育学刊，2021，28（2）：72-79.
[57] 赵英，文丽娟．美国卓越教师教育课程特征研究——基于密歇根州立大学教师教育课程案例分析[J]．比较教育研究，2020，42（1）：61-66.
[58] 靳淑梅，闫悦．美国培养职前教师多元文化素质的实习标准与途径探究[J]．外国中小学教育，2017（2）：48-53.
[59] 靳淑梅，俞爱宗．职前教师教育的多元文化课程资源开发——美国艾奥瓦大学多元文化课程研究与启示[J]．社会科学家，2015（1）：116-120.
[60] 刘鎏，王永顺．比较与提升：中美体育教育专业学生融合体育教育自我效能研究[J]．北京体育大学学报，2018，41（7）：86-92.
[61] 户清丽．职前教师教育实践能力发展的层次性解析[J]．教育研究，2018，39（5）：93-98.
[62] 崔波．基于反思性实践的师范生教育实践能力培养[J]．黑龙江高教研究，2015（2）：94-97.
[63] 王硕，吴本连．学段划分模式：体育教师职前教育课程改革新构想[J]．西安体育学院学报，2017，34（2）：237-241.
[64] 吴红权，汪晓赞，万·代尔·马尔斯·汉斯．美国体育协会主导制定的“体育教育专业评价标准体系”分析及启示[J]．首都体育学院学报，2020，32（5）：445-453.
[65] 顾明远．师范教育的传统与变迁[J]．高等师范教育研究，2003（3）：1-6.
[66] 舒宗礼，王华倬．面向“卓越体育教师”培养的体育教育专业课程体系的重塑与优化[J]．武汉体育学院学报，2017，51（4）：75-81.
[67] 韩志芳．我国普通高等学校体育教育专业本科培养方案的调整与优化[J]．北京体育大学学报，2016，39（7）：89-94，101.
[68] 余璐，刘云艳．基于产出导向的学前教育专业毕业要求分解与评价[J]．教育与教学研究，2020，34（3）：106-115.

3. 学位论文类

[1] 王雪慧．美国教师职前培养质量保障体系研究［D］．沈阳：沈阳师范大学，2018.

[2] 张慧欣．澳大利亚职前教师教育内部质量保证体系演进研究［D］．石家庄：河北师范大学，2018.

[3] 刘哲．新加坡中学职前教师教育课程研究［D］．上海：上海师范大学，2016.

[4] 李然．师范类专业认证背景下小学教育专业培养方案的文本研究［D］．石家庄：河北师范大学，2020.

[5] 刘畅．新加坡国立大学本科跨学科人才培养模式研究［D］．长春：吉林大学，2020.

4. 网站类

[1] 中华人民共和国教育部．中共中央 国务院关于全面深化新时代教师队伍建设改革的意见［EB/OL］.（2021-01-20）．http：//www. moe. gov. cn/jyb_xxgk/moe_1777/moe_1778/202010/t20201013_494381. html.

[2] 中华人民共和国教育部．教育部等五部门关于印发《教师教育振兴行动计划（2018—2022年）》的通知［EB/OL］．（2021-01-21）．http：//www. moe. gov. cn/jyb_xxgk/moe_1777/moe_1778/202010/t20201013_494381. html.

[3] 全国教育事业“九五”计划和2010年发展规划［EB/OL］．［1996-04-10］．http：//www. moe. gov. cn/srcsite/A03/s7050/199604/t19960410_77143. html.

[4] 关于印发《关于深化教学改革，培养适应21世纪需要的高质量人才的意见》等文件的通知［EB/OL］.［1998-04-10］．http：//www. moe. gov. cn/srcsite/A08/s7056/199804/t19980410_162625. html.

[5] 普通高等学校本科专业目录（1998年颁布）［EB/OL］．［1998-07-06］．http：//www. moe. gov. cn/srcsite/A08/moe _ 1034/s3882/199807/t19980706 _ 109699. html.

[6] 面向21世纪教育振兴行动计划［EB/OL］．［1998-12-24］．http：//www. moe. gov. cn/jyb_sjzl/moe_177/tnull_2487. html.

[7] 关于印发《关于师范院校布局结构调整的几点意见》的通知［EB/OL］．［1999-03-16］．http：//www. moe. gov. cn/srcsite/A10/s7058/199903/t19990316_162694. html.

[8] 教育部关于"十五"期间教师教育改革与发展的意见 [EB/OL]. [2002-03-01]. http://www.moe.gov.cn/srcsite/A10/s7058/200203/t20020301_162696.html.

[9] 教育部关于印发《全国普通高等学校体育教育本科专业课程方案》的通知 [EB/OL]. [2003-06-19]. http://www.moe.gov.cn/srcsite/A17/moe_938/s3273/200306/t20030619_80793.html

[10] 国务院办公厅转发教育部等部门关于教育部直属师范大学师范生免费教育实施办法（试行）的通知 [EB/OL]. [2007-05-09]. http://www.gov.cn/zwgk/2007-05/14/content_614039.htm.

[11] 教育部关于大力推进师范生实习支教工作的意见 [EB/OL]. [2007-05-09]. http://www.moe.gov.cn/srcsite/A10/s7011/200707/t20070705_145953.html.

[12] 教育部关于印发《幼儿园教师专业标准（试行）》《小学教师专业标准（试行）》和《中学教师专业标准（试行）》的通知 [EB/OL]. [2012-09-13]. http://www.moe.gov.cn/srcsite/A10/s6991/201209/t20120913_145603.html.

[13] 教育部关于印发《普通高等学校本科专业目录（2012年）》《普通高等学校本科专业设置管理规定》等文件的通知 [EB/OL]. [2012-09-18]. http://www.moe.gov.cn/srcsite/A08/moe_1034/s3882/201209/t20120918_143152.html.

[14] 张开双翼，中国教育更自信 [EB/OL]. [2016-03-15]. http://www.moe.gov.cn/jyb_xwfb/moe_2082/zl_2016n/2016_zl11/201603/t20160315_233544.html.

[15] 教育部等八部门全面部署加快和扩大新时代教育对外开放 [EB/OL]. [2020-06-18]. http://www.moe.gov.cn/jyb_xwfb/gzdt_gzdt/s5987/202006/t20200617_466544.html.

[16] 习近平：没有多样性，就没有人类文明 [EB/OL]. [2021-04-06]. http://www.gov.cn/xinwen/2021-01/25/content_5582452.htm.

[17] 教育部关于印发《教育信息化"十三五"规划》的通知 [EB/OL]. [2021-04-06]. http://www.moe.gov.cn/srcsite/A16/s3342/201606/t20160622_269367.html.

[18] 王卓玉，谢双雪，程明. 基于文献计量学的国内外STEAM教育研究比较分

析［J/OL］. 现代远距离教育：1-15［2021-04-08］. https：//doi. org/10. 13927/j. cnki. yuan. 20210330. 001.

［19］中华人民共和国教育部. 国家中长期教育改革和发展规划纲要（2010-2020年）［EB/OL］.［2021-4-10］. http：//www. moe. gov. cn/jyb_xwfb/s6052/moe_838/201008/t20100802_93704. html.

［20］中华人民共和国教育部. 教育部关于印发《全国普通高等学校体育教育本科专业课程方案》的通知［EB/OL］.［2020-10-26］. http：//www. moe. gov. cn/srcsite/A17/moe_938/s3273/200306/t2.

5. 其他

新加坡档案局［Z］.

二、外文类文献

1. 专著类

［1］McNamara S W, Lieberman L, Wilson K, Colombo-Dougovito A. "I mean I hate to say it's sink or swim, but horizontal ellipsis": college course instructors' perceptions of the adapted physical education content that they prioritize and teach［M］. Sport Education and Society, 2021.

［2］Gariglio J Â. Beginning Physical Education Teachers' Induction: Discoveries and Survival in the Profession［M］. Sport, Education and Society, 2021: 1-13.

［3］Rice E A. A Brief History of Physical Education［M］. New York: A. S. Barnesand Company Publishers, 1926.

［4］Hackensmith C. W. History of Physical Education［M］. New York: Harper and Row Publishers, 1966.

［5］Hursh D W. High-stakes Testing and the Decline of Teaching and Learning: The Real Crisis in Education［M］. Rowman & Littlefield Publishers, 2008: 186.

［6］Hastings Rashdall. The Universities of Europe in the Middle Ages［M］. Volume Ⅰ. Oxford: Oxford University Press, 1977: 275-276.

［7］Fraser W R. Reforms and Restraints in Modern French Education［M］. London: Routledge & Kegan Paul Ltd, 1971: 4, 27, 25, 44.

［8］Alain Bienayme. Systems of Higher Education: France［M］. New York: Interbook Inc. 1978: 126, 130, 132.

[9] Habiba S Cohen. Decade of Change and Crisis: The New French Universities Since 1968 [M]. Boulder: Westview Press, 1979: 148, 391, 276.

[10] Kerr Clark. The Uses of the University [M]. Cambridge: Harvard University Press, 1982: 97.

[11] Epistémon. Ces idées qui ébranlèrent la France, Nanterre [M]. Novembre 1967-juin 1968, Paris: Fayard, 1968: 28-29.

[12] Christine Musselin. The Long March Of French Universities [M]. New York: Routledge Falmer, 2004: 32.

[13] Greuter M, Mandry P. Bien choisir sa classe préparatoire [M]. Paris: L'Etudiant, 2008: 100. http://offre-de-formations.univ-lyon1.fr/parcours-1141/meef-education-physique-et-sportive.html#.

[14] Bourdieu P. La Noblesse d'État, Grandes écoles et esprit de corps [M]. Paris: Les Éditions de Minuit, 1989: 400.

2. 期刊论文类

[1] Chen C. Cite space Ⅱ: Detecting and visualizing emerging trends and transient patterns in scientific literature [J]. Journal of the American Society for information Science and Technology, 2006, 57 (3): 359-377.

[2] Davis K S, Burgeson C R, Brener N D, McManus T, Wechsler H. The relationship between qualified personnel and self-reported implementation of recommended physical education practices and programs in US schools [J]. Research Quarterly for Exercise and Sport, 2005, 76 (2): 202-211.

[3] Spittle S, Spittle M. The reasons and motivation for pre-service teachers choosing to specialize in primary physical education teacher education [J]. Australian Journal of Teacher Education, 2014 (39).

[4] Acikkar M, Akay M F. Support vector machines for predicting the admission decision of a candidate to the school of physical education and sports at Cukurova University [J]. Expert Systems with Applications, 2009, 36 (3): 7228-7233.

[5] Davis K S, Burgeson C R, Brener N D, McManus T, Wechsler H. The relationship between qualified personnel and self-reported implementation of recommended physical education practices and programs in US schools [J]. Research Quarterly for Exercise and Sport, 2005, 76 (2): 202-211.

[6] Collier D, Hebert F. Undergraduate physical education teacher preparation: What practitioners tell us [J]. The Physical Educator, 2004.

[7] Bulca Y, Saçlı F, Kangalgil M, Demirhan G. Beden eğitimi öğretmenlerinin öğretmen yetiştirme programına ilişkin görüşleri [J]. Eğitim ve Bilim, 2012, 37 (165).

[8] Hetland K M, Strand B. A Descriptive Analysis of Undergraduate PETE Programs in the Central District [J]. ICHPER-SD Journal of Research, 2010, 5 (1): 3-9.

[9] Melnychuk N, Robinson D B, Lu C, Chorney D, Randall L. Physical education teacher education (PETE) in Canada. Canadian [J]. Journal of Education, 2011, 34 (2): 148.

[10] Nirantranon W, Nirantranon S. The trend of pre-service physical education teacher in the period of 15 years (2008-2022) [J]. The Social Sciences, 2009, 4 (6): 657-661.

[11] Piletic C K, Davis R. A profile of the introduction to adapted physical education course within undergraduate physical education teacher education programs [J]. ICHPER-SD Journal of Research, 2010, 5 (2): 26-32.

[12] An J, Decker J T. Utilizing a critical service-learning approach in an adapted physical education course [J]. Journal of Physical Education, Recreation & Dance, 2019, 90 (4): 7-14.

[13] Jin J, Yun J, Wegis H. Changing physical education teacher education curriculum to promote inclusion [J]. Quest, 2013, 65 (3): 372-383.

[14] Malekipour A, Hakimzadeh R, Dehghani M, Zali M R. Analysis of entrepreneurial competency training in the curriculum of bachelor of physical education in universities in Iran [J]. Cogent Education, 2018, 5 (1): 1462423.

[15] Sato T, Ellison D W, Eckert K. African American pre-service physical education teachers' learning about aquatic courses [J]. European Physical Education Review, 2019, 25 (3): 778-795.

[16] iEsports A E F. Effect of 45-minute CPR training on future physical education teachers [J]. Apunts Educación Física y Deportes, 2019, 35 (138): 62-71.

[17] Culpan I. Criticality in physical education teacher education: Do graduating teacher standards constrain and or inhibit curriculum implementation? [J]. Australian Journal of Teacher Education, 2017, 42 (7): 84-94.

[18] Robinson D B, Barrett J, Robinson I. Teaching outside of the box: A short-term international internship for pre-service and in-service physical education teachers [J]. Intercultural Education, 2017, 28 (3): 304-321.

[19] Winslade M. Can an international field experience assist Health and Physical Education pre-service teachers to develop cultural competency? [J]. Cogent Education, 2016, 3 (1): 1264172.

[20] Barrett J, Cherubini L, Robinson D. Enhancing understandings of emerging physical education practical theory: Aboriginal teacher candidates' reflective journaling practices [J]. McGill Journal of Education/Revue des sciences de l'éducation de McGill, 2018, 53 (1): 11-25.

[21] Fletcher T. Developing principles of physical education teacher education practice through self-study [J]. Physical Education and Sport Pedagogy, 2016, 21 (4): 347-365.

[22] Aggerholm K, Standal O, Barker D M, Larsson H. On practising in physical education: Outline for a pedagogical mode [J]. Physical Education and Sport Pedagogy, 2018, 23 (2): 197-208.

[23] Strand B, Linker J, Deutsch J, Hahne K, Douglas M. Health and physical education teacher-preparation implementation of clinical practices: Integrating academic content to real-world application [J]. Journal of Physical Education, Recreation & Dance, 2016, 87 (4): 46-52.

[24] Fletcher T, Casey A. The challenges of models-based practice in physical education teacher education: A collaborative self-study [J]. Journal of Teaching in Physical Education, 2014, 33 (3): 403-421.

[25] Chong M, McCuaig L, Rossi T. Primary physical education specialists and their perceived role in the explicit/implicit delivery of health education [J]. Curriculum Studies in Health and Physical Education, 2018, 9 (2): 189-204.

[26] Fyall G, Metzler M W. Aligning critical physical education teacher education and models-based practice [J]. The Physical Educator, 2019, 76 (1): 24-56.

[27] Peralta L R, O'Connor D, Cotton W G, Bennie A. Pre-service physical education teachers' indigenous knowledge, cultural competency and pedagogy: A service learning intervention [J]. Teaching Education, 2016, 27 (3): 248-266.

[28] Lawson H A. Occupational socialization, cultural studies, and the physical education curriculum [J]. Journal of Teaching in Physical Education, 1988, 7 (4): 265-288.

[29] Ensign J, Mays Woods A. Navigating the realities of the induction years: Exploring approaches for supporting beginning physical education teachers [J]. Quest, 2017, 69 (1): 80-94.

[30] Richards K A, Templin T J. The influence of a state mandated induction assistance program on the socialization of a beginning physical education teacher [J]. Journal of Teaching in Physical Education, 2011, 30 (4): 340-357.

[31] Ensign J, Mays Woods A. Navigating the realities of the induction years: Exploring approaches for supporting beginning physical education teachers [J]. Quest, 2017, 69 (1): 80-94.

[32] Spittle M, Jackson K, Casey M. Applying self-determination theory to understand the motivation for becoming a physical education teacher [J]. Teaching and Teacher Education, 2009, 25 (1): 190-197.

[33] Liu J, Keating X D. Development of the pre-service physical education teachers' teacher identity scale [J]. European Physical Education Review, 2021: 1356336X211028832.

[34] Fletcher T, Kosnik C. Pre-service primary teachers negotiating physical education identities during the practicum [J]. Education, 2016 (3-13), 44 (5): 556-565.

[35] Fletcher T, Mandigo J, Kosnik C. Elementary classroom teachers and physical education: Change in teacher-related factors during pre-service teacher education [J]. Physical Education and Sport Pedagogy, 2013, 18 (2): 169-183.

[36] McVeigh J, Waring M. Developing the pedagogical practice of physical education pre-service teachers in gymnastics: Exploring gendered embodiment [J]. Physical Education and Sport Pedagogy, 2021: 1-14.

[37] Barber W, Walters W, Chartier P, Temertzoglou C. Examining self-confidence and self-perceived competence in Canadian pre-service teachers (PSTs): The role of biographies in physical education teacher education (PETE) [J]. Sport, Education and Society, 2020: 1-14.

[38] Hemphill M A, Richards K A, Gaudreault K L, Templin T J. Pre-service teacher perspectives of case-based learning in physical education teacher education [J]. European Physical Education Review, 2015, 21 (4): 432-450.

[39] Legrain P, Escalié G, Lafont L, Chaliès S. Cooperative learning: A relevant instructional model for physical education pre-service teacher training? [J]. Physical Education and Sport Pedagogy, 2019, 24 (1): 73-86.

[40] Pérez-Pueyo Á, Hortigüela-Alcalá D, Hernando-Garijo A, Granero-Gallegos A. The attitudinal style as a pedagogical model in Physical Education: Analysis of its effects on initial teacher training [J]. International journal of environmental research and public health, 2020, 17 (8): 2816.

[41] Van Hilvoorde I, Koekoek J. Next generation PE: Thoughtful integration of digital technologies [J]. Digital Technology in Physical Education. Routledge, 2018: 1-16.

[42] Calderón A, Meroño L, MacPhail A. A student-centred digital technology approach: The relationship between intrinsic motivation, learning climate and academic achievement of physical education pre-service teachers [J]. European Physical Education Review, 2020, 26 (1): 241-262.

[43] Best M, MacGregor D. Transitioning design and technology education from physical classrooms to virtual spaces: Implications for pre-service teacher education [J]. International Journal of Technology and Design Education, 2017, 27 (2): 201-213.

[44] Jones E M, Baek J H, Wyant J D. Exploring pre-service physical education teacher technology use during student teaching [J]. Journal of Teaching in Physical Education, 2017, 36 (2): 173-184.

[45] Molías L M, Ranilla J M C, Cervera M G. Pre-service Physical Education Teachers' self-management ability: a training experience in 3D simulation

environments [J]. Retos: nuevas tendenciasen educación física, deportey recreación, 2017 (32): 30-34.

[46] Hyndman B. A simulation pedagogical approach to engaging generalist pre-service teachers in physical education online: The GoPro trial 1.0 [J]. Australian Journal of Teacher Education (Online), 2017, 42 (1): 84-102.

[47] Greve S, Weber K E, Brandes B, Maier J. Development of pre-service teachers' teaching performance in physical education during a long-term internship [J]. German Journal of Exercise and Sport Research, 2020: 1-11.

[48] Marron S, Coulter M. Initial teacher educators' integrating iPads into their physical education teaching [J]. Irish Educational Studies, 2021: 1-16.

[49] Maher A J, Fitzgerald H. Initial teacher education and continuing professional development: The perspectives of special school physical education teachers [J]. Curriculum Studies in Health and Physical Education, 2020, 11 (1): 18-33.

[50] Tristani L, Tomasone J, Gainforth H, Bassett-Gunter R. Taking Steps to Inclusion: A content analysis of a resource aimed to support teachers in delivering inclusive physical education [J]. International Journal of Disability, Development and Education, 2021, 68 (1): 116-135.

[51] Braksiek M. Pre-service physical education teachers' attitudes toward inclusive physical education [J]. German Journal of Exercise and Sport Research, 2021: 1-10.

[52] Liu X, Keating X D. A reexamination of pre-service physical education teacher attitudes toward school-based health-related fitness testing in the USA [J]. European Physical Education Review, 2021: 1356336X211005800.

[53] Wickens C M, Walther C S, Parker J. Pre-Service Physical Education Teachers' Attitudes toward Literacy and Literacy Integration in Physical Education Settings [J]. Reading Psychology, 2020, 41 (8): 821-855.

[54] Yager Z, Gray T, Curry C, McLean S. A. Pre-service teachers' gendered attitudes towards role modelling in health and physical education [J]. Physical Education and Sport Pedagogy, 2020, 25 (1): 67-78.

[55] González-Calvo G, Varea V, Martínez-Álvarez L. Health and body tensions and expectations for pre-service physical education teachers in Spain [J]. Sport,

Education and Society, 2019, 24 (2): 158-167.

[56] Alfrey L, O'Connor J, Phillipson S, Penney D, Jeanes R, Phillipson S. Attitudes of pre-service physical education teachers to healthism: Development and validation of the Attitude Towards Healthism Scale (ATHS) [J]. European Physical Education Review, 2019, 25 (2): 424-437.

[57] Adamakis M, Dania A. Are pre-service teachers' beliefs toward curricular outcomes challenged by teaching methods modules and school placement? Evidence from three Greek physical education faculties [J]. European Physical Education Review, 2020, 26 (4): 729-746.

[58] Rachele J N, Cuddihy T F, Washington T L, McPhail S M. School-based youth physical activity promotion: Thoughts and beliefs of pre-service physical education teachers [J]. Australian Journal of Teacher Education (Online), 2016, 41 (5): 52-64.

[59] Harvey S, O'Donovan T M. Pre-service physical education teachers' beliefs about competition in physical education [J]. Sport, Education and Society, 2013, 18 (6): 767-787.

[60] Schön Rob. Educating the Reflective Practitioner: Toward a New Design for Teaching and Learning in the Professions (Book Review) [J]. Australian Journal of Adult Learning, 2010, 50 (2).

[61] Orland-Barak L, Yinon H. When theory meets practice: What student teachers learn from guided reflection on their own classroom discourse [J]. Teaching and teacher education, 2007, 23 (6): 957-969.

[62] Lee O, Choi E. Utilizing peer coaching to facilitate pre-service physical education teachers' reflection [J]. The Asia-Pacific Education Researcher, 2013, 22 (2): 147-154.

[63] Yers S F, Housner L D. A descriptive analysis of undergraduate PETE programs [J]. Journal of Teaching in Physical Education, 2008, 27 (1): 51-67.

[64] Chróinín D N, O'Sullivan M, Tormey R. Teacher educators' perspectives on the implementation of beginning teacher standards for physical education in Ireland: Developing and regulating the profession? [J]. European Journal of Teacher Education, 2013, 36 (3): 261-278.

[65] Ward P, Mitchell M F, Lawson H A, van der Mars H. Physical education teacher education initial certification: meeting the challenges [J]. Journal of Teaching in Physical Education, 2021, 1 (aop): 1-10.

[66] Tinning Richard. Rethinking the preparation of HPE teachers: Ruminations on knowledge, identity, and ways of thinking [J]. Asia-Pacific Journal of Teacher Education, 2004, 32 (3): 241-253.

[67] Senate of the University of Queensland. Details of the new BHMS and BHMS (ed.) [J]. Australian Journal of Health, Physical Education and Recreation, 1973 (12): 25-27.

[68] Macdonald Doune. The role of proletarianization in physical education teacher attrition [J]. Research Quarterly for Exercise & Sport, 1995, 66 (2): 129.

[69] Macdonald Doune. Knowledge, power and professional practice in physical education teacher education: a case study [J]. Salud Publica De Mexico, 1992, 83 (34): 670-677.

[70] David Kirk Doune. The social construction of pedagogic discourse in physical education teacher education in Australia [J]. Curriculum Journal, 1997.

[71] Lynch Timothy. Health and physical education (HPE): Implementation in primary schools [J]. International Journal of Educational Research, 2015 (70): 88-100.

[72] Sydnor Synthia. Critical Postmodernism in Human Movement, Physical Education and Sport [J]. Journal of the Philosophy of Sport, 2000, 27 (1): 108-110.

[73] Cliff Ken. A sociocultural perspective as a curriculum change in health and physical education [J]. Sport Education & Society, 2012, 17 (3): 293-311.

[74] Tinning Richard. Rethinking the preparation of HPE teachers: ruminations on knowledge, identity, and ways of thinking [J]. Asia-Pacific Journal of Teacher Education, 2004, 32 (3): 241-253.

[75] Pierre Fontes. L'intégration des IUFM aux universités illustrée par un exemple [J]. Reflets de la physique, 2008.

[76] Bourdoncle Raymond. Lessard Claude Note de synthèse [Qu'est-ce qu'une formation professionnelle universitaire? Les caractéris-tiques spécifiques:

programmes, modalités et méthodes de formation]: Qu'est-ce qu'une formation professionnelle universitaire? Les caractéris-tiques spécifiques: programmes, modalités et méthodes de formation [J]. Revue française de pédagogie, 2003.

[77] Bon Annette, Chartier Anne Marie. De la recherche-action à la recherche universitaire: le rôle de l'INRP dans la recherche en IUFM (1990-2008) [J]. Le français aujourd'hui, 2019, N° 204 (1).

[78] Deronne Christine. Postures énonciatives du scripteur: le cas du mémoire d'IUFM [J]. Pratiques, 2011: 149-150.

[79] Clavier Loïc. Évaluer et former à l'IUFM. Quelles évolutions de 1990 à 2010 [J]. Spirale. Revue de recherches en éducation, 2012, 49 (1).

[80] Patricia A Klinck. French Teacher Training: A Proposal for a New Pedagogy [J]. Canadian Modern Language Review, 1985, 41 (5).

[81] Pierre Fontes. L'intégration des IUFM aux universités illustrée par un exemple [J]. Reflets de la physique, 2008.

[82] Lapostolle Guy, Chevaillier, Thierry. Between Necessity and Constraints: The Reform of Teacher Training in France (1999-2007) [J]. Higher Education in Europe, 2008, 33 (4): 457-470.

[83] Bourdoncle Raymond Universitarisation [J]. Recherche & formation, 2007.

[84] Guy Lapostolle. Sophie Genelota. Bonfils Béatrice Mabilon. Transversal training within secondary teachers' training in the face of current reforms in France [J]. Journal of Education for Teaching, 2009, 35 (3): 205-224.

[85] Hugh McDonnell. François Mitterrand and the Gray Zone of Vichy [J]. French Politics, Culture & Society, 2019, 37 (2).

[86] Marc Pilkington. The French evolution: France and the Europeanisation of higher education [J]. Journal of Higher Education Policy and Management, 2012, 34 (1): 40-43.

[87] Sallis J F, McKenzie T L, Physical education's role in public health [J]. Research Quarterly for Exercise and Sport, 1991, 62 (2): 124-137.

[88] Sallis J F, McKenzie T L, Beets M W, Beighle A, Erwin H, Lee S. Physical education's role in public health: steps forward and backward over 20 years and HOPE for the future [J]. Research Quarterly for Exercise and Sport, 2012, 83 (2): 125.

[89] Ladson-Billings G J. Is the team all right? Diversity and teacher education [J]. Journal of Teacher Education, 2005, 56 (3): 229-234.

[90] Gay G. Acting on beliefs in teacher education for cultural diversity [J]. Journal of Teacher Education, 2010, 61 (1-2): 143-152.

[91] Anisimova T, Sabirova F, Shatunova O. Formation of design and research competencies in future teachers in the framework of STEAM education [J]. International Journal of Emerging Technologies in Learning (iJET), 2020, 15 (2): 204-217.

[92] Orland-Barak L, Yinon H. When theory meets practice: What student teachers learn from guided reflection on their own classroom discourse [J]. Teaching and Teacher Education, 2007, 23 (6): 957-969.

3. 学位论文类

[1] Moutray I. The development of physical education in the Australian Universities [D]. University of NSW, 1973: 221-231.

4. 网站类

[1] College and University Education in the United States [EB/OL]. [2021-03-22]. https://china.usembassy-china.org.cn/wp-content/uploads/sites/252/2016/12/Colleage_and_University_in_the_United_State.pdf.

[2] Department of Kinesiology. Physical education objectives [EB/OL]. [2021-04-10]. https://www.csun.edu/health-human-development/kinesiology/physical-education.

[3] California Department of Education. California Standards for the Teaching Profession [EB/OL]. [2021-04-10]. https://www.ctc.ca.gov/docs/default-source/educator-prep/standards/cstp-2009.pdf.

[4] Californi a State University Northridge. California Teaching Performance Expectations [EB/OL]. [2021-04-10]. https://www.csun.edu/sites/default/files/California-Teaching-performance-Expectations.pdf.

[5] Top Public Schools [EB/OL]. [2021-04-14]. https://www.usnews.com/best-colleges/rankings/national-universities/top-public.

[6] Kinesiology [EB/OL]. [2021-03-22]. http://bulletin.auburn.edu/undergraduate/collegeofeducation/kinesiology/.

[7] Prospective Students [EB/OL]. [2021-04-19]. http: //www. auburn. edu/ admissions/ prospectivestudents. php.

[8] Top Public Schools [EB/OL]. [2021-12-13]. https: //www. usnews. com/best-colleges/ rankings/ national-universities/ top-public? schoolName = university + of + georgia.

[9] BSEd in Health and Physical Education [EB/OL]. [2021-12-13]. https: // coe. uga. edu/ academics/ degrees/ bsed-health-physical-education.

[10] UGA Specific Information for Health and Physical Education [EB/OL]. [2021-12-13]. https: //career. uga. edu/ wcidwami/ health_and_physical_education.

[11] Part 2: Apply to the BSEdin Health and Physical Education [EB/OL]. [2021-12-13]. https: //coe. uga. edu/ academics/ degrees/ bsed-health-physical-education.

[12] Health and Physical Education - B. S. Ed [EB/OL]. [2021-12-13]. https: // bulletin. uga. edu/ MajorSpecific? MajorId = 88#MR.

[13] MCEETYA. Adelaide Declaration on National Goals for: Schooling in the21st Century (1999) [EB/OL]. [2020-06-20]. http//www. mceetya. edu. au/ pdf/ reporta. pdf, 2020-05-09.

[14] Australian Curriculum, Assessment and Reporting Authority. The shape of the Australian curriculum: Health and physical education [EB/OL]. [2020-06-20]. https: //acaraweb. blob. core. windows. net/ resources/ Shape _ of _ the _ Australian_Curriculum_Health_and_Physical_Education. pdf.

[15] Australian Institute for Teaching and School Leadership United. Accreditation Standards and Procedures [EB/OL]. (2020-06-20) [2021-12-13]. https: // www. aitsl. edu. au/ deliver-ite-programs/ standards-and-procedures.

[16] Ministère de l’éducation nationale de la jeunesse et des sports. Les Inspé pour former les futurs enseignants [EB/OL]. (2019-08-10) [2021-12-11]. https: //www. devenirenseignant. gouv. fr/ pid33962/ les-espe-pour-former-les-futurs-enseignants. html.

[17] Université Paris-Saclay. Organisation et gouvernance [EB/OL]. (2017-10-04) [2021-12-11]. https: //ens-paris-saclay. fr/.

[18] L’École normale supérieure-PSL. L’ENS - PSL aujourd’hui [EB/OL]. (2017-10-04) [2021-12-11]. https: //www. ens. psl. eu/ l-ecole-normale-superieure-

psl.

[19] Ménjs. L'inscription au lycée [EB/OL]. (2021-06-05) [2021-07-18]. https://www.education.gouv.fr/l-inscription-au-lycee-11597.

[20] Ménjs. L'orientation en 3e et l'affectation en lycée[EB/OL]. (2021-07-10) [2021-07-15]. https://www.education.gouv.fr/l-orientation-en-3e-et-l-affectation-en-lycee-9257#Affelnet: _l'application%20nationale%20d'aide%20%C3%A0%20l'affectation%20des%20%C3%A9l%C3%A8ves%20au%20lyc%C3%A9e.

[21] Ménjs. Bac2021: un tremplin vers la réussite [EB/OL]. (2019-12-05) [2021-07-16]. https://www.education.gouv.fr/bac-2021-un-tremplin-vers-la-reussite-1019.

[22] Ménjs. Bac2021: toutes les informations sur le contrôle continu [EB/OL]. (2020-09-15) [2021-07-17]. https://www.education.gouv.fr/bac-2021-toutes-les-informations-sur-le-controle-continu-5462.

[23] Ménjs. Après la trois, qu'est-ce que peut faire [EB/OL]. (2019-08-10) [2021-07-15]. http://quandjepasselebac.education.fr/apres-la-3e-quest-ce-que-je-peux-faire/.

[24] Université Claude Bernard Lyon 1. Licences du domaine STAPS: Sciences et Techniques des Activités Physiques et Sportives [EB/OL]. (2020-04-20) [2021-07-15]. http://offre-de-formations.univ-lyon1.fr/parcours-39/education-et-motricite.html#.

[25] Université Claude Bernard Lyon 1. Bienvenue à l'UFR STAPS Lyon 1 [EB/OL]. (2020-09-18) [2021-07-20]. https://ufr-staps.univ-lyon1.fr/.

[26] Université Claude Bernard Lyon 1. Masters de préparation aux métiers de l'enseignement, de l'éducation et de la formation [EB/OL]. (2021-05-10) [2021-07-20]. http://offre-de-formations.univ-lyon1.fr/mention-786/metiers-de-l'enseignement-de-l'education-et-de-la-formation---second-degre.html#.

[27] Université Claude Bernard Lyon 1. Masters de préparation aux métiers de l'enseignement, de l'éducation et de la formation [EB/OL]. (2021-05-10) [2021-07-20]. http://offre-de-formations.univ-lyon1.fr/parcours-1141/meef-education-physique-et-sportive.html#http://offre-de-formations.univ-lyon1.fr/parcours-1141/meef-education-physique-et-sportive.html#.

[28] Ménjs. Orientation scolaire: cadre national de référence entre l'État et Régions

de France [EB/OL]. (2020-07-10) [2021-07-15]. https://www.education.gouv.fr/orientation-scolaire-cadre-national-de-reference-entre-l-etat-et-regions-de-france-7322.

[29] Université Claude Bernard Lyon 1. Description de la formation: STAPS: Education et Motricité; Education et motricité [EB/OL]. (2020-05-10) [2021-07-15]. http://offre-de-formations.univ-lyon1.fr/parcours-39/education-et-motricite.html#.

[30] Université Claude Bernard Lyon 1. Licences du domaine STAPS: Sciences et Techniques des Activités Physiques et SportivesPoursuites d'études et débouchés: [EB/OL]. (2020-05-10) [2021-07-15]. http://offre-de-formations.univ-lyon1.fr/parcours-39/education-et-motricite.html#.

[31] Université Claude Bernard Lyon 1. Masters de préparation aux métiers de l'enseignement, de l'éducation et de la formation: Année un [EB/OL]. (2021-03-05) [2021-08-25]. http://offre-de-formations.univ-lyon1.fr/parcours-1141/meef-education-physique-et-sportive.html#.

[32] Université Claude Bernard Lyon 1. Masters de préparation aux métiers de l'enseignement, de l'éducation et de la formation: Année deux [EB/OL]. (2021-03-05) [2021-08-25]. https://www.devenirenseignant.gouv.fr/cid98897/la-2e-annee-de-master-meef.html.

[33] Université Rennes 2. Diplôme d'université(DU)[EB/OL]. (2021-01-10)[2021-08-25]. https://www.univ-rennes2.fr/formation/inscriptions-candidatures/diplome-duniversite.

[34] École normale supérieure de Rennes. Devenir normalien-ne étudiant-e [EB/OL]. (2021-05-06) [2021-08-25]. http://www.sciencesport.ens-rennes.fr/devenir-normalien-ne-etudiant-e/.

[35] Catalogue Des Formation. Licence mention Sciences et techniques des activités physiques et sportives (STAPS) parcours Education et motricité (Rennes) [EB/OL]. (2018-01-27) [2021-10-01]. https://formations.univ-rennes2.fr/fr/formations/licence-22/licence-mention-sciences-et-techniques-des-activites-physiques-et-sportives-staps-JIECTHR1/parcours-education-et-motricite-rennes-JIEE1U2W.html#subProgramContent86278aed-04a3-4c3a-a5b4-af3b53094364-1.

[36] Cursus du magistère. Magistère Sciences du sport et éducation physique [EB/OL]. (2018-01-30) [2021-10-01]. http://www.sciencesport.ensrennes.fr/versionfrancaise/navigation/formation/magistere-sciences-du-sport-et-education-physique-282401.kjsp? RH=1204797173122.

[37] M2S Laboratory. A multidisciplinary approach for health and performance [EB/OL]. (2018-01-20) [2021-10-05]. http://m2slab.com/.

[38] Université Renne 2. Présentation de Violences, Innovations, Politiques, Socialisations et Sports [EB/OL]. (2020-10-21) [2021-10-05]. https://intranet.univ-rennes2.fr/vips2.

[39] ENS. Licence 3 education motricité [EB/OL]. (2017-12-06) [2021-10-07]. http://www.sciencesport.ens-rennes.fr/version-francaise/navigation/formation/licence-3-education-motricite--287442.kjsp? RH=1197900754792.

[40] ENS. Premier année Magistère Sciences du sport et éducation physique [EB/OL]. (2017-12-05) [2021-10-07]. http://www.sciencesport.ens-rennes.fr/version-francaise/navigation/formation/1re-annee-magistere-sciences-du-sport-et-education-physique-287441.kjsp? RH=1197900754792.

[41] Ménjs. Conduire ma classe à distance avec le CNED [EB/OL]. (2021-08-20) [2021-08-25]. https://eduscol.education.fr/2671/conduire-ma-classe-distance-avec-le-cned.

[42] Éduscol. D'autres ressources numériques pour la continuité pédagogique [EB/OL]. (2021-07-20) [2021-08-25]. https://eduscol.education.fr/2016/d-autres-ressources-numeriques-pour-la-continuite-pedagogique.

[43] ENS. Master 1 Sciences et techniques des activités physiques et sportives (DISC) [EB/OL]. (2017-10-05) [2021-10-07]. http://www.sciencesport.ens-rennes.fr/version-francaise/navigation/formation/master-1-sciences-et-techniques-des-activites-physiques-et-sportives-disc-284999.kjsp? RH=1197900754792& ONGLET=1#presentation-stages.

[44] National Institute in Education. HISTORY [EB/OL]. [2020-10-26]. https://www.nie.edu.sg/about-us/corporate-information/.

[45] Ministry of Education, SINGAPORE. Bachelor of Arts (Education) and Bachelor of Science (Education) Teaching Scholars Programme [EB/OL]. [2020-10-26].

https://www.moe.gov.sg/careers/teaching-scholarships-sponsorships/bachelor-arts-science/apply.

[46] Ministry of Education, SINGAPORE. Bachelor of Arts (Education) and Bachelor of Science (Education) Teaching Scholars Programme [EB/OL]. [2020-10-26]. https://beta.moe.gov.sg/careers/teaching-scholarships-sponsorships/bachelor-arts-science/.

[47] Physical Education and Sports Science. Physical Proficiency Test [EB/OL]. [2020-10-26]. https://www.nie.edu.sg/our-people/academic-groups/physical-education-and-sports-science.

[48] Ministry of Education, SINGAPORE. 2014 PHYSICAL EDUCATION TEACHING & LEARNING SYLLABUS (Primary, Secondary and Pre-University) [EB/OL]. [2020-10-26]. https://www.moe.gov.sg/-/media/files/primary/physical_education_syllabus_2014.pdf? la = en&hash = 18397ED1BA8CBEB90F178BCA436E65A2C579EA49.

[49] NIE. Practicum Handbook 2020 [EB/OL]. [2020-10-26]. https://www.nie.edu.sg/teacher-education/practicum/templates-and-downloads.

[50] NIE. NIE practicum Assessment of Performance in Teaching (APT) [EB/OL]. [2020-10-26]. https://www.nie.edu.sg/teacher-education/practicum/templates-and-downloads.

[51] NIE. Professional Practice & Inquiry [EB/OL]. [2020-10-26]. https://www.nie.edu.sg/te-undergraduate/practicum/professional-practice-and-inquiry.

[52] College and University Education in the United States [EB/OL]. [2021-03-22]. https://china.usembassy-china.org.cn/wp-content/uploads/sites/252/2016/12/Colleage_and_University_in_the_United_State.pdf.

[53] Singapore Ministry of Education. Syllabuses [EB/OL]. [2020-10-26]. https://www.moe.gov.sg/education/syllabuses/physical-education.

5. 其他

[1] Darling-Hammond L, Wei R, Andree A, Richardson N, Orphanos S. Professional learning in the learning profession: A status report on teacher development in the United States and abroad [R]. Dallas, TX: National Staff Development Council, 2009.

[2] Thrupp M. Professional standards for teachers and teacher education: Avoiding the pitfalls. Wellington: Post Primary Association and New Zealand Educational Instuitute [R]. Retrieved from: https://img.scoop.co.nz/media/pdfs/0604/avoiding_pitfalls.pdf, 2006.

[3] Newman R E, Miller M T. Historical Overview of Physical Education Teacher Education Curricula in American Higher Education [R]. 1990: 32.

[4] Australian Physical Education Association Queensland Branch. The Training of Teachers of Physical Education in Queensland [C]. University of Melbourne: the Seventh Biennial Conference, 1968 (1).

[5] Committee on the Future of Tertiary Education in Australia. Tertiary education in Australia [Martin report] [Z]. Canberra, Australian Capital Territory: Government Printer, 1964.

[6] Australian Education Council. A statement on health and physical education for Australian schools [R]. Carlton, VIC: Curriculum Corporation, 1994.